Wolfgang Dürwald

Tote unter Eid

Wolfgang Dürwald

Tote unter Eid

Ein Rechtsmediziner ermittelt

Militzke

Die deutsche Bibliothek – CIP-Einheitsaufnahme
Dürwald, Wolfgang:
Tote unter Eid : Ein Rechtsmediziner ermittelt / Wolfgang Dürwald. –
Leipzig : Militzke, 2001
ISBN 3-86189-212-X

1. Auflage

Lektorat: Kathrin Kürzel
Umschlaggestaltung und Layout: Dietmar Senf
Gesamtgestaltung: Offizin Andersen Nexö
Gedruckt in Leipzig

Inhaltsverzeichnis

Vorwort

Wie ich im ersten Band meines Berichtes »Ermittler in Weiß« schon andeutete, sollte als Ergänzung und Fortsetzung noch ein zweiter Band folgen, in dem noch weitere Aufgabengebiete der Gerichtsmedizin dargestellt werden. Der dafür gewählte Titel »Tote unter Eid« verweist zum einen auf die Wichtigkeit gerichtsmedizinischer Untersuchungen und ihre Hilfe bei der Aufklärung von Straftaten, zum anderen aber auch auf die Frage, wie sicher Befunde und die daraus gezogenen Schlußfolgerungen in der gerichtlichen Medizin sind und welche Aussagekraft ihnen in einem Strafverfahren oder einem Rechtsstreit zukommt. So können gerichtsmedizinische Sachbeweise im Einzelfall die gleiche Bedeutung erlangen wie die beeidete Aussage eines Zeugen.

Dieser Aspekt scheint mir gerade zum jetzigen Zeitpunkt wichtig zu sein, denn die offenbar nur aus wirtschaftlichen Gründen erfolgte Schließung rechtsmedizinischer Institute und der erschreckende Rückgang von Sektionen zumindest in den neuen Bundesländern ist aus meiner Sicht als ehemaliger langjähriger Gerichtsarzt besorgniserregend. Deshalb soll hier nochmals an verschiedenen Beispielen aufgezeigt werden, in welch entscheidendem Maße die Rechtsmedizin mit einer Vielfalt von Untersuchungsmethoden zur Rechtssicherheit in unserer Gesellschaft beitragen und die Dunkelziffer der Tötungsdelikte vermindern kann.

Die in diesem Band dargestellten Fälle aus der täglichen Arbeit des Gerichtsarztes basieren auf tatsächlichem Geschehen. Sie sind jedoch aus Gründen des Persönlichkeits- und Datenschutzes absichtlich verändert oder miteinander vermischt worden. Einiges ist Fiktion. Es ging mir nicht um eine detailgetreue Darstellung von Kriminalfällen, sondern um die Erzählung von Beispielen gerichtsmedizinischer Aufklärungsarbeit anhand von Fällen, die sich in dieser oder ähnlicher Form ereignet haben. Ich hoffe, damit einen Einblick in die interessante und mitunter auch schwere und belastende Arbeit der Rechtsmedizinér geben zu können.

Wolfgang Dürwald

Kapitel 1

Über Berlin und Rostock nach Leipzig

Nachdem ich in Jena zum Dozenten ernannt worden war, wurde ich als Gast an das von Professor Prokop geleitete Berliner Institut für gerichtliche Medizin der Humboldt-Universität delegiert, um Erfahrungen an einem großen Institut sammeln zu können und die gerichtsmedizinische Tätigkeit in einer Großstadt kennenzulernen. Vor allem die Untersuchung von Spuren verschiedenster Art und die neuesten Systeme in der Blutgruppenkunde lernte ich hier kennen und in der gerichtsmedizinischen Praxis einzusetzen. Aber auch die wissenschaftliche Bearbeitung verschiedener serologischer Fragestellungen stand bei diesem Aufenthalt im Vordergrund. Es war für mich eine sehr interessante Zeit und ich habe viel gelernt. Außer den Arbeiten in den verschiedenen Labors war es die umfangreiche Sektionstätigkeit, die immer wieder etwas Neues bot. Neben dem Ostteil von Berlin wurden die Bezirke Potsdam und Frankfurt/Oder zu jener Zeit vom Berliner Institut aus gerichtsmedizinisch versorgt.

Nach einigen Monaten wurde ich eines Tages im Frühjahr 1958 in das damalige Staatssekretariat für das Hoch- und Fachschulwesen bestellt. Hier wurde mir der Vorschlag gemacht, an der Universität Rostock eine neue Abteilung für gerichtliche Medizin aufzubauen. Rostock war damals die einzige Universität in der DDR, die noch keine eigene Gerichtsmedizin besaß, obwohl schon seit der Jahrhundertwende Pläne zur Bildung eines gerichtsmedizinischen Institutes bestanden und auch entsprechende Anträge an die jeweilige Landesregierung gestellt worden waren, die aber nie realisiert wurden. Bei der Neubesetzung des Lehrstuhls für Pathologie in Rostock kam dieser Gedanke wieder zur Sprache und es bestand die Vorstellung, zunächst im Rahmen des pathologischen Instituts eine selbständige Abteilung für Gerichtliche Medizin zu gründen, deren Leitung mir übertragen werden sollte.

Natürlich reizte mich diese Aufgabe sehr, und nach kurzem Überlegen sagte ich zu. Alle weiteren Einzelheiten sollte ich dann mit dem Rostocker Dekan und dem Direktor des Pathologischen Instituts besprechen. Auch der Termin meiner baldigen Übersiedlung nach Rostock wurde besprochen. Mit diesen Neuigkeiten fuhr ich am Wochenende zu meiner Familie nach Jena zurück. Weil ich noch Angehöriger der Jenaer Universität war, unterrichtete ich auch den Jenaer Rektor, Prof. Hämel, den ich gut kannte, von dieser neuen Perspektive. Als ich ihm von den Vorstellungen des Staatssekretariats, zunächst nur eine selbständige gerichtsmedizinische Abteilung in der Pathologie zu gründen, erzählte, riet er mir ab, darauf einzugehen, sondern empfahl, unbedingt die Forderung nach einem eigenen Institut zu stellen, da diese Lösung auf jeden Fall die bessere wäre. Die Abteilung für Gerichtliche Medizin war nach der Auffassung des Rektors nur ein Provisorium.

Nach erneuten längeren Verhandlungen mit dem Staatssekretariat wurde beschlossen, die zunächst zu gründende Abteilung schon nach einem Vierteljahr in ein selbständiges Institut umzubilden. Und so geschah es dann auch. Zum 1. Juli 1958 wurde die am 1. April 1958 gebildete Abteilung umbenannt und an der Universität Rostock ein Institut für Gerichtliche Medizin gegründet. Ich wurde mit der Wahrnehmung einer Professur mit vollem Lehrauftrag beauftragt.

Die Umwandlung der Abteilung in ein Institut stand vorläufig nur auf dem Papier. Praktisch hatte sich nichts geändert. Ich hatte vom Pathologischen Institut einen Sammlungsraum zugewiesen bekommen, in dem sich schon seit vielen Jahren das sogenannte »gerichtsmedizinische Museum« befand. Diese bereits 1902 begonnene Sammlung von gerichtsmedizinischen Präparaten war in einem relativ großen Raum untergebracht, der aber mit Sammlungsschränken vollgestellt war. In der Mitte des Raumes standen Tische, auf denen Präparate von Köpfen standen, die jeden Eintretenden anstarrten und, wie ich später feststellen konnte, vor allem auf Journalisten einen ungeheuer imposanten und auch gruseligen Eindruck machten. Eine meiner ersten Aufgaben war es, einen Zeitungsartikel zu verhindern, der sich sehr eingehend mit diesem Museum und dem »schrecklichen Eindruck«, den es mit seinen Totenköpfen machte, befaßte und absolut keine Reklame für das neue Institut war.

Diese wenig aussagekräftigen und zum großen Teil sehr alten Präparate waren nur noch bedingt brauchbar und mußten teilweise entfernt und durch bessere ersetzt werden. Nachdem so Platz geschaffen und auch noch ein Schreibtisch besorgt worden war, konnte ich meine Arbeit beginnen. Da nichts vorhanden war, mußte ich mein eigenes Sektionsbesteck und meine eigene Schreibmaschine zur Verfügung stellen, bis ich aus Kliniken und Instituten ausrangierte, aber noch brauchbare Geräte erhielt. Ich erinnere mich noch sehr gut, wie wir bei der Einrichtung eines provisorischen histologischen Labors auf dem Dachboden des Pathologischen Instituts herumgekrochen sind, um nach einem noch halbwegs brauchbaren Mikrotom zu suchen. Wir fanden auch mehrere ausrangierte Geräte, mit deren Hilfe sich aus den noch brauchbaren Einzelteilen ein funktionstüchtiges Mikrotom zusammenbauen ließ. Die damit angefertigten mikroskopischen Präparate waren nicht einmal schlecht.

Da ich zunächst allein arbeitete, war ich auf die Unterstützung des Pathologischen Instituts angewiesen, die ich auch ohne weiteres erhielt. Man überlies mir eine Protokollantin und einen Sektionsgehilfen, da schon wenige Tage nach meinem Eintreffen die ersten Sektionsanforderungen kamen. Auch verschiedene Laboruntersuchungen, vor allem die Histologie, wurden zunächst vom Pathologischen Institut übernommen. Für die Durchführung toxikologischer Untersuchungen hatte sich der Direktor des Pharmakologischen Instituts bereit erklärt. Nun kam es darauf an, möglichst schnell eigenes Personal zu finden, in die gerichtsmedizinische Problematik einzuarbeiten und das Institut bei Polizei, Staatsanwaltschaft und Gerichten bekanntzumachen.

Es gelang mir relativ schnell, eine gute Sekretärin zu finden, die sich mit großem Geschick in die gerichtsmedizinische Terminologie einarbeitete und schon nach kurzer Zeit als Protokollantin zu Sektionen mitfahren konnte. Etwas später fand ich noch einen Sektionsgehilfen, zwei medizinisch-technische Assistentinnen und – was damals äußerst wichtig war – eine Reinigungskraft. Somit war der Personalbestand des Instituts soweit gediehen, daß ein selbständiges Arbeiten möglich war. Nur die geeigneten Räume fehlten noch.

Mit einiger Anstrengung erreichte ich, daß Mittel für den Umbau des bisher von mir genutzten Sammlungsraumes zur Verfügung gestellt wurden, wobei der Direktor des Pathologischen Instituts, der ja Hausherr war, allerdings wünschte, daß wir die Räume tauschten und ich einen gleichgroßen Raum in der darüberliegenden Etage erhielt. Mir war es recht, und so konnte der Umbau beginnen. Es wurden Leichtbauwände eingezogen, und ich erhielt dadurch insgesamt fünf Räume. Die ersten Labors für Histologie und Serologie wurden eingerichtet und begannen ihre Tätigkeit.

Nach einiger Zeit konnte ich einen Oberarzt und einen Assistenzarzt einstellen. Was nun noch fehlte, war ein chemisch-toxikologisches Labor und ein in gerichtlicher Toxikologie erfahrener Chemiker. Letzterer stellte sich bald ein, aber für die Laborräume war eine Lösung noch nicht in Sicht. Ich hatte zwar zwischenzeitlich noch einige Räume im Dachgeschoß des Pathologischen Instituts erhalten und hier außer dem Oberarzt und dem Assistenzarzt auch das histologische Labor untergebracht, aber für ein chemisch-toxikologisches Labor waren diese Räume nicht geeignet. Wir beschränkten uns daher darauf, lediglich den Blutalkohol zu bestimmen.

Da inzwischen auch die Serologie entsprechend aufgebaut war, konnten nun alle auf die gerichtliche Medizin zukommenden Aufgaben in Angriff genommen werden. Schon nach kurzer Zeit hatten sich die Justiz- und Untersuchungsorgane an das Vorhandensein eines gerichtsmedizinischen Instituts gewöhnt und wir hatten schon bald die gleichen Sektionszahlen wie Jena. Meine gutachterliche Tätigkeit auf dem Gebiet der forensischen Psychiatrie, die ich anfangs wegen der noch geringen Sektionsaufträge in stärkerem Umfang betrieben hatte, mußte ich auf wenige Ausnahmen beschränken, da mir die Zeit dazu fehlte. Von den Gerichten wurde das zwar bedauert, da zum damaligen Zeitpunkt forensische Psychiater in der DDR Mangelware waren, aber es ging einfach nicht anders.

Das Institut vergrößerte sich auch personell. Eine weitere Sekretärin und ein Sektionsgehilfe wurden schon nach relativ kurzer Zeit eingestellt, und auch zwei weitere medizinisch-technische

Assistentinnen hatten Interesse, bei uns zu arbeiten. Die neuen Mitarbeiter mußten mit der speziellen gerichtsmedizinischen Problematik erst vertrautgemacht werden. Größtenteils lernte ich sie selbst an, in einigen Fällen half mir das Berliner Institut unter Leitung von Professor Prokop, vor allem auf dem Gebiet der Serologie, der Vaterschaftsbegutachtung. Die neuen Mitarbeiter konnten dort einige Wochen hospitieren und die speziellen Arbeitsmethoden kennenlernen. Ich war für diese Unterstützung sehr dankbar.

Mit großer Unterstützung durch den Dekan wurde nun nach geeigneten Möglichkeiten für eine toxikologisch-chemische Abteilung gesucht. Vorübergehend konnten wir in ein altes Gebäude der mathematisch-naturwissenschaftlichen Fakultät einziehen und diese Abteilung einschließlich der Blutalkohol-Untersuchungsstelle dort einrichten. Doch die Universität hatte bald andere Pläne mit dem Gebäude. Bei den Verhandlungen mit dem Rektor schockierte mich besonders, daß dieser meinte, die gerichtliche Medizin sei nicht so wichtig. Es sei doch recht unerheblich, ob ein paar Morde mehr oder weniger in der DDR aufgeklärt würden. Gottlob sah man das an entscheidender Stelle anders. Wir bekamen nach einiger Zeit ein Gebäude, das zwar nicht unseren Idealvorstellungen entsprach, aus dem man jedoch etwas machen konnte. Es handelte sich um einen Anbau an die Mauer der Haftanstalt, in dem die Bezirksverwaltung für Staatssicherheit ihre Haftzellen hatte. Da die gesamte Bezirksverwaltung in Rostock einen neuen Sitz erhielt und in diesem Zusammenhang auch eine neue Haftanstalt gebaut worden war, war dieses Gebäude frei geworden. Es wurde mir für die Einrichtung einer toxikologischen Abteilung angeboten.

Nach langen Beratungen mit meinen Mitarbeitern, insbesondere mit dem Chemiker und mit meinem Oberarzt kamen wir zu dem Entschluß, hier eine entsprechende Abteilung einzurichten. Ich bekam das Gebäude und der Umbau begann.

Wir waren aber nicht die einzigen, die Interesse an diesem Haus hatten. Schon wenige Tage nachdem ich die Schlüssel erhalten hatte, erschien bei mir ein Polizeimajor und wollte im Auftrag des Chefs des Volkspolizei-Kreisamtes diese Schlüssel abholen mit der Begründung, das Gebäude sei ein Teil der Haftanstalt und würde von der Polizei benötigt. Außerdem gefährde die enge Verbindung zur Haftanstalt die Sicherheit. Da ich mich weigerte, die Schlüssel herauszugeben, zog er ab, und ich hörte nichts mehr von der Angelegenheit.

Aber wenige Tage später machte die Universitätsverwaltung ihre Ansprüche auf das Gebäude geltend, da es auf dem Hof des Verwaltungsgebäudes lag und als Lagerraum genutzt werden sollte. Dieser Angriff war etwas schwerer abzuwehren, da es sich ja um eine Universitätsbehörde handelte, die dem Rektor direkt unterstand und die ich auch brauchte, weil ich von dort die Mittel für den Umbau und die Einrichtung meiner Abteilung haben wollte. Aber nach einigen zähen Verhandlungen konnte auch dieser Angriff abgeschlagen werden, und wir konnten mit dem Umbau beginnen. Als wir nach einigen Monaten endlich einziehen konnten, war das Institut komplett mit allen notwendigen Abteilungen eingerichtet und konnte alle anfallenden Aufgaben ohne Einschränkungen bewältigen. Die für die Toxikologie noch erforderlichen Fachkräfte konnten eingestellt werden und ich hatte mit meinen etwa 30 Mitarbeitern im Institut eine für die kurze Zeit seines Bestehens recht beachtliche Zahl.

1961 war unser Institut voll arbeitsfähig. Die Untersuchungsaufträge stiegen laufend, so daß an eine personelle und räumliche Vergrößerung gedacht werden mußte. Insbesondere die Sektionsmöglichkeiten auf dem Friedhof waren unbefriedigend. Hinzu kam, daß auch der Direktor des Pathologischen Instituts darauf drängte, die uns überlassenen Räume im Gebäude der Pathologie wieder zurückzuerhalten.

Während eines Winterurlaubs in Schirke erreichte mich ein Anruf meines Lehrers Otto Prokop, in dem er mir mitteilte, daß die Leipziger Fakultät mich als einzigen auf die Berufungsliste für den Lehrstuhl für Gerichtliche Medizin gesetzt habe. Ich sollte doch auf der Rückfahrt über Leipzig fahren, mit der Fakultät verhandeln und unbedingt zusagen. Das war für mich jetzt eine schwere Entscheidung. Einerseits fühlte ich mich in Rostock sehr wohl und hatte keine Lust, wegzugehen. Andererseits reizte mich das große und bekannte Leipziger Institut.

Während ich noch überlegte und mir die Entscheidung nicht leicht machte, wurde ich von verschiedenen Seiten gedrängt, das Angebot anzunehmen. Den letzten Anstoß gab die Zusage des Ministeriums, mir eine Durchfahrtgenehmigung mit dem Pkw für Westberlin zu geben. Ich sagte zu und wurde zum 1. September 1961 auf den Leipziger Lehrstuhl für Gerichtliche Medizin berufen und gleichzeitig zum Direktor des Leipziger Instituts ernannt. Damit begann eine 28jährige Tätigkeit an einem der größten deutschen Institute für gerichtliche Medizin, das bereits in den zwanziger und dreißiger Jahren unseres Jahrhunderts durch seinen ersten Direktor, Prof. Richard Kockel, internationales Ansehen erworben hatte. Sie endete am 31. August 1989 mit meiner Emeritierung.

Kapitel 2

Todesfälle durch elektrischen Strom

Die Gefahren bei unsachgemäßem Umgang mit elektrischem Strom sind allgemein bekannt. Trotzdem treten immer wieder Todesfälle durch Strom auf; und es sind nicht nur Laien, die davon betroffen sind, sondern nicht selten auch Fachleute. Zumeist handelt es sich um Unfälle, aber in seltenen Fällen kommen auch Morde und Mordversuche vor. Selbstmorde durch elektrischen Strom sind mir persönlich in meiner gerichtsärztlichen Tätigkeit nicht vorgekommen, obwohl es so etwas auch geben soll. Wenn sie begangen werden, sind sie zumeist als Unfälle getarnt und deshalb schwer zu erkennen.

Bei der weiten Verbreitung der Elektrizität sind Unfälle sowohl im Haushalt als auch am Arbeitsplatz keineswegs selten, auch wenn sie nicht immer tödlich enden.

Der Nachweis eines Stromtodes ist nicht immer einfach. Ist der Kontakt mit einem stromführenden Leiter bei der Auffindung des Betroffenen noch erkennbar, so ist zumindest der Verdacht auf Stromtod geweckt. Aber eine solche Situation kann natürlich auch zur Verdeckung einer anderen Todesursache nur vorgetäuscht sein, wobei es sich keineswegs immer um ein Tötungsverbrechen handeln muß. Wie wir an einem Beispiel noch sehen werden, kann auch ein Selbstmord, der den Angehörigen mitunter aus vielerlei Gründen peinlich ist, Grund für eine solche Täuschung sein.

Hinweise auf eine Berührung mit elektrischem Strom sind die sogenannten Strommarken, die an den Stellen entstehen, wo der Strom entweder in den Körper eintritt oder ihn wieder verläßt (Stromaustrittsmarke). Strommarken sind Hautveränderungen, die durch die Wärmeeinwirkung des Stroms entstehen. In vielen Fällen lassen sie mehr oder weniger deutlich die Form des Leiters erkennen, seltener sind sie kaum zu erkennen. Mitunter werden sie auch mit Hautschwielen verwechselt. Bei großflächigen Kontakten, z. B. in der Badewanne, können sie auch ganz fehlen. Ein wichtiger Hinweis auf die Art des Leiters kann die Metallisation, die Übertragung von Metallteilchen in die Haut an der

Berührungsstelle sein. Bei Hochspannungsunfällen stehen zumeist Verbrennungen im Vordergrund. Gerade bei diesen Unfällen wird häufig nicht beachtet, daß eine direkte Berührung des Leiters gar nicht nötig ist, sondern bereits eine Annäherung an die stromführenden Teile genügt, um einen Lichtbogen überspringen zu lassen.

Unfall durch Leichtsinn

Es war zu Beginn meiner Rostocker Zeit. Die Umbauten in meinen neuen Räumen im Pathologischen Institut waren weitgehend abgeschlossen. Ich saß im neu eingerichteten Chefzimmer, das gleichzeitig als Bibliothek diente, und arbeitete an einem Gutachten für ein Kreisgericht. Es war ein herrlicher Hochsommertag mit strahlendem Sonnenschein bei klarem blauem Himmel. In der Schule hätte es »hitzefrei« gegeben. Das gab es bei uns zwar nicht, doch ich beschloß, in der Mittagszeit mit der noch kleinen Gruppe meiner Mitarbeiter nach Warnemünde an den Strand zu fahren und zur Abkühlung baden zu gehen. Gerade wollte ich diese Idee verkünden, als das Telefon klingelte und meine Sekretärin mich mit dem Volkspolizeikreisamt verband. Der zuständige Sachbearbeiter informierte mich, daß auf einem Feld vor den Toren der Stadt ein schwerer Unfall mit Todesfolge passiert sei und wir sofort zur Unfallstelle kommen sollten. Es wurde also nichts mit der Abkühlung am Strand. Wir packten unsere Instrumente zusammen und fuhren los.

Gleich hinter der Stadtgrenze von Rostock sahen wir mehrere Einsatzfahrzeuge der Polizei und der Feuerwehr teils am Straßenrand, teils auf dem Feld, stehen. Ein Krankenwagen kam uns mit Blaulicht und Sondersignal entgegen. Auf dem Feld stand eine größere Menschenmenge um ein Spezialfahrzeug herum. Es handelte sich um einen großen Lkw mit Anhänger, auf dem ein Bohraufsatz montiert war, mit dem Erdbohrungen vorgenommen werden konnten. Neben dieser Gruppe stand der Leichenwagen. Die Leichenträger holten gerade einen Sarg aus ihrem Wagen. Der Staatsanwalt und die Kriminalisten begrüßten mich und informierten mich über den Hergang.

Eine Gruppe von Spezialisten hatten den Auftrag, mehrere Bohrungen auf dem Feld vorzunehmen, da wegen eines hier geplanten Bauwerks der Untergrund beurteilt werden sollte. Hierbei mußte das auf den Lkw montierte Bohrgerät mehrfach umgesetzt werden. Da über das Feld eine Hochspannungsleitung führte, war besondere Vorsicht angezeigt, und es bestand an sich die Weisung, beim Transport unter der Hochspannungsleitung das Bohrgestänge abzubauen. Allerdings war dieser Vorgang sehr zeitraubend und auch anstrengend, was bei der Hitze besonders ins Gewicht fiel. Deshalb glaubte man, bei vorsichtigem Fahren in montiertem Zustand unter der Leitung hindurchzukommen.

Der Fahrer steuerte also den Lkw an eine Stelle, an der die Leitung nicht so durchhing; zwei Mann gingen hinter dem Anhänger her und versuchten, ihn mit den Händen zu dirigieren.

Trotz aller Vorsicht kam es doch zu einem Kontakt mit der Hochspannungsleitung. Die Metallteile des Hängers wurden unter Strom gesetzt, wovon die beiden hinter dem Fahrzeug hergehenden Männer betroffen wurden. Bei dem einen kam es zum direkten Kontakt mit dem Strom, er war offenbar sofort tot. Der zweite erhielt starke Verbrennungen an Armen und Beinen; das eine Bein war regelrecht abgebrannt und lag neben dem Körper. Der Verunglückte war bereits in die Klinik gebracht worden.

Bei der Obduktion stellten sich zwei Besonderheiten heraus. Einmal ließ sich anhand der sogenannten Strommarken genau feststellen, wie der Getötete seine Hände auf den Metallteilen des Bohrgestänges gehalten hatte. Der Stromfluß verlief von den Händen durch den Körper, wobei er das Herz unmittelbar tangierte und zum sofortigen Herzstillstand führte, und dann über die Füße in die Erde. An beiden Füßen fanden sich ebenfalls Strommarken (Stromaustrittsstellen).

Als wir am nächsten Tag die Unfallstelle noch einmal genau untersuchten, fanden sich im Erdreich wie Wurzeln aussehende Gebilde aus geschmolzenem Sand, die den Stromverlauf in der Erde anzeigten. Obwohl nahezu 24 Stunden vergangen waren, waren diese Verschmelzungen noch deutlich wärmer als ihre Umgebung – ein Zeichen für die große Wärmeentwicklung durch den Strom.

Der zweite Verunglückte überlebte den Unfall. Er hatte wahrscheinlich keinen direkten Kontakt mit dem Bohrgestänge, sondern war von einem Lichtbogen getroffen worden, der von dem Gestänge auf ihn übergesprungen war.

Kindliche Spielereien

Besonders belastend für den Gerichtsarzt sind die Fälle, in denen er den Tod von Kindern untersuchen muß, die beim Spielen ums Leben gekommen sind. Zwei dieser Fälle sind mir besonders in Erinnerung geblieben.

Es war die Zeit der Sommerferien. Die Schulen hatten seit ein paar Wochen geschlossen. Einige Kinder waren schon wieder aus dem Urlaub zurück und mußten sich zu Hause die Zeit vertreiben, was ihnen bei dem anhaltend schönen Wetter aber nicht schwerfiel.

Eines Abends erschien auf dem örtlichen Polizeirevier in dem Vorort einer Großstadt eine Frau und teilte sehr besorgt mit, daß ihr 12jähriger Sohn nicht nach Hause gekommen sei. Nach ihren Angaben war er am Vormittag mit einigen anderen etwa gleichaltrigen Kindern spielen gegangen. Die anderen Kinder waren mittags nach Hause gegangen. Ihr Sohn habe noch zu einem Freund gewollt, bei dem er sich öfter aufhielt, wenn die Mutter zur Arbeit mußte. Er bekam dort mittags auch immer etwas zu essen.

Als die Mutter gegen 5 Uhr nach Hause gekommen war und ihren Sohn nicht vorfand, hatte sie angenommen, daß er sich noch bei seinem Freund aufhielt. Als er aber auch zum Abendessen nicht nach Hause gekommen war, hatte sie sich nach einigem Warten zu diesem Freund begeben, um ihren Sohn abzuholen. Hier mußte sie aber erfahren, daß er gar nicht bei seinem Freund gewesen war. Daraufhin fragte sie bei den anderen Kindern nach, mit denen er am Vormittag gespielt hatte. Aber auch hier wußte keiner, wo er geblieben war.

Es wurde eine Vermißtenanzeige aufgenommen, die Kinder wurden noch einmal von einem Polizisten befragt, ohne daß etwas Neues dabei herauskam.

Mittlerweile war es schon dunkel geworden und eine Suche schien wenig erfolgversprechend, zumal man gar nicht wußte, wo genau man suchen sollte. Noch einmal wurden am späten Abend die Kinder, mit denen der Junge am Vormittag gespielt hatte, befragt, in der Hoffnung, irgendwelche Anhaltspunkte für die Suche zu bekommen. Es ergaben sich aber keine neuen Erkenntnisse.

Am nächsten Morgen wurden die Ermittlungen fortgesetzt und Suchtrupps gebildet. Noch einmal wurde der beste Freund des Jungen befragt, vor allem nach den Orten, wo sie gemeinsam gespielt hatten. Nach einigem Zögern erzählte er von einer Stelle in der Nähe, wo sie sich aus Balken und Brettern eine kleine Bude gebaut hatten. Das Baumaterial hatten sie auf umliegenden Bauernhöfen »organisiert«, wie er es bezeichnete. Da das ganze nicht ganz legal war, hatte er zunächst von dieser Hütte nichts gesagt. Sein Freund sei der eigentliche Initiator dieses Unternehmens gewesen und habe auch noch weitere Pläne bezüglich des Ausbaus der Hütte gehabt. So wollte er elektrisches Licht hineinlegen. »Wo wollte er denn den Strom hernehmen?« fragte sein Vernehmer und erhielt zur Antwort, daß gleich über der Hütte, die an einem Hang lag, eine Freiluftleitung entlangführte, die sein Freund anzapfen wollte.

Jetzt fiel einem bei der Befragung anwesenden Polizisten, der sich in der Gegend gut auskannte, ein, daß es gestern Mittag im Steinbruch einen Stromausfall gegeben hatte. Der konnte aber schnell wieder behoben werden, nachdem ein Sicherungsautomat, der ausgefallen war, wieder in Ordnung gebracht worden war.

Sofort wurde diese Stelle von einem Suchtrupp aufgesucht. Hier fand man die kleine Hütte in einem Gebüsch versteckt, so daß sie nicht ohne weiteres zu sehen war. Gleich daneben stand ein Leitungsmast, an dem die besagte Leitung nach oben auf den Berg führte. Die Leitung hatte eine Spannung von 10 kV. Auf dem Boden neben dem Mast wurde die Leiche des vermißten Jungen gefunden.

Wie es aussah, war er von dem Mast gestürzt. Neben ihm fand sich eine Kombizange, deren Griffe durch das Überschieben zweier Gartenschlauchstücke primitiv isoliert waren. In der Hütte lag eine Glühbirne mit Fassung sowie mehrere Stücke einer zweiadrigen elektrischen Leitung.

Es wurde eine gerichtliche Sektion angeordnet. Bei der äußeren Besichtigung der Leiche fanden sich an beiden Händen starke Verbrennungen, die in etwa den Abdrücken der Zangengriffe entsprachen. Weitere Verbrennungen und Rötungen fanden sich im Gesicht und am Körper. Aus der Anordnung dieser Verbrennungen ließ sich schlußfolgern, welche Stellung der Junge auf dem Gittermast eingenommen hatte, als er bei dem Versuch, mit der Kombizange ein Stück Leitungsdraht an der 10-kV-Leitung anzubringen, mit dem Strom in Berührung kam. Außer dem direkten Kontakt mit den Händen war offenbar auch noch ein Lichtbogen übergesprungen und hatte zu den Verbrennungen am Körper geführt.

Der Bruch des Schlüsselbeins sowie zweier Rippen war offensichtlich auf den Sturz aus etwa 5 m Höhe zurückzuführen.

Insgesamt ergab sich folgendes Bild: Der Junge war in der Mittagszeit – die genaue Zeit ergab sich aus dem Zeitpunkt des Stromausfalls, der registriert worden war – offenbar allein zu der Hütte gegangen, um die geplante Stromversorgung vorzunehmen und die Hochspannungsleitung anzuzapfen. Zu diesem Zweck hatte er sich mit der nach seiner Meinung ausreichend isolierten Kombizange und einem mehrere Meter langen Stück Leitungsdraht ausgerüstet und war auf den Mast geklettert. In Höhe der stromführenden Leitungsdrähte hatte er sich dann mit den Beinen an den Gittermast geklammert und versucht, die blank gemachten Enden seines Leitungsdrahtes an der Hochspannungsleitung zu befestigen. Der Stromfluß durch seinen Körper tötete ihn und bewirkte den Absturz. Zweifellos war der Junge bereits tot, als er auf der Erde aufschlug.

Kriegsspiel

Einen ähnlichen äußerst tragischen Fall erlebte ich, als wir in ein kleines Städtchen zu einer gerichtlichen Sektion gerufen wurden. Eine junge Frau war plötzlich unter unklaren Umständen verstorben. Es bestand der Verdacht einer gewerbsmäßigen Abtreibung, daher sollte eine Obduktion vorgenommen werden. Wir waren noch mit der Sektion beschäftigt, der Staatsanwalt und Sachbearbeiter der Kriminalpolizei ließen sich gerade die Befunde demonstrieren, da stürzte ein uniformierter Polizist der örtlichen Polizei herein und rief:

»Schnell, wir brauchen einen Arzt. Es ist etwas furchtbares passiert. Ein Junge ist auf einen Hochspannunsgmast gestiegen und verunglückt. Schnell, kommen Sie, der Junge lebt noch.«

Wir ließen sofort alles stehen und liegen, ich wusch mich in aller Eile und sprang in den Dienstwagen des Polizisten. Wir fuhren aus der Stadt heraus auf ein Getreidefeld, das gerade abgeerntet wurde. Die Erntemaschinen standen aber still, die Arbeiter schauten alle in die Richtung eines Hochspannungsmasts, wo eine Menschenansammlung stand und nach oben zur Mastspitze starrte. Ich sprang aus dem Fahrzeug und schaute auch in diese Richtung. Im Inneren des Gittermastes einer Hochspannungsleitung sah ich in der Höhe der Leitungsdrähte einen etwa 10- bis 12jährigen Jungen mit dem Kopf nach unten hängen, der ab und zu geringe Bewegungen mit den Armen machte und dadurch erkennen ließ, daß er noch lebte.

Der Junge hing mit dem Kopf nach unten an seinem rechten Fuß, mit dem er sich in dem Leitungsdraht verfangen hatte. Sein linker Fuß lag abgetrennt unten auf der Erde neben dem Mast. Obwohl mit größter Wahrscheinlichkeit der Strom durch Anspringen der Sicherung ausgeschaltet worden war – der Leitungsdraht, der um den Mast hing, war ja durch den Fuß des Kindes in das Innere des Mastes gezogen und damit geerdet –, wagte sich verständlicherweise keiner an den Mast heran, aus Angst vor einem Stromschlag. Auch die gerade angerückte freiwillige Feuerwehr wartete erst auf die Meldung der Schaltzentrale, die die Stromlosigkeit der Leitung bestätigte.

Das Warten wurde zur Qual, weil man den verunglückten Jungen da oben in dem Mast hängen sah und nicht helfen konnte. Obwohl nur wenige Minuten bis zum Eintreffen der Meldung, daß die Leitung stromlos sei, vergingen, kam uns diese Zeit wie eine Ewigkeit vor. Endlich konnte die Leiter an den Mast gelehnt werden und ein Feuerwehrmann holte den Jungen herunter. Da inzwischen auch die Dringende Medizinische Hilfe (DMH) am Unfallort eingetroffen war, konnte sogleich eine zielgerichtete Notfallbehandlung und vor allem eine Schmerzstillung eingeleitet werden.

Der Junge war offensichtlich an dem Gittermast außen emporgeklettert und wollte in Höhe der Leitungsdrähte wahrscheinlich aus Sicherheitsgründen in das Mastinnere klettern, um dort bis zur Spitze weiterzusteigen. Dies bestätigten uns auch seine Spielkameraden, die das selbst beim Kriegspielen schon öfter so gemacht hatten. Dort oben war der Aussichtsposten, um das Anrücken des »feindlichen Heeres« zu beobachten.

Beim Klettern durch die gitterförmige Mastverstrebung war er offenbar ausgerutscht und mit den Beinen nach außen geraten. Dabei hatte er die bogenförmig ziemlich lose herunterhängenden Leitungsdrähte berührt und beim Sturz in das Mastinnere mit hineingezogen. Der linke Fuß hatte wahrscheinlich den ersten Kontakt mit der stromführenden Leitung und brannte ab. Als der rechte Fuß sich dann in der Schlinge verfing und den Körper hielt, sprang durch die Berührung des geerdeten Gittermastes die Sicherung an und machte die Leitung stromlos, so daß der Junge längere Zeit in dieser Lage im Mast hängen konnte.

Das Kind wurde umgehend in ein Krankenhaus gebracht und ärztlich versorgt. Aber die Verbrennungen waren so schwer, daß nach drei Tagen der Tod eintrat und wir erneut zur Sektion in die kleine Stadt fahren mußten. Die Sektionsergebnisse bestätigten den von uns schon bei dem Unfall vermuteten Ablauf.

Inzwischen war durch die Befragung der anderen Kinder auch bekannt geworden, daß das Klettern auf den Mast sehr beliebt war und die meisten Kinder schon einmal hinaufgeklettert waren. Man wußte zwar, daß es sich um eine Hochspannungsleitung handelte und ein Kontakt mit der Leitung sehr gefährlich war. Deshalb war es auch die Regel, ein bis zwei Meter unterhalb der Traverse, an der die Leitung befestigt war, im Inneren des Mastes weiterzuklettern. Von der Tatsache, daß bei der Hochspannung eine direkte Berührung der Leitung gar nicht nötig war, sondern daß eine entsprechende Annäherung schon genügte, um unter

Strom gesetzt zu werden, wußten die Kinder – wie die meisten Erwachsenen übrigens auch – nichts. Bisher war nichts passiert, weil die Mindestentfernung zur Leitung gewahrt blieb. In dem jetzigen Fall wollte der Junge erst relativ spät in das Innere des Mastes klettern, er war schon bis zur Traverse hochgeklettert. Unglücklicherweise war er hierbei mit dem linken Fuß abgerutscht, streckte ihn dabei reflektorisch aus und kam mit der Leitung in Berührung.

Tod in der Garage

Nicht nur Laien handeln beim Umgang mit elektrischem Strom leichtsinnig. Ich habe immer wieder beobachtet, daß auch Fachleute wie Elektriker und Elektroingenieure durch den fahrlässigen Umgang mit elektrischen Geräten und stromführenden Leitungen Unfälle verursachten. So haben wir mehrere Todesfälle untersuchen müssen, bei denen speziell ausgebildete Elektriker in Umspannzentralen tödlich verunglückten, weil sie die vorgeschriebenen Sicherheitsmaßnahmen meist aus Bequemlichkeit unterließen. Ein besonders krasser Fall soll im folgenden geschildert werden.

Es ging mit Riesenschritten auf den Winter zu. Weihnachten war nicht mehr weit. Die Außentemperaturen lagen schon seit ein paar Tagen unter dem Gefrierpunkt und sanken nachts noch weiter ab. Der Diplom-Ingenieur Ralph F. hatte am Samstag Nachmittag zu seiner Frau gesagt, daß er mal kurz in die Garage gehen wollte, um etwas am Wagen in Ordnung zu bringen. In spätestens einer Stunde gedachte er wieder zurück zu sein, da man abends eingeladen war und er vorher noch baden und sich umziehen wollte. Seit ein paar Wochen hatte er in einer Garagengemeinschaft die heiß ersehnte Unterstellmöglichkeit für seinen Wagen bekommen, so daß in diesem Winter das zeitraubende Abkratzen des Eises von der Windschutzscheibe und das Abkehren des Schnees vom Wagen endlich ein Ende hatte. Und kleine Reparaturen und Basteleien konnte man so auch besser und vor allem wetterunabhängig vornehmen.

Als er nach zwei Stunden immer noch nicht nach Hause kam, wurde seine Frau unruhig. Die Zeit wurde langsam knapp. Auf das Bad wird er wohl verzichten müssen, dachte sie. Aber so ist er immer. Wenn er erst mal an seinem geliebten Auto bastelt, vergißt er die Zeit. Andererseits hat er sich auf die heutige Einladung bei seinem Chef sehr gefreut und würde sie auf keinen Fall verpassen wollen. Noch heute Mittag hat er gesagt, daß sie für seine Karriere sehr wichtig sein könnte. Na ja, er wird schon kommen.

Es verging eine weitere Stunde, ohne daß sich ihr Mann einfand. Was ist nur in ihn gefahren, dachte seine Frau, so wichtig kann doch das Auto nicht sein, daß er diese Einladung vergißt. Da jetzt die Zeit sehr knapp wurde, ging sie los, um ihren Mann zur Eile zu mahnen. Der Garagenkomplex lag zwar nur knapp fünf Minuten entfernt, aber sie mußte sich erst umziehen, denn draußen war es kalt und es herrschte ein eisiger Wind.

Als sie bei der Garage ankam, sah sie, daß die Garagentür geschlossen war. Sie öffnete einen Türflügel und trat in die Garage. Es brannte zwar Licht in dem Raum, aber ihren Mann sah sie nicht. Sie rief ihn, aber es kam keine Antwort. Er wird wohl zu einem Garagennachbarn gegangen sein. Dort hat er sich sicher verplaudert. Na ja, sie würde ihn bestimmt finden, denn um diese Zeit war ja kaum jemand hier.

Die junge Frau ging hinaus und prüfte, ob noch eine Garage offen war. Aber alle Türen waren geschlossen. Es war niemand hier. Aber wo war ihr Mann? Er mußte doch hier in der Nähe sein, denn er ließ seine Garage doch nicht offenstehen, wenn er wegging.

Sie ging nochmals zur Garage und schaute hinein. Es hatte sich inzwischen nichts verändert. Durch die Rückscheibe sah sie jetzt, daß das rote Zündlicht leuchtete, die Zündung war also eingeschaltet. Das war für sie ein sicheres Zeichen, daß ihr Mann nicht weit weg sein konnte. Aber wo war er, wo konnte er hingegangen sein?

Während sie noch überlegte, ging sie vor zum Motor des Wagens. Da sah sie plötzlich zwei Füße hervor schauen. Und dann entdeckte sie ihren Mann. Er lag bewegungslos auf dem Boden unmittelbar vor dem Fahrzeug. Der Oberkörper lag halb unter dem Auto. Als sie das erstemal in die Garage gesehen hatte, wurde er vom Wagen verdeckt. Deshalb hatte sie ihn nicht entdeckt. Sie beugte sich zu ihm nieder und rief ihn an. Aber er gab keinen Ton von sich und bewegte sich auch nicht. Mit Entsetzen stellte sie fest, daß er nicht mehr atmete. Sie konnte auch keinen Pulsschlag feststellen. Hier muß sofort ein Arzt her, dachte sie. Aber wo war das nächste Telefon? Als sie aus der Garage herausstürzte, sah sie, daß ein Garagennachbar gerade mit seinem Trabant ankam und ihn in seine Garage stellen wollte. Sie eilte zu ihm und bat ihn, ihr zu helfen und einen Arzt zu holen. Der Nachbar war natürlich sofort bereit und fuhr zum nächsten Telefon, um den Notarzt zu verständigen. Die SMH (Schnelle Medizinische Hilfe) war in wenigen Minuten da, aber der Arzt konnte nur noch den Tod des Mannes feststellen. Seine erste Frage war, ob der Motor noch gelaufen ist. Die Frau sagte, daß der Motor zwar aus, aber die Zündung noch eingeschaltet war.

»Und die Tür, war die Tür zu?« fragte der Arzt. »Ja, sie war angelehnt, fast geschlossen«, antwortete die Ehefrau.

»Dann ist ja alles klar«, meinte der Arzt. »Es handelt sich sicher um eine Kohlenmonoxidvergiftung durch die Autoabgase. Daran ist ihr Mann gestorben. Er hat bei geschlossener Garagentür den Motor laufenlassen. Wir wollen schnell die Tür weit öffnen, damit uns nicht auch noch etwas passiert.«

Da es sich um einen nicht natürlichen Todesfall handelte, wurde die zuständige Polizeidienststelle benachrichtigt, die auch sofort zwei Kriminalisten schickte. Zur endgültigen Klärung wurde der Tote in das gerichtsmedizinische Institut gebracht und von der Staatsanwaltschaft eine gerichtliche Sektion angeordnet.

Als wir am nächsten Tag die Sektion begannen und hörten, in welcher Situation der Mann aufgefunden worden war, dachten wir ebenfalls an eine CO-Vergiftung. Allerdings waren die Totenflecke nicht typisch, sie waren zwar etwas hellrot wie meist bei einer derartigen Vergiftung, aber die Farbe war nicht so intensiv, wie man sie sonst sieht und konnte auch durch die Kälte hervorgerufen sein, denn die Leiche hatte über Nacht in der Kühlzelle gelegen. Aber sonst paßte alles sehr gut zu einer tödlichen CO-Vergiftung. Es wurde sofort Blut abgenommen und in die Toxikologie zur Untersuchung gebracht.

Bei der äußeren Besichtigung fielen uns an der rechten Hand eigentümliche Veränderungen auf, die wie Strommarken aussahen, aber eine ganz merkwürdige Form hatten. Es waren längliche Dellen, die an den Rändern leichte Verkohlungen aufwiesen. Wir konnten sie uns zunächst nicht erklären.

Während wir noch herumrätselten, kam die Mitteilung aus der Toxikologie, daß die Untersuchung auf Kohlenmonoxid völlig negativ verlaufen war. Eine CO-Vergiftung war demnach auszuschließen. Aber woran war der Mann dann gestorben? Die strommarkenähnlichen Veränderungen an der rechten Hand bekamen nun eine gewichtige Bedeutung. Waren es doch echte Strommarken? Aber wo kamen sie her? Was war der stromführende Gegenstand? Sofort fuhren zwei Kriminalisten nochmals in die Garage, um nach einem entsprechend gearteten Gegenstand zu suchen. Als sie die Garagentür öffneten, fiel ihnen auf, daß es trotz der Kälte draußen in der Garage relativ warm war. Als sie genauer hinsahen, entdeckten sie in der Steckdose an der Stirnwand der Garage ein Elektrokabel, das unter den Wagen führte. Hier fand sich eine Art Heizkörper, der offenbar noch in Betrieb war. Er war ganz offensichtlich selbst gebaut und nicht isoliert. Das konnte der gesuchte Berührungspunkt sein. Er wurde zu uns ins Institut gebracht. Und siehe da: der an die Widerstände angelötete blanke Kupferdraht paßte genau zu unserer Strommarke. Ganz offensichtlich hatte Ralph F. diese selbstgebastelte Heizung mit der rechten Hand an den blanken Kupferdrähten berührt und dadurch einen tödlichen Stromschlag erhalten. Diese Vermutung wurde später noch durch den Kupfernachweis in den Strommarken bestätigt.

Und wie kam er zu der äußerst primitiv und laienhaft zusammengebauten Heizung? Unsere Ermittlungen ergaben folgenden Sachverhalt: Der Elektroingenieur besaß nun zwar eine Garage für seinen Wagen, aber diese war nicht geheizt. Da seine Starterbatterie schon recht betagt war, hatte es in den letzten Tagen mehrfach Schwierigkeiten beim Anlassen des Wagens gegeben. Aber eine neue Batterie war sehr schwer zu kriegen. Ralph F. hatte zwar schon seine Fühler ausgestreckt und einen Kollegen gefunden, der ihm möglicherweise eine neue Batterie besorgen konnte, aber das dauerte seine Zeit. Bis dahin mußte die alte Batterie noch durchhalten. Wenn der Wagen erst mal warm war, ging es ja auch noch ganz gut. Bloß morgens gab es immer Schwierigkeiten, besonders dann, wenn er es eilig hatte.

Da die Garage einen Stromanschluß hatte und er in seinem Betrieb vor einiger Zeit einige alte Widerstände entdeckt hatte, die ausrangiert worden waren und zum Schrott sollten, kam ihm die Idee, sich daraus eine elektrische Heizung zu bauen, die er unter den Motor schieben konnte. Strom war ja in der DDR billig, und so machte es nichts, wenn diese Heizung Tag und Nacht lief. Auf dem Schrott fand er noch ein paar ausrangierte Stücke Bandeisen, die sich als Träger für die Heizung verwenden ließen. Um den nötigen Widerstand zu bekommen, mußten die Widerstände in entsprechender Zahl hintereinander geschlossen werden. Er verband sie mit einigen Stücken eines blanken Kupferdrahtes mit einem entsprechenden Querschnitt, brachte eine Schnur mit einem Stecker an und fertig war die Heizung. Daß die Widerstände und die Kupferdrähte in keiner Weise isoliert waren, störte ihn nicht. Er selbst wußte ja Bescheid und ein anderer kam nicht in die Garage. Was sollte da schon passieren.

Da es in der kommenden Nacht wieder kalt werden sollte, schloß er seine selbstgebaute Heizung an. Es klappte sehr gut. Als er am nächsten Morgen die Garage betrat, war es zwar nicht so übermäßig warm, aber die Temperatur war überschlagen und zu seiner Freude sprang der Wagen auch ohne irgendwelche Probleme an. Seine Bastelei hatte sich also bewährt. Auch in den nächsten Tagen gab es keine Probleme, obwohl die Außentemperatur noch weiter abgesunken war. Der Wagen sprang immer anstandslos an. Die Heizung lag so, daß er abends nur den Wagen in die Garage fahren mußte, dann stand die Heizung genau unter dem Motorblock. Er mußte dann nur noch den Stecker in die Steckdose stecken, den er morgens beim Abfahren sicherheitshalber herausgezogen hatte.

Als es aber jetzt kälter wurde und die Gefahr bestand, daß sich Minusgrade in der Garage einstellten, ließ er nun auch tagsüber die Heizung brennen. Vorsichtshalber schloß er den Ersatzschlüssel, der sich immer in der Wohnung befand, weg. So konnte auch kein Fremder in die Garage. An seinem Todestag hatte er in der Eile offenbar die Gefahr, die von seiner Bastelei ausging, vergessen und war beim Hantieren am Motorblock an den unter Strom stehenden Draht gekommen. Bei der guten Erdung durch seine feuchten Schuhe und den Betonboden der Garage war der tödliche Ausgang unvermeidbar.

Tod in der Badewanne

Todesfälle in der Badewanne bereiten immer besondere Probleme bei der exakten Aufklärung der Todesursache. In vielen Fällen werden sie nicht sogleich bemerkt; es vergehen mitunter einige Stunden oder auch Tage bis zum Auffinden des Toten. Das erschwert die Befunderhebung. Da das Baden, vor allem das zu heiße Baden, eine erhebliche Kreislaufbelastung darstellt, kommt auch immer ein natürlicher Tod in Betracht. Besonders bei Gasbadeöfen liegt es nahe, an einen Unfall zu denken. Und auch die Möglichkeit eines Elektrotodes muß erwogen werden, selbst dann, wenn zunächst keine Hinweise auf ein elektrisches Gerät in der Nähe der Badewanne gegeben sind, denn es können nachträglich Veränderungen, aus welchen Gründen auch immer, vorgenommen worden sein. Nur eine sehr genaue Untersuchung der Leiche kann hier Klarheit schaffen.

Zunächst einmal müssen die Veränderungen, die allein durch den mehr oder weniger langen Aufenthalt im Wasser hervorgerufen worden sind, von den Veränderungen unterschieden werden, die eindeutig zu Lebzeiten eingetreten sind. Es muß vor allem geprüft werden, ob ein Ertrinkungstod vorliegt oder ob trotz der Fundsituation in der Badewanne kein Wasser in die Atemwege eingedrungen ist.

Die meisten Elektrotodesfälle beim Baden sind auf den leichtsinnigen Umgang mit elektrischen Geräten zurückzuführen. Selten kommen auch Morde und Selbstmorde durch Einleiten von elektrischem Strom in das Badewasser vor. Vor allem Tötungsdelikte sind schwer zu erkennen, wenn sich keine typischen Strommarken finden. Ein solcher Fall hat uns sehr viel Kopfschmerzen bereitet.

Die Erbschaft

Der Herbst war in diesem Jahr besonders zauberhaft. Eine lang anhaltende Schönwetterperiode bescherte uns milde und sonnige Tage. Das Laub hatte eine goldene Färbung angenommen und glänzte im Sonnenlicht. Nach dem etwas verregneten Sommer war dieser herrliche Herbst ein wohltuender Ausgleich. Auf unseren Fahrten zu Außensektionen genossen wir die Schönheit der Natur. Deshalb waren wir gar nicht böse, wenn auch weiter entfernte Außensektionen angemeldet wurden.

Aber heute war ein ruhiger Tag. In den letzten drei Tagen waren wir sehr viel unterwegs gewesen. Und immer waren es mehrere Sektionen an unterschiedlichen Orten. Wir waren immer erst am späten Abend nach Hause gekommen. Dann lagen schon wieder Sektionsanforderungen für den nächsten Tag vor. Trotz des schönen Wetters brauchte ich dringend zwei bis drei Tage, um die bereits durchgeführten Sektionen aufarbeiten zu können. Heute wollte ich damit beginnen, denn als wir am Abend zuvor ziemlich spät ins Institut zurückkamen, lag kein Zettel mit der nächsten Sektionsanordnung auf dem Schreibtisch.

Ich ging also ins histologische Labor, um die in den letzten Tagen mitgebrachten Gewebeproben für die mikroskopische Untersuchung zuzuschneiden und war fast damit fertig, als die Sekretärin mich ans Telefon rief. Der Staatsanwalt von X. war am Apparat und bat um eine Sektion. Sie war aber nicht besonders eilig, wie er sagte, da es sich wahrscheinlich um einen natürlichen Todesfall handelte. Eine ältere Frau war von ihren Angehörigen tot in der Badewanne aufgefunden worden. Der Arzt, der den Tod festgestellt hatte, vermutete, daß es sich um ein Herzversagen handelte, da die Frau schon seit einiger Zeit wegen Herz- und Kreislaufbeschwerden bei ihm in Behandlung war. Aber da auch ein Ertrinken möglich war – der Kopf soll beim Auffinden unter Wasser gewesen sein – und eine Leuchtgasvergiftung ebenfalls im Bereich des Möglichen lag, hatte er eine Meldung an die Polizei gemacht, die wiederum die Staatsanwaltschaft informierte. Sicherheitshalber wurde deshalb eine Sektion angeordnet. Unter diesen Umständen vereinbarte ich mit dem Staatsanwalt, erst am nächsten Vormittag nach X. zur Sektion zu kommen und beschäftigte mich weiter im Labor.

Auch der nächste Tag war ausgesprochen schön. Schon am frühen Morgen war ein klarer blauer Himmel vorhanden, kein Wölkchen war zu sehen. Es hatte sich in der Nacht etwas abgekühlt, so daß jetzt am Morgen eine angenehme Temperatur herrschte. Wir machten uns früh auf den Weg. Da wir recht gut in der Zeit lagen, gönnten wir uns unterwegs in einem Waldgebiet eine kleine Frühstückspause. Nach einer halben Stunde ging es weiter, und wir kamen zur rechten Zeit am Sektionsort an, sogar noch einige Minuten vor der Kriminalpolizei und dem Staatsanwalt.

Vor Beginn der Sektion wurde ich noch einmal ausführlich über die Auffindungssituation unterrichtet. Die etwa 65jährige Frau wollte eigentlich mit Tochter und Schwiegersohn für ein paar Tage verreisen. Als die beiden sie aber abholen wollten, fühlte sie sich nicht wohl. Bestimmte Beschwerden habe sie aber nicht angegeben, sie habe sich etwas matt und schlapp gefühlt; richtig krank sei sie aber keinesfalls gewesen. Sie lebte allein in einer kleinen Wohnung in ihrem Einfamilienhaus. Ihr verstorbener Mann hatte ihr ein nicht unbeträchtliches Vermögen hinterlassen, so daß sie keine materiellen Sorgen hatte. Alles Zureden half nicht, sie wollte zu Hause bleiben und so fuhr das Paar eben allein los.

Als sie nach fünf Tagen wieder in ihre Wohnung zurückgekehrt waren, wollten sie sich zunächst telefonisch bei der Mutter melden, aber es ging keiner an den Apparat. Deshalb fuhren sie gegen Abend in die Wohnung der alten Frau, um nach ihr zu sehen. Sie hatten einen Schlüssel und kamen deshalb ohne Schwierigkeiten ins Haus. Zunächst fanden sie die Mutter nicht. Erst als sie ins Bad guckten, sahen sie die alte Dame bewegungslos in der gefüllten Badewanne liegen. Das Badewasser war kalt, die Frau war offensichtlich tot. Auch der sofort benachrichtigte Arzt konnte nur noch den Tod feststellen. Er hielt ein Herz-Kreislaufversagen für wahrscheinlich, da die Verstorbene in den letzten Wochen mehrfach über Herzbeschwerden geklagt hatte und von ihm deswegen auch medikamentös behandelt wurde. Da aber ein Unfall nicht sicher auszuschließen war und eine Lebensversicherung bestand, derzufolge bei Unfalltod die doppelte Summe ausgezahlt wurde, hielt der Hausarzt eine Sektion für notwendig.

Wir begannen mit der Untersuchung. Die Veränderungen an der Haut bestätigten, daß der Tod schon vor einigen Tagen eingetreten war, wahrscheinlich schon an dem Tag, als Tochter und Schwiegersohn abgereist waren. Es war eine ausgeprägte »Waschhautbildung« vorhanden – ein Zeichen für den längeren Aufenthalt im Wasser. Die Lungen machten nicht den Eindruck von Ertrinkungslungen, auch sonst ergaben sich keine Hinweise auf einen Ertrinkungstod. Es fanden sich zwar erhebliche altersbedingte Veränderungen am Herzen, sie mußten aber nicht zwingend die Todesursache darstellen.

Auffällig war eine ganze Reihe von Punktblutungen sowohl unter den Bindehäuten als auch an den Organüberzügen von Herz und Lunge. Diese Erstickungsblutungen treten zwar in ähnlicher Form auch beim Ertrinken auf, sind dann aber größer und haben verwaschene Ränder. Hier stach die scharfe punktförmige Begrenzung ins Auge. Da wir aber bisher keinerlei Hinweise für ein gewaltsames Ersticken hatten, insbesondere keine Drossel- oder Würgemale, sah ich mir vor allem die Halsweichteile noch einmal ganz genau an. Und jetzt fielen mir einige nicht sehr große, aber doch deutlich erkennbare Blutungen in der Nackenmuskulatur auf. Daraufhin habe ich mir insbesondere die darüber liegende Haut von außen angesehen. Die Hautstelle lag an der Haargrenze und zeigte bei oberflächlicher Betrachtung zunächst nichts auffälliges. Als ich aber an dieser Stelle die Haare entfernte, fand sich eine nur bei genauem Hinsehen erkennbare Veränderung im Nacken, die wie eine Strommarke aussah. Sie war etwa erbsengroß und zeigte die typischen wallförmigen Erhebungen an den Rändern. Der Verdacht auf einen Stromtod war nicht von der Hand zu weisen.

Bei der nochmaligen sehr sorgfältigen Betrachtung der Leiche zeigte sich an der rechten Ferse ein etwa kreisrunder Bezirk, an dem die Hautverfärbung etwas anders aussah als im übrigen Totenfleckenbereich. Der Durchmesser betrug etwa 7 cm und entsprach damit genau dem Durchmesser des metallenen Ausflusses der Badewanne, wie sich später herausstellte.

Natürlich wurden die verdächtigen Bezirke herausgeschnitten und für weitere mikroskopische und histochemische Untersuchungen asserviert. Diese Untersuchungen bestätigten unseren Verdacht auf Stromeinwirkung. Das mikroskopische Bild war typisch für eine Strommarke. Außerdem ließ sich in dem Gewebe Kupfer nachweisen. Der elektrische Leiter mußte also aus Kupfer gewesen sein, vielleicht ein Kupferkabel.

Aber wie konnte es dazu gekommen sein? Der Ort des Geschehens, das Badezimmer und die Badewanne, mußten nochmals genau untersucht werden. Ich vereinbarte mit der Kriminalpolizei sofort einen Termin, an dem wir uns gemeinsam diesen Ort noch einmal ansehen wollten. Die Situation war insofern günstig, da die Kriminalpolizei die Wohnung der alten Frau routinemäßig versiegelt hatte und somit Veränderungen nach dem Entdecken der Leiche nicht mehr vorgenommen worden sein konnten.

In der Wohnung fanden wir dann auch alles noch so vor, wie die Kriminalisten es nach dem Abtransport der Leiche und der spurenmäßigen Auswertung des Fundortes verlassen hatten. Aber trotz genauer Untersuchung des Badezimmers fand sich nichts, was geeignet gewesen wäre, eine solche Strommarke zu hinterlassen. Insbesondere fanden wir keine Elektrogeräte wie etwa einen Föhn oder dergleichen in dem Badezimmer vor, ja es war noch nicht einmal eine Steckdose vorhanden. Auch die Durchsuchung der übrigen Wohnung förderte nichts zu Tage, was geeignet gewesen wäre, eine derartige Strommarke zu erzeugen.

Da ich mir ziemlich sicher war, daß es sich bei den fraglichen Veränderungen um eine Strommarke handelte und auch die übrigen Veränderungen an der Leiche recht gut in das Bild eines Stromtodes paßten, und da sich die Trauer und Betroffenheit von Tochter und Schwiegersohn in Grenzen hielten, kam nach längerer Diskussion mit den Kriminalisten und uns der Staatsanwalt zu dem Beschluß, auch die Wohnung der Kinder der Toten zu durchsuchen.

Die Haussuchung wurde trotz des Protestes der beiden umgehend durchgeführt. Zunächst blieb die Durchsuchung ohne Erfolg. Es wurde nichts Verdächtiges gefunden. Es hatte sich durch die weiter laufenden Ermittlungen nur herausgestellt, daß die jungen Leute erheblich verschuldet waren und die Gefahr bestand, daß der erst vor kurzem erworbene Pkw »Wartburg« beschlagnahmt werden würde. Aus dem bei der Hausdurchsuchung aufgefundenen Schriftwechsel ging hervor, daß der Schwiegersohn versucht hatte, mehrere Freunde anzupumpen, aber stets Absagen erhalten hatte.

Erst als sich die Durchsuchung auch auf den Keller erstreckte, fand sich hinter einem Regal mit Flaschen in einer alten Aktentasche ein zweiadriges Elektrokabel nach Art einer Verlängerungsschnur, an dem sich an einem Ende ein Stecker befand. Das andere Ende zeigte an beiden Adern einen jeweils etwa 1 cm abisolierten blanken Kupferdraht. An einer Ader zeigte sich eine schwärzliche Auflagerung. Dieses Kabel war durchaus geeignet, eine Strommarke wie die vorgefundene hervorzurufen.

Die schwärzliche Auflagerung wurde gesichert und im Labor untersucht. Es handelte sich mit größter Wahrscheinlichkeit um verkohltes Gewebe. Individuelle Merkmale waren allerdings nicht mehr zu erheben. Immerhin waren durch die Hausdurchsuchung soviel Verdachtsmomente zusammengekommen, daß eine intensive Vernehmung der beiden Angehörigen gerechtfertigt erschien.

Sie wurden getrennt vernommen und verwickelten sich schon bald in erhebliche Widersprüche. So sagte der Schwiegersohn, daß sie sich zusammen von der Schwiegermutter verabschiedet und gemeinsam das Haus verlassen hätten, während die Tochter meinte, daß sie zwar zusammen aus dem Haus gegangen wären, ihr Mann aber noch einmal zurückgefahren sei, weil er etwas vergessen habe. In der Zwischenzeit hätte sie zu Hause noch etwas zusammengepackt. Ihr Mann bestritt das energisch. Er sei nicht noch einmal im Haus der Schwiegermutter gewesen. Weiter berichtete die Tochter, daß es vor allem in letzter Zeit zwischen ihrer Mutter und ihrem Mann erhebliche Spannungen gegeben hatte, weil ihre Mutter ihm vorgeworfen habe, nicht mit Geld umgehen zu können. Auch habe sie ihn zur Rede gestellt wegen einiger Probleme an seiner Arbeitsstelle. Die Mutter sei von Anfang an nicht sehr glücklich über die Heirat gewesen, weil sie den jungen Mann für einen »Windhund« gehalten habe, wie sie sich ausdrückte. Aber sie habe letztlich doch der Heirat zugestimmt und sich zunächst auch bemüht, ein gutes Verhältnis zum Schwiegersohn herzustellen. Es hatte aber nicht sehr lange gehalten, vor allem deshalb nicht, weil ihr Mann die Mutter mehrfach als geizig bezeichnet hatte, als sie ihm nicht mit einer größeren Geldsumme kurzfristig unter die Arme greifen wollte. Es habe sogar einmal eine Auseinandersetzung zwischen ihr und ihrem Mann wegen seiner Einstellung zu ihrer Mutter gegeben. Aber jetzt während der paar Urlaubstage hätten sie sich wieder gut verstanden.

Als der Schwiegersohn zu dem aufgefundenen Stück Kabel befragt wurde, wollte er es gar nicht kennen. »Das habe ich nie gesehen, das muß noch von einem früheren Mieter stammen.«

Erst als ihm vorgehalten wurde, daß seine Fingerabdrücke an der Tasche nachzuweisen waren, gab er zu, das Kabel schon mal in der Hand gehabt zu haben. Das läge aber schon Monate zurück.

In einer weiteren Vernehmung behauptete er dann, daß er vorgehabt hätte, aus dem alten Kabel eine Verlängerungsschnur zu machen. Er selbst habe die beiden Adern abisoliert und blank gemacht, um einen Stecker dort anzubringen, sei aber bisher nicht dazu gekommen, weil er noch keinen entsprechenden Stecker bekommen hätte. Der Vorhalt, daß aber in seiner Werkzeugkiste mehrere geeignete Stecker gefunden worden seien, machte ihn wieder unsicher, und er behauptete, daß er das vergessen habe.

Diese Widersprüche und die bisherigen Ermittlungen reichten aus, um wegen dringenden Mordverdachtes einen Haftbefehl gegen ihn auszusprechen und ihn in Untersuchungshaft zu nehmen.

Die weiteren Ermittlungen erbrachten noch mehr Verdachtsmomente. So hatte er einem Freund erzählt, daß er nur darauf warte, daß die Alte (gemeint war die Schwiegermutter) »ins Gras beiße«, um ein anständiges Leben zu führen. »Die hat Geld wie Heu, und braucht doch nichts mehr. Wenn das noch lange dauert, sollte man vielleicht doch etwas nachhelfen.« In der Untersuchungshaft vertraute er einem Mithäftling an: »Die haben gar nichts gegen mich in der Hand. Das sind alles nur Vermutungen. Beweise finden die niemals.«

Einen entscheidenden Fehler machte er, als er versuchte, einen

Kassiber durch einen Mithäftling an seine Frau herauszuschmuggeln. In dieser Nachricht bat er seine Frau, sein Werkzeug, insbesondere seine Kombizange, verschwinden zu lassen, weil er mit dieser Zange den Kupferdraht abgeschnitten habe. Dieser Kassiber wurde abgefangen, und obwohl eigentlich nichts beweisendes darin stand, wurde ihm der Inhalt vorgehalten. Hinzu kam in dieser Situation, daß seine Frau ihm mitgeteilt hatte, daß sie sich von ihm scheiden lassen wolle. Nach längerer Vernehmung sagte er dann, er habe es sich überlegt, er wolle nun ein Geständnis ablegen. Und nachdem er einmal angefangen hatte zu gestehen, war er in seinem Offenbarungseifer kaum zu bremsen. Es schien, als ob er sich durch sein Geständnis alles von der Seele reden wollte. Er erzählte nun folgende durchaus glaubhafte Geschichte:

In der letzten Zeit hatten infolge seiner etwas großzügigen Lebensweise seine finanziellen Probleme immer mehr zugenommen. Durch einen Freund geriet er an eine Gruppe junger Männer, die einen illegalen Spielklub betrieben. Hier erhoffte er sich eine Lösung seiner Geldprobleme. Die ersten beiden Male hatte er auch Glück; er gewann kleine Summen und konnte einige kleinere Schulden abbezahlen. Diese Erfolge verleiteten ihn dazu, nun auch um größere Beträge zu spielen. Er verlor und mußte sich bei seinen Spielfreunden Geld borgen. Dadurch wurden seine Schulden wesentlich größer als sie zu Beginn seiner Spielerkarriere gewesen waren. Seine Spielfreunde drängten schon nach kurzer Zeit ganz massiv auf Rückzahlung, einschließlich einer nicht geringen Summe von Zinsen. Sie drohten, ihn zu verprügeln, und einer sagte: »Wenn du nicht zahlst, machen wir dich hin.« Diese Drohung hatte er ernst genommen und mit allen Mitteln versucht, eine größere Geldsumme zu beschaffen. Aber seine Möglichkeiten, sich das Geld zu borgen, waren erschöpft. Falls doch mal einer geneigt war, ihm Geld zu leihen, verlangte er entsprechende Sicherheiten, die er aber nicht bieten konnte.

Jetzt kam ihm wieder der Gedanke in den Sinn, beim Ableben seiner Schwiegermutter etwas nachzuhelfen. Natürlich durfte seine Frau davon nichts merken, denn sie hing sehr an ihrer Mutter. Er mußte sich eine Methode ausdenken, die absolut sicher und dabei völlig unauffällig war. Irgendwo hatte er gelesen, daß eine kurze Berührung mit elektrischem Strom in der Badewanne sehr schnell zum Tode führt und keine Spuren hinterläßt. Das schien ihm die geeignete Methode zu sein. Er machte sich das Kabel zurecht und mußte nun nur noch eine Gelegenheit finden, an seine Schwiegermutter heranzukommen, wenn sie in der Badewanne saß. Deshalb hatte er des öfteren zu Besuchen bei ihr angeregt, viel öfter als früher, wo er kaum Lust hatte, die alte Dame zu sehen. Jetzt ging er mit seiner Frau zusammen mehrmals die Woche zu ihr und blieb auch länger als früher, aber nie kam die Gelegenheit, daß sie während seiner Anwesenheit ein Bad nahm. Und gewaltsam konnte er sie ja nicht in die Badewanne bringen. Seine nach seiner Meinung geniale Idee ließ sich einfach nicht verwirklichen. Er war schon ganz verzweifelt.

Endlich schien sich eine Lösung anzubahnen. Als sie im Herbst für einige Tage wegfahren wollten, schlug seine Frau ihrer Mutter vor, doch mitzufahren. Sie hätten ja noch genügend Platz in ihrem neuen Wagen, an dessen Kauf sie ja auch mit beteiligt war. Und wider Erwarten war diese auch einverstanden und sagte zu. Bei dieser Reise glaubte er nun, eine passende Gelegenheit zu finden. Er erkundigte sich auch noch extra in ihrem Quartier, ob eine Bademöglichkeit, insbesondere ein Wannenbad vorhanden war. Das wurde ihm bestätigt. Und er war sicher, daß er die Schwiegermutter mit Unterstützung seiner Frau zu einem Wannenbad überreden könnte. Dann mußte sich eine Möglichkeit ergeben, seinen Plan in die Tat umzusetzen.

Diese Überlegungen fielen nun durch die plötzliche Absage der Schwiegermutter unmittelbar vor Reisebeginn ins Wasser, obwohl sowohl er als auch seine Frau versucht hatten, sie doch noch zum Mitfahren zu überreden. Aber die Schwiegermutter lehnte mit der Bemerkung ab, daß sie sich gerade jetzt nicht wohl fühlte und daß ihr kalt sei. »Wenn ihr weg seid, werde ich mir ein Bad einlassen. Das hilft mir eigentlich immer ganz gut.«

Diese Äußerung der Schwiegermutter habe ihn geradezu elektrisiert. Das war ja die Gelegenheit, auf die er so lange gewartet hatte. Er mußte nur noch einen Weg finden, unauffällig in das Badezimmer zu kommen. Zunächst verabschiedete er sich zusammen mit seiner Frau von der Schwiegermutter und wünschte ihr gute

Besserung. Im Wagen erklärte er seiner Frau, er müsse noch mal nach Hause, weil er die Unterlagen für das Quartier vergessen habe. In seiner Wohnung fand er diese Unterlagen aber nicht und vermutete nun, daß er sie bei der Schwiegermutter liegengelassen habe.

»Ich fahre schnell noch mal bei Mutter vorbei. Du kannst ja noch ein paar Brote für unterwegs machen. Ich hole Dich dann hier wieder ab.«

Er ist dann in aller Eile zur Schwiegermutter gefahren und hoffte nur, daß sie schon in der Badewanne saß. Als er in das Haus kam – er hatte einen eigenen Schlüssel für die Wohnung – war es so, wie er gehofft hatte. Die Schwiegermutter war gerade in die Badewanne gestiegen. Vor der Badezimmertür holte er sein Elektrokabel aus der Tasche, steckte den Stecker in eine Steckdose im Flur und riß die Tür auf. Die Schwiegermutter drehte erschrocken den Kopf um und sah nach der Tür.

»Was machst du denn hier? Was willst du von mir? Mach, daß du raus kommst!«

Mehr konnte sie nicht sagen, denn er drückte ihr das blanke Kabelende in den Nacken. Ein leiser Schrei, ein leichtes Zittern und Krampfen, dann war sie ruhig. Er hielt das Kabel noch ein paar Sekunden auf den Nacken, dann fühlte er den Puls der alten Frau an der Halsschlagader. Er spürte nichts. Die Frau war nach seiner Auffassung tot. Nun drückte er den Kopf unter Wasser, um einen Ertrinkungstod vorzutäuschen. Dann verließ er das Haus und fuhr zu seiner Frau, um sie abzuholen und in Urlaub zu fahren.

Er war sicher, alles so arrangiert zu haben, daß es nach einem Unfall oder einem natürlichen Tod aussah. Deshalb verlebte er nach eigenen Angaben die Urlaubstage auch sorglos und ohne irgendwelche Befürchtungen, daß seine Tat herauskommen könnte. Es schien nach seiner Rückkehr ja auch alles gut zu laufen. Die Schwiegermutter lag noch genauso in der Badewanne, wie er sie verlassen hatte. Als nach dem Auffinden der Leiche seine Frau kurz ins Wohnzimmer ging, um den Arzt anzurufen, hatte er sich noch einmal die Stelle im Nacken, die er mit dem stromführenden Kabel berührt hatte, genau angesehen. Er sah nichts Auffälliges und war somit der Meinung, daß der Strom keine Spuren hinterlassen hatte. Sorgen machte er sich erst, als das Tatwerkzeug, das Kabel, gefunden worden war.

Der Täter wurde wegen Mordes verurteilt, die Ehefrau ließ sich unmittelbar nach Abschluß des Verfahrens scheiden. Sie hatte von der Tat nichts gewußt.

An diesem Beispiel zeigt sich, wie wichtig eine Sektion bei jedem nicht ganz eindeutigen Todesfall ist. Wäre hier keine Obduktion vorgenommen worden, hätte man das Geschehen sicher als Unfall oder natürlichen Tod abgetan.

Mordversuch in der Badewanne

In einem anderen Fall ist es nur einem glücklichen Umstand zu verdanken, daß der Eintritt des Todes verhindert worden ist.

Seit längerer Zeit schon gab es Spannungen in der Ehe des Herrn X. Er hatte eine Freundin, und seine Frau war dahintergekommen. Es gab verbale Auseinandersetzungen am laufenden Band. Das Verhältnis verschlechterte sich zusehends. Eine gewisse Besserung trat ein, als Frau X. mit dieser Geliebten, einer Berufskollegin ihres Mannes, eine Aussprache herbeiführte und diese ihr versicherte, das Verhältnis mit ihrem Mann zu beenden. Sie wollte sich nicht in die Ehe drängen und diese keinesfalls zerstören.

Aber schon nach kurzer Zeit bauten sich neue Spannungen auf. Der Ehemann versuchte erneut, das Verhältnis zu der Arbeitskollegin wiederherzustellen. Seine Ehefrau interessierte ihn angeblich nicht mehr. Die Arbeitskollegin lehnte zwar eine erneute Beziehung mit dem Hinweis auf die bestehende Ehe ab, aber der Mann versuchte es immer wieder.

Bei einem Urlaub im Gebirge kam ihm nach eigenen Angaben der Gedanke, daß durch den Tod seiner Frau alle seine Probleme gelöst würden. Wenn sie einen Abhang hinabstürzen würde, so würde es wie ein Unfall aussehen. Bei einem Seeaufenthalt dachte er an ihr Ertrinken. Aber es blieb zunächst bei diesen Vorstellungen.

Da las er in der Tageszeitung, daß ein Todesfall dadurch eingetreten war, daß ein unter Strom stehendes elektrisches Heizgerät in die Badewanne gefallen war. Die in der Wanne liegende Frau war dadurch getötet worden. So könnte er sein Problem auch lösen, schoß es ihm durch den Kopf.

Er beschaffte sich eine elektrische Heizsonne und stellte sie im Badezimmer auf. Seine Frau wollte jedoch davon nichts wissen, sie benötige keine Zusatzheizung. Er machte ihr aber klar, daß es vor allem nach dem Bad sehr angenehm sei, solch einen Strahler zu haben, sie solle es doch einmal ausprobieren. Mit diesen Worten schloß er den Heizkörper an. Er hatte zuvor noch den Stecker passend gemacht. Als er das Bad verlassen hatte, zog die Ehefrau aber den Stecker wieder aus der Steckdose heraus und ging in die Badewanne.

Nach einiger Zeit steckte der Mann den Kopf zur Tür herein und bot seiner Frau an, ihr den Rücken zu waschen. Obwohl sie ablehnte, kam er herein und begann, ihr mit einer Bürste den Rücken abzuschrubben. Durch diese Hartnäckigkeit gerührt, gab sie nach, kniete sich in der Wanne hin und ließ sich den Rücken abseifen. Wie sie merkte, hatte er die Heizsonne wieder angestellt. Plötzlich bekam sie einen sehr heftigen elektrischen Schlag. Der ganze Körper zuckte zusammen. Sie schrie laut auf und drehte sich herum. Da sah sie, daß die Heizsonne in das Badewasser gefallen war. Ihr Mann war nach ihrem Eindruck genau so erschrocken wie sie. Er fischte den Heizer wieder aus dem Wasser heraus und sagte zu ihr: »Puppi, wie weit ist es mit uns gekommen.«

Wie sie jetzt sah, war der Stecker beim Sturz der Heizsonne in die Badewanne aus der Steckdose herausgezogen worden. Dadurch wurde die Stromzufuhr unterbrochen. Das erklärt den nur sehr kurzen elektrischen Schlag. Bis zu diesem Zeitpunkt glaubte sie, daß das Hineinfallen des Heizkörpers zufällig passiert war. Aber als sie sich jetzt wieder in Rückenlage in die Wanne gelegt hatte, versuchte ihr Mann plötzlich, ihr den Kopf unter Wasser zu drücken. Jetzt erst merkte sie, daß ihr Mann sie töten wollte. Sie schrie laut um Hilfe und versuchte, aus der Wanne herauszukommen. Aber er drückte ihr mit aller Gewalt den Kopf unter Wasser.

Nach heftiger Gegenwehr gelang es ihr endlich, aus der Wanne zu steigen und aus dem Badezimmer zu flüchten. Laut schreiend lief sie völlig unbekleidet in das Treppenhaus, wo ihr Nachbarn zu Hilfe kamen.

Als der Ehemann sah, daß sein Mordversuch mißlungen war, schloß er sich in der Wohnung ein und drehte den Gashahn auf, um sich mit Leuchtgas zu vergiften. Die Frau verständigte jedoch sofort die Polizei, die die Tür aufbrach. Ihr Mann war zwar schon bewußtlos, konnte aber noch gerettet werden. Die Tat und die Tötungsabsicht hat er später gestanden, auch daß er den Heizkörper absichtlich ins Wasser geworfen hatte. Wegen des Mordversuches wurde er zu einer langjährigen Freiheitsstrafe verurteilt.

Wir sind mit dem Fall in Berührung gekommen, weil wir ein Gutachten über die Tödlichkeit sowohl der Elektrisierung als auch des Ertränkungsversuches abgeben sollten. Beide Handlungen hätten einen tödlichen Ausgang nehmen können. Die Spannung von 220 Volt und die Stromstärke hätten ausgereicht, den Tod einer in der Wanne liegenden Person herbeizuführen. Wasser ist ein besonders guter elektrischer Leiter. Die Erdung durch das Abflußrohr war in diesem Fall ebenfalls optimal. Nur dem Umstand, daß die Zuleitungsschnur zu kurz war und der Stecker durch den Fall aus der Steckdose herausgerissen worden ist, hat das Opfer sein Leben zu verdanken.

Auch der zweite Versuch, nämlich den Kopf unter Wasser zu drücken, ist geeignet, den Tod herbeizuführen. Zu berücksichtigen ist, daß die Gegenwehr in einer Badewanne sehr schwierig ist und es sehr schnell zum Verlust des Bewußtseins kommt. Frühere Versuche, die anläßlich eines Strafverfahrens gegen einen Heiratsschwindler, der seine Frauen ertränkte, in England durchgeführt wurden, haben ergeben, daß es verhältnismäßig leicht gelingt, ein in der Badewanne liegendes Opfer unter Wasser zu halten. Obwohl es sich bei den Versuchspersonen um Sportlerinnen handelte und sie zumindest teilweise über den Versuchsablauf informiert waren, hatten sie große Mühe, sich zu wehren. Allerdings war hier der Täter etwas anders vorgegangen. Er hatte den im Wasser liegenden Frauen plötzlich die Beine hochgerissen und dadurch bewirkt, daß der Kopf unter Wasser geraten ist. Die Versuchspersonen hatten kaum die Möglichkeit, sich an den glatten Wänden der Badewanne festzuhalten.

Ein fraglicher Unfall

Nicht immer muß sich hinter einer vorgetäuschten Todesursache ein Verbrechen verbergen. Gelegentlich wird ein bestimmter Todesmechanismus auch aus anderen Gründen vorgetäuscht, wie der folgende Fall zeigt:

Es war kurz vor Weihnachten. Die Läden waren voll von Leuten, die noch schnell einige Geschenke kaufen wollten, einige trugen den gerade erworbenen Weihnachtsbaum nach Hause, andere wiederum machten nur einen Schaufensterbummel und genossen das weihnachtliche Treiben. Auf dem Weihnachtsmarkt war das Gedränge zeitweise kaum zu durchdringen, vor allem die Kinder drängten sich um die Karussells, die auf dem Weihnachtsmarkt aufgebaut waren. Ein paar Schneeflocken, die hin und wieder durch die Luft flogen, wurden von den Kindern jubelnd begrüßt. Die Hoffnung auf weiße Weihnachten war noch nicht aufgegeben.

Auch im Institut liefen die Vorbereitungen auf die Weihnachtsfeier auf Hochtouren. Mehrere bunt geschmückte Weihnachtsbäume standen schon im Kursraum.

Der Sektionsbetrieb lief zum Jahresende immer etwas spärlich. Wir führten es darauf zurück, daß das Geld knapp geworden war. Da erreichte uns kurz vor Mittag die Anforderung zu einer Sektion in einem kleinen Kreisstädtchen. Wie uns am Telefon mitgeteilt wurde, handelte es sich wahrscheinlich um einen Elektrounfall.

Wir fuhren nach dem Mittagessen los. Es war bereits dämmrig, als wir an Ort und Stelle waren. Der Staatsanwalt war schon im Kreiskrankenhaus und wartete auf uns. Er schilderte uns die Fundsituation. Ein etwa vierzigjähriger Mann hatte eine Stehlampe reparieren wollen. Als seine Ehefrau in das Zimmer kam, lag er neben der Lampe vor seinem Schreibtisch regungslos am Boden. Der sofort gerufene Arzt konnte nur noch den Tod feststellen. Er nahm aufgrund der Situation einen Elektrotod an. Da er auf dem

Totenschein »Verdacht auf nicht natürlichen Tod« vermerkt hatte, wurde zur eindeutigen Klärung der Todesursache eine Sektion angeordnet.

Weil er nach den Schilderungen der Ehefrau den Schalter einer Lampe hatte reparieren wollen, sahen wir uns zuerst die Hände des Toten genau an, um nach Strommarken zu suchen. Wir fanden aber keine Veränderungen, die auf einen Stromkontakt hinwiesen. Auch am übrigen Körper waren derartige Veränderungen nicht zu erkennen. Das sprach zwar nicht unbedingt gegen einen Stromtod, es fehlten aber positive Hinweise. Auch die weitere Sektion erbrachte keine Beweise dafür.

Deshalb wurde von allen Organen Material für mikroskopische und toxikologische Untersuchungen entnommen und der Staatsanwalt zunächst bis zum Abschluß dieser Untersuchungen vertröstet. Wir versprachen ihm auch, im Institut sofort mit unseren Untersuchungen zu beginnen.

Als Todesursache ermittelten wir schließlich eine Schlafmittelvergiftung. Bei der Höhe der Konzentration im Blut und den Organen war der Verdacht auf einen Selbstmord gegeben. Nur erschien uns der Umstand eigenartig, daß der Verstorbene eine solche Menge von Schlafmitteln zu sich nahm, um sich dann daran zu machen, seine Stehlampe zu reparieren. Hier stimmte etwas nicht.

Die nochmalige Befragung der Angehörigen, insbesondere der Ehefrau, brachte uns nicht weiter. Als sie nach möglichen Selbstmordmotiven befragt wurde, wies sie einen solchen Gedanken ganz empört zurück. Ihr Mann hätte nie an Selbstmord gedacht, das sei völlig ausgeschlossen. Wenn er Schlafmittel genommen habe, dann müsse er bestimmt die Tabletten verwechselt haben. Normalerweise nehme er überhaupt keine Schlaftabletten.

Die weiteren Ermittlungen ergaben nun aber, daß die nach außen so gut aussehende Ehe keineswegs so intakt war, wie sie schien. Es hatte vor allem in der letzten Zeit erhebliche Auseinandersetzungen gegeben, weil der Mann eine Freundin hatte und sich scheiden lassen wollte. Die Ehefrau wollte nicht in die Scheidung einwilligen. Wegen der Position des Verstorbenen wurden diese Probleme von beiden weitgehend vor den Verwandten und

Bekannten geheimgehalten. Aber sowohl der Mann als auch die Frau hatten sich darüber mit ihrer besten Freundin bzw. dem besten Freund beraten. Jetzt, nach dem Tod des Ehemannes, brachen diese Freunde ihr Schweigen und gaben bei der polizeilichen Befragung diese Probleme an. Ein Suizidmotiv war zwar nun da, aber wieso reparierte der Mann nach der Tabletteneinnahme noch die Stehlampe? Wollte er sich damit das Warten auf den Tod verkürzen? Das war zumindest unwahrscheinlich.

Als der Ehefrau diese neuen Erkenntnisse vorgehalten und sie nochmals befragt wurde, gab sie zu, die Situation nachträglich verändert zu haben. Als sie nach Hause gekommen war, hatte sie ihren Mann tot am Schreibtisch sitzend vorgefunden. Auf dem Schreibtisch lag neben den leeren Tablettenschachteln ein an sie gerichteter Abschiedsbrief, in dem er ihr die Schuld an seinem Selbstmord gab. Der Selbstmord des Mannes war ihr schon peinlich genug, daß er ihr jedoch noch die Schuld daran gab, das durfte auf keinen Fall bekannt werden. Deshalb entschloß sie sich, einen Unfall vorzutäuschen. Sie entfernte die Tablettenschachteln und den Abschiedsbrief. Bei der gegebenen Situation war ein Elektrounfall beim Reparieren einer Lampe am einfachsten vorzutäuschen. Und fast hätte es ja auch geklappt, wenn nicht in dieser Region die unklaren Todesfälle im allgemeinen durch eine Sektion geklärt würden, vor allem dann, wenn der Verdacht auf einen nicht natürlichen Tod gegeben war.

Elektrotod im Bereich der Eisenbahn

Natürlich ist dort, wo Freileitungen mit hochgespanntem Strom vorhanden sind, wie es bei Überlandleitungen sowie den Fahrleitungen von Eisenbahn und Straßenbahn der Fall ist, auch die Möglichkeiten von Unfällen gegeben.

Mehrfach haben wir Todesfälle durch elektrischen Strom im Bereich der Eisenbahn beobachtet. Die elektrifizierten Strecken der Deutschen Bahn-AG werden ebenso wie alle anderen europäischen Streckenetze und auch die Netze der früheren Reichsbahn und Deutschen Bundesbahn mit einer Fahrspannung von 15 kV betrieben. Die Sicherungsmaßnahmen gegen ungewollte Kontakte mit dem Fahrdraht sind zwar sehr umfangreich, können aber nicht immer Zwischenfälle, die zumeist durch Leichtsinn und Fahrlässigkeit hervorgerufen werden, verhindern. Von einigen derartigen Todesfällen soll im folgenden berichtet werden.

Eine Mutprobe

Eine Gruppe von mehreren etwa 12 bis 13 Jahre alten Jungen hatte sich in den großen Schulferien zu einer Wanderung zusammengefunden. Es sollte zu einer schön gelegenen Burg gehen. Der Weg dorthin führte durch waldiges Gebiet und gelegentlich auch durch große Wiesen und Felder. Die Sonne schien von einem klarblauen Himmel, Wolken waren nicht in Sicht, und der Wetterbericht hatte einen sehr warmen und sonnigen Tag angekündigt. Da sich kaum ein Lüftchen regte, war es den Jungen schon nach einer kurzen Wanderstrecke recht warm geworden, und die erste Pause wurde eingelegt. Für das Frühstück war es eigentlich noch zu früh, sie hatten auch noch keinen richtigen Hunger, aber wegen der Wärme hatten sie mächtigen Durst bekommen, und da gerade ein Kiosk am Wege lag, wurde angehalten und reichlich Limonade getrunken. Nach einer halben Stunde ging es weiter, zur Mittagszeit wollte man an der Burg sein und dort das Mittagessen einnehmen. Einige Jungen nahmen sich noch eine Flasche Limonade mit auf den Weg, denn »Durst ist schlimmer als Heimweh«.

Der weitere Weg verlief ohne Probleme, ab und zu wurde etwas getollt, aber allzu viele Anstrengungen waren bei der langsam zunehmenden Hitze nicht angesagt. Gegen elf Uhr kam die Gruppe an eine Brücke, die über eine Eisenbahnlinie führte. Dort hielt man an und schaute interessiert über das Geländer auf den Schienenstrang, in der Hoffnung, daß bald ein Zug vorbeikäme. Sie brauchten auch gar nicht lange zu warten, da kam ein von einer E-Lok gezogener D-Zug vorbei und wurde von den Jungen bewundert. Als er vorbei war, sollte es weitergehen. Aber einer der Jungen meinte, er müßte erst austreten. Es fanden sich auch noch einige andere, bei denen ebenfalls die Blase drückte. Gemeinsam stellten sie sich an den Straßenrand, um sich zu erleichtern. Da kam einer von ihnen auf die Idee, dieses gemeinsame Unternehmen mit Zielübungen zu verbinden. Als Ziel bot sich der Fahrleitungsdraht der Eisenbahn an, den man von der Brücke aus treffen konnte. Dieser Vorschlag wurde mit Begeisterung aufgenommen, und der erste stellte sich an das Geländer und versuchte, mit seinem Urinstrahl den Fahrdraht zu treffen. Nach einigen Fehlversuchen klappte es dann auch, aber kaum landete der Strahl richtig auf der Oberleitung, als der Junge ganz plötzlich zusammenbrach und sich nicht mehr rührte. Die anderen Jungen sprangen sofort hinzu, aber der Gestürzte gab kein Lebenszeichen von sich. Ein Junge, der schon einen Sanitätskursus besucht hatte, fühlte den Puls und als er ihn nicht fand, legte er sein Ohr auf die Herzgegend, aber es war kein Herzschlag zu hören. Auch die Atmung hatte aufgehört. Zwei Kameraden hoben den Regungslosen auf und legten ihn an einer Böschung ins Gras, sie schoben eine Jacke unter seinen Kopf und knöpften das Hemd auf.

Was war nur passiert? Einer der Jungen vermutete bei dem heißen Wetter einen Hitzschlag, denn der regungslos am Boden liegende Junge hatte einen ganz roten Kopf. Er begann, die Herzgegend zu massieren. Der Junge mit dem Sanitätskurs schlug eine künstliche Beatmung vor und versuchte, den Brustkorb zu komprimieren. Aber nichts half, der Junge blieb regungslos liegen. Jetzt liefen zwei Jungen in den nächsten Ort und benachrichtigten einen Arzt, der auch sofort die SMH (Schnelle Medizinische Hilfe) verständigte. Nach kurzer Zeit traf der Krankenwagen an der Unfallstelle ein, aber der Notarzt konnte nur noch den Tod feststellen. Als die Jungen den Vorfall schilderten, verschwiegen sie, daß er auf die Oberleitung uriniert hatte, weil ihnen dieser Vorgang verständlicherweise peinlich war und weil sie auch keinen Zusammenhang mit dem eingetretenen Tod sahen. Der Arzt vermutete deshalb ebenfalls einen Hitzschlag und schrieb den Totenschein aus. Er beantragte aber eine Obduktion. Diesem Vorschlag kam der Staatsanwalt nach. Er ordnete eine gerichtliche Leichenöffnung an.

Am nächsten Tag fuhren wir also in den kleinen Ort, in dem die Leiche des Jungen aufgebahrt war und führten in einem kleinen

Nebenraum der Kapelle die Sektion durch. Hinweiszeichen für eine Hitzeschädigung, insbesondere einen Hitzschlag oder Sonnenstich fanden wir nicht, statt dessen aber an der Vorhaut des Penis eigentümliche Veränderungen, die wie Verbrennungen oder auch Strommarken aussahen. Wir konnten ihre Entstehung zunächst nicht erklären. Erst bei einer Besichtigung des Unfallortes kam mir beim Anblick der Brücke über die Eisenbahn und die Oberleitung der Gedanke, daß hier der Urinstrahl die elektrische Verbindung hergestellt haben könnte.

Und so war es dann auch. Als wir die Kinder nochmals sehr intensiv nach Einzelheiten des Geschehens befragten, erzählten sie dann von den »Zielversuchen«, die der Getötete gemacht hatte. Und damit war dann klar, daß es sich um einen Elektrotod handelte. Mit dem Urinstrahl hatte der Junge die Verbindung zur Oberleitung hergestellt. Es kam zu einem tödlichen Stromfluß, der bei der Höhe der Spannung den sofortigen Tod herbeigeführt hatte.

Ein Stromtod auf der Dampflokomotive

In den ersten Jahren nach dem Krieg war die Haupttraktionsart bei der Deutschen Reichsbahn die Dampflokomotive und dann auch die Diesellok. Durch den reparationsbedingten Abbau der Oberleitungen auf den elektrifizierten Strecken waren E-Loks nach Kriegsende kaum noch im Einsatz. Erst allmählich kam der Wiederausbau des Streckennetzes der Deutschen Reichsbahn und damit auch die Elektrifizierung einzelner Hauptstrecken wieder in Gang, und es wurden auch wieder E-Loks eingesetzt. Viele neu elektrifizierte Strecken wurden jedoch nicht nur von E-Loks, sondern auch von Diesel- und Dampfloks befahren. Natürlich wurde das Fahrpersonal über das Verhalten auf elektrifizierten Strecken laufend belehrt und Dampflokbesatzungen, die nur ausnahmsweise eine elektrifizierte Strecke befuhren, wurden im allgemeinen noch mal besonders belehrt und auf die Gefahren der Strecke hingewiesen. Aber nicht immer wurden diese Belehrungen auch beachtet, so daß doch vereinzelt Unfälle vorkamen, die ausnahmslos auf Leichtsinn und Fahrlässigkeit zurückzuführen waren.

In mehreren Fällen wurden wir mit der Untersuchung derartiger tödlich verlaufener Unfälle beauftragt. Ein typischer Fall war folgender:

Aus einem Reichsbahnausbesserungswerk sollte eine Dampflok der Baureihe 03 zu einem bestimmten Bahnhof überführt werden. Dabei führte sie ihr Weg ein erhebliches Stück auf einer gerade erst elektrifizierten Hauptstrecke entlang. Für die Fahrt wurde ein erfahrener Lokführer eingesetzt, der sich mit diesem Loktyp gut auskannte und ihn auch schon vor dem Krieg gefahren war. Als Heizer wurde ihm ein relativ junger Mann zugeteilt. Routinemäßig wurden beide über den Streckenverlauf belehrt und auch auf die Besonderheiten der elektrifizierten Strecke hingewiesen.

Zunächst verlief die Fahrt problemlos. Dann gab es wegen eines Signals, daß auf Rot stand, einen Halt. Während die Lok vor dem Signal stand und der Lokführer auf das Umschalten auf »Freie Fahrt« wartete, entdeckte der Heizer, daß nebenan, auf einem abgeernteten Acker, eine Gruppe von Soldaten an einem Manöver beteiligt war und eine Stellung ausbaute. In der Ferne an einem Waldrand hatte sich der »Feind« zum Angriff bereit gestellt, was die schanzenden Soldaten von ihrer relativ niedrigen Stellung aus aber nicht sehen konnten. Der Heizer jedoch sah von seinem erhöhten Führerstand aus diese Vorbereitung und verfolgte sie mit großem Interesse, zumal auch einige schwere Waffen aufgefahren wurden. Da einige Sträucher seiner Beobachtung hinderlich waren, beschloß er, auf das Dach des Führerstandes zu klettern, um diese Vorgänge noch besser sehen zu können.

Ohne daß der Lokführer etwas davon merkte, kletterte er auf den Tender und von da auf das Dach, da dies noch etwas höher war und eine bessere Sicht bot. Da er zunächst auf dem Bauch lag, war der Abstand zur Fahrleitung noch groß genug. Als er dann aber den Oberkörper aufrichtete, um besser sehen zu können, sprang plötzlich ein Lichtbogen über. Der Lokführer, der zu diesem Zeitpunkt auch sehr interessiert durch das Seitenfenster der Lok sah, hörte nur einen Schrei, und als er sich nach seinem Heizer umsah, war der weg. Bei einem Blick aus dem Fenster bemerkte er, wie die Soldaten auf seine Lok zeigten und sich äußerst aufgeregt benahmen. Zur gleichen Zeit hörte er ein Knistern, und es roch nach verbranntem Fleisch. Einige Soldaten kamen trotz des Manövers auf die Lok zugerannt und zeigten nach oben auf das Dach des Führerstandes.

Als der Lokführer jetzt auf den Tender kletterte und auf das Dach seines Führerhauses sah, lag dort der brennende Körper des Heizers. Mit einer Decke versuchte er, die Flammen zu ersticken, was ihm nach kurzer Zeit mit Hilfe der herbeigeeilten Soldaten gelang. Mit äußerster Vorsicht hoben sie den Körper des Heizers herunter. Er war tot, die Bekleidung war fast völlig verbrannt.

Nahezu die gesamte Körperoberfläche wies Verbrennungen zweiten und dritten Grades auf, an mehreren Stellen war die Körperoberfläche stark verkohlt. Im Bereich des Hinterkopfes fand sich eine lochartige Verletzung – eine typische Veränderung, wie man sie als Eintrittspforte des elektrischen Stromes bei der Bildung eines Lichtbogens findet. Durch diesen Befund wurde bestätigt, daß der Tote Oberkörper und Kopf angehoben hatte und somit zu nah an die elektrische Oberleitung gekommen war. Die befragten Soldaten gaben an, daß sie plötzlich auf dem Dach des Führerstandes einen Lichtblitz gesehen hatten. Danach habe etwas auf dem Dach gebrannt.

Auch in diesem Fall war der Leichtsinn des Verunglückten Schuld an seinem Tod.

Kapitel 3

Tod durch Verbrennen

Die Folgen einer Verbrennung oder Verbrühung hängen vom Grad der Schädigung, ihrem Ausmaß und dem Alter des Betroffenen ab. Der Tod kann aber auch akut während der Hitzeeinwirkung eintreten. Vor allem die Einatmung von Rauchgasen kann zum Ersticken und zur Kohlenmonoxidvergiftung führen. Wird die Brandeinwirkung selbst überlebt, so kann es kurz danach zum Tod durch Schock infolge des Wasserverlustes kommen. Bei längerem Überleben besteht die Gefahr darin, daß es zu toxischen Schädigungen durch Eiweißabbauprodukte kommen kann. Im Vordergrund steht hier eine toxische Nierenschädigung mit Nierenversagen und einer Leberschädigung.

Bei der Untersuchung einer Brandleiche erhebt sich stets die Frage, ob der Tod durch die Brandeinwirkung eingetreten ist oder ob die Verbrennung erst nach dem Tode erfolgte. Zur Klärung dieser Frage muß zwischen Veränderungen zu Lebzeiten und jenen nach dem Tode unterschieden werden. Zu Lebzeiten entstandene Zeichen sind beispielsweise Rußeinatmungen in Luftröhre und Lunge, verschluckte Rußteilchen im Magen und im oberen Dünndarm und sogenannte Krähenfußbildungen neben den äußeren Augenwinkeln. Diese entstehen durch ein festes Zukneifen der Augen, das auch dazu führt, daß nur die Wimpernspitzen versengt sind. Auch ein erhöhter Kohlenmonoxidgehalt im Blut weist auf eine Verbrennung zu Lebzeiten hin.

Nach dem Tod eintretende Veränderungen sind vor allem die sogenannte »Fechterstellung«, eine Fixierung der Gliedmaßen in halbgebeugter Stellung, die durch die hitzebedingte Schrumpfung der Muskulatur zustandekommt.

Todesfälle durch Verbrennen und Verbrühen sind in der Mehrzahl Unfälle. Morde durch Verbrennen sind extrem selten, jedoch kommt das nachträgliche Verbrennen einer Leiche zum Zwecke der Leichenbeseitigung, zur Verhinderung der Identifizierung oder zur Verwischung von Spuren häufiger vor. Auch Selbstmorde durch Verbrennen kommen immer wieder vor und tragen meist einen demonstrativen Charakter.

Um eine schnelle und sichere Verbrennung zu gewährleisten, übergießt sich der Selbstmörder mit einer hoch brennbaren Flüssigkeit.

Gerade wegen der nicht selten äußerst komplizierten Identifizierung von Brandleichen und der Möglichkeit, daß sich hinter dem Brand eine Leichenbeseitigung nach einem Verbrechen verbergen kann, sollte in solchen Fällen immer eine gerichtliche Sektion erfolgen.

Ein schwarzer Sonntag

Ich saß mit meiner Familie am Sonntagmorgen beim Frühstück. Wir beratschlagten, wie dieser schöne Tag am besten zu verbringen sei. Die Kinder wollten bei dem herrlichen Wetter und der Hitze an den Strand, während meine Frau und ich lieber an einen stillen Binnensee fahren wollten. Es wurde noch heftig diskutiert, da klingelte das Telefon. Wer konnte uns um diese Zeit anrufen? Ich ging an den Apparat. Es war ein Vertreter der Bezirksstaatsanwaltschaft.

»Herr Professor, wir haben einen Brand in einem Kinderheim. Die meisten Kinder sind zwar evakuiert worden, aber es fehlen noch einige. Wir müssen den Brandschutt durchsuchen und brauchen einen Gerichtsmediziner. Können Sie uns nicht einen ihrer Mitarbeiter schicken?«

Aber es war Sonntag. Einen ständigen Bereitschaftsdienst hatten wir damals noch nicht. Meine beiden Mitarbeiter hatten frei; und ein Telefon besaßen sie auch noch nicht. Es war demnach schwierig, sie zu erreichen. Also mußte ich selbst fahren, und zwar allein.

Ich sagte mein Kommen zu und machte mich fertig. Die Garage war nicht weit von der Wohnung entfernt. Ich packte meine Instrumente zusammen und fuhr los. Die Straßen waren damals noch relativ leer, auch am Sonntag, und ich war nach gut einer Stunde an Ort und Stelle.

Schon bei der Einfahrt in den kleinen Ort sah ich die ersten Löschzüge der Feuerwehr stehen. Aufgeregte Menschen liefen auf der Straße herum. Etwa in der Mitte des Ortes wies eine leichte Rauchwolke den Weg zu der Brandstelle.

Es handelte sich um ein mehrstöckiges Gebäude in der Mitte des Ortes, um das mehrere Löschfahrzeuge standen und in dessen Umgebung Feuerwehrleute die letzten immer wieder aufflackernden Flammen löschten. Das Haus war auf der einen Seite völlig ausgebrannt. Es standen nur noch die rauchgeschwärzten Grundmauern, zwischen denen sich der Brandschutt häufte. Der andere Flügel war nicht ganz so stark zerstört, man konnte noch über die Treppe in den ersten Stock gelangen. Aber die Räume waren ebenfalls völlig ausgebrannt.

Von dem Einsatzleiter wurde ich über die Situation aufgeklärt. Es war in der Nacht im ersten Stockwerk ein Brand ausgebrochen, der aber erst bemerkt wurde, als mehrere Schlafräume bereits in Flammen standen bzw. voller Rauch waren. Die Erzieher bemühten sich sofort, die Kinder aus den Räumen herauszubringen. Das gelang aber nur teilweise, weil die eine der beiden Treppen bereits von dem Feuer erfaßt worden war und nur anfänglich noch benutzt werden konnte. Als die Flammen weiter um sich griffen, brach sie zusammen. Unglücklicherweise war eine Verbindungstür zwischen den beiden Abteilungen, den Räumen der Mädchen und den Räumen der Jungen, die als zweiter Fluchtweg diente, zugenagelt worden, weil es verbotenerweise abends und in der Nacht immer wieder zu Kontakten zwischen den beiden Gruppen gekommen war. Jetzt war dadurch der Fluchtweg verbaut. Man konnte nur hoffen, daß alle Kinder noch rechtzeitig herausgekommen waren, bevor das eine Treppenhaus unpassierbar wurde.

Als aber am Morgen die Kinder gezählt und auf ihre Vollständigkeit überprüft wurden, stellte sich heraus, daß fünf Jungen fehlten. Vielleicht waren sie in ihrer Panik ziellos in den Ort gelaufen, wie es drei Mädchen auch gemacht hatten, die dann am Morgen, als es hell wurde, von Bewohnern des Ortes zur Polizei gebracht worden waren.

Deshalb wurde die Suche sowohl auf den Ort als auch auf die nähere Umgebung ausgedehnt, aber ohne Erfolg. Während diese Suchaktion noch lief, machte ich mich mit einigen Kriminalisten daran, den Brandschutt genauestens zu durchsuchen.

In einigen Räumen im Bereich der Abteilung für die Jungen muß eine enorme Hitze geherrscht haben, denn die eisernen Bettgestelle waren teilweise völlig ausgeglüht. Nach längerem Suchen fanden wir in dem letzten Raum des Knabenflügels die völlig verkohlten Körper der fehlenden Kinder. Es blieb uns nur noch übrig, die einzelnen Leichen zu identifizieren. Bei dem hochgradigen Zustand der Verkohlung war das keine leichte Aufgabe. Von den meisten der anwesenden Kriminalisten wurde es für unmöglich gehalten. Aber unsere bewährten Methoden der Identifizierung führten auch hier zum Ziel.

Von dem Vergleich des Zahnstatus versprachen wir uns nicht allzu viel, da ja bei Kindern zumeist noch keine größeren Arbeiten am Gebiß vorgenommen worden sind. Trotzdem waren dadurch in zwei Fällen Hinweise zu erhalten. Sehr viel sagten die Reste der Bekleidung aus, die wir trotz der hochgradigen Verbrennung noch gefunden hatten. Es war erstaunlich, daß trotz der Verkohlung, ja teilweisen Verbrennung der Körper bis zur Asche an einzelnen Stellen doch noch Reste der Bekleidung gefunden werden konnten, meist an Stellen, die etwas vor den Flammen geschützt waren – etwa da, wo der Körper aufliegt. Bei allen fünf Leichen fanden wir noch Kleiderreste, die nach entsprechender Bearbeitung zur Erkennung der Kinder genutzt werden konnten. In einem Fall half ein Halskettchen weiter, daß den Brand leidlich überstanden hatte. Auf diese Weise konnten alle Kinder identifiziert werden.

Die fehlende Leiche

Es war der zweite Osterfeiertag. Der erste Feiertag hatte wie üblich einigen Trubel mit sich gebracht. Zunächst herrschte bei meinen Kindern eine begreifliche Aufregung, denn der Osterhase mußte ja bald kommen. Natürlich glaubten sie nicht mehr daran, aber die Sucherei machte ihnen immer noch viel Freude. Und am Nachmittag kam Besuch, ebenfalls mit Kindern. Da ging es dann recht lebhaft zu. Aber wir trösteten uns damit, daß ja der zweite Feiertag noch zum Ausruhen zur Verfügung stand. Natürlich wurde länger geschlafen und dann sollte recht ausgiebig gefrühstückt werden, selbstverständlich mit vielen Ostereiern. Doch daraus wurde nichts. Wir hatten uns gerade an den Frühstückstisch gesetzt, als das Telefon klingelte. Es meldete sich der Offizier vom Dienst der Polizeibehörde und teilte mir mit, daß sich im Nachbarbezirk in den frühen Morgenstunden eine Gasexplosion in einem Wohnhaus ereignet hatte und daß vermutlich mit mehreren Toten zu rechnen sei. Die Suche und Bergung sei noch in vollem Gange. Wir sollten sofort kommen, da von der Staatsanwaltschaft eine Sektion aller aufgefundenen Leichen angeordnet worden sei.

Ich verständigte meine Mitarbeiter, brach das gerade begonnene Frühstück ab und setzte mich in den Wagen, um ins Institut zu fahren, wo wir uns treffen wollten. Nach kurzer Zeit waren alle zur Verfügung stehenden Mitarbeiter versammelt, und wir fuhren los. Am späten Vormittag waren wir an Ort und Stelle. Zunächst sah ich mir den Unglücksort an. Es handelte sich um ein mehrstöckiges Wohnhaus, dessen eine Hälfte völlig zusammengestürzt war. Mehrere Arbeiter waren dabei, den Schutt wegzuräumen, wobei ein Bagger eingesetzt wurde. Die Aufräumungsarbeiten gingen langsam und vorsichtig vonstatten, um eventuell Verschüttete nicht zu verletzen. Bei der massiven Zerstörung des Hauses war es zwar sehr unwahrscheinlich, daß noch Überlebende unter den Trümmern steckten, aber man mußte zumindest mit einer solchen Möglichkeit rechnen. Bisher waren vier Leichen geborgen worden, insgesamt fehlten aber acht Personen. Die Toten wurden in das Pathologische Institut des zuständigen Krankenhauses gebracht, wo wir auch die Sektionen durchführen sollten.

Wir begaben uns also dorthin und begannen mit der ersten Obduktion. Alle bisher aufgefundenen Leichen waren sehr stark verkohlt, da es nach der Explosion noch zu einem Brand gekommen war. Bei einigen Leichen war nur noch ein Torso vorhanden, da Arme und Beine abgebrannt waren. Die Identifizierung würde in den meisten Fällen sehr schwierig sein, zumal zu dem Zeitpunkt noch nicht bekannt war, ob neben den ständigen Bewohnern nicht noch Gäste in dem Haus gewesen waren.

Immer noch wurde von den Einsatzkräften nach weiteren Leichen gesucht, denn es fehlten noch einige Bewohner, die mutmaßlich in dem zerstörten Haus gewesen waren. Noch im Laufe des Tages war der Schutt soweit abgeräumt worden, daß die zugeschütteten Kellerräume betreten werden konnten. Bis zu diesem Zeitpunkt waren sieben Leichen gefunden worden.

Zu dem Hergang erfuhren wir, daß ein Hausbewohner in den frühen Morgenstunden Gasgeruch im Keller bemerkt hatte und daraufhin durch ein Fenster seiner Wohnung einen schon früh zum Dienst fahrenden Motorradfahrer auf der Straße gebeten hatte, die Polizei zu verständigen, was dieser auch getan hatte. Bevor aber Hilfe einteten konnte, war es schon zur Explosion gekommen. Da wegen der Feiertage fast alle Bewohner zu Hause waren, war die Zahl der vermißten Personen ziemlich leicht feststellbar. Aber trotz allen Suchens fehlte noch eine Person.

Von der Einsatzleitung wurde der Vorschlag gemacht, den schon beiseite geräumten Schutt noch einmal genauestens zusammen mit den Gerichtsmedizinern zu durchsuchen, um eventuell beim ersten Mal übersehene Teile einer stark verbrannten Leiche zu finden, denn nach allen bisherigen Ermittlungen mußten die vermißten acht Personen im Haus gewesen sein. Als ich um meine Meinung zu diesem Vorgehen befragt wurde, konnte ich auch keinen besseren Vorschlag machen. Doch bevor diese sehr aufwendige nochmalige Durchsuchung begonnen wurde, sah ich mir noch einmal genau die beiden im Vorraum liegenden noch nicht sezierten Leichen an – eigentlich nur, um eventuell das Geschlecht feststellen zu können und zu wissen, wonach wir suchen mußten. Es waren die Leichen zweier Erwachsener. Dabei fiel mir auf, daß die eine Leiche am Rücken eine Art Buckel hatte. Aus den Ermittlungen war aber nichts derartiges bei einem der Vermißten bekannt. Als ich mir diesen »Buckel« etwas genauer ansah, stellte ich fest, daß es sich um eine sehr stark geschrumpfte zweite Leiche handelte, die ziemlich fest mit der anderen Leiche verschmolzen war. Es war ganz offensichtlich die achte noch fehlende Leiche. Solche Schrumpfungen kommen bei starker Hitzeeinwirkung gelegentlich vor.

Die weiteren Identifizierungen verliefen dann problemlos, und wir hatten am Abend nach Abschluß der Sektionen die Identität aller acht Personen festgestellt. Damit war unsere Aufgabe beendet, und wir konnten am Abend wieder nach Hause fahren.

Die Leiche im Heuschober

Nach einem verregneten Sommer hatten wir in diesem Jahr einen schönen sonnigen Herbst. Die ruhige Schönwetterperiode hielt schon fast zwei Wochen an, und die Fahrten zu den Außensektionen führten uns häufig durch die herrlich gefärbten Laubwälder. Ich hatte keine Schwierigkeiten, bei diesem Wetter Helfer aus dem benachbarten Pathologischen Institut zu finden. Bei diesem schönen Herbstwetter war es natürlich viel angenehmer, durch die schöne Mecklenburger Landschaft zu fahren als im Institut zu sitzen.

Wir hatten in der letzten Woche jeden Tag eine Außensektion, bei der wir meist den ganzen Tag unterwegs waren. Da blieb natürlich einiges im Institut liegen. Als wir am Abend zuvor ziemlich spät nach Hause kamen, stellte ich zu meiner Freude fest, daß für heute keine Außensektion gemeldet war und auch im Institut lag keine Obduktion vor. Ich hatte vor, endlich die Histologie von den letzten Sektionen für die Bearbeitung durch das Labor vorzubereiten und war schon auf dem Weg ins Labor, als mich meine Sekretärin wieder zurückrief und mir den Telefonhörer in die Hand drückte mit den Worten: »Der Staatsanwalt.« Es war der Staatsanwalt des Kreises, wo wir gestern zwei Obduktionen durchgeführt hatten. Zwar war es ihm etwas unangenehm, uns wieder zu rufen, aber es half ja nichts, Sektionen sind ja nicht planbar.

»Wir haben wieder etwas für Sie zu tun. Eine Brandleiche. Sie ist noch nicht identifiziert worden. Können Sie heute noch kommen?« Ich sagte zu, und wir machten uns auf den Weg.

Als wir am Ort des Geschehens ankamen, erfuhren wir, daß gestern auf einem nahe gelegenen Feld ein großer Heuschober abgebrannt war. Spaziergänger hatten den Brand bemerkt und im Dorf Bescheid gesagt. Von dort wurde die zuständige freiwillige Feuerwehr verständigt, die auch relativ schnell ankam und das Feuer löschen konnte, bevor der Schober ganz abgebrannt war. Es wurde Brandstiftung vermutet, da eine Selbstentzündung unter den gegebenen Umständen sehr unwahrscheinlich war. Bei der Untersuchung des Brandherdes waren die Feuerwehrleute auf Reste eines Koffers gestoßen, die sie sicherten, weil ja möglicherweise ein Zusammenhang mit der Brandstiftung bestand und eventuell Hinweise auf den oder die Täter zu erlangen waren. Da der Koffer schon ziemlich verkohlt war, mußte er äußerst sorgfältig geborgen werden. Bei dieser Arbeit sah einer der Feuerwehrleute, daß eine Hand aus dem verbrannten Heu herausragte. Es stellte sich heraus, daß in dem Heuschober auch noch eine stark verkohlte Leiche lag. Um wen es sich handelte, war jedoch nicht zu ermitteln. In der näheren Umgebung wurde niemand vermißt. Wegen der starken Verbrennungen war nicht sicher zu erkennen, ob es sich um einen Mann oder eine Frau handelte und wie alt der Betreffende war. Ebenso war nicht klar, ob der Tod durch den Brand eingetreten war und möglicherweise der Tote selbst der Brandstifter war oder ob eine andere Todesursache vorlag und eine Leiche verbrannt worden war, um sie zu beseitigen. All diese Fragen sollte nun die Sektion klären.

Die Leiche war in die kleine Leichenhalle des Dorffriedhofs gebracht worden, wo auch die Sektion durchgeführt werden sollte. Wir fuhren dorthin, und nachdem ich einen Blick auf die Leiche geworfen hatte, gingen wir zunächst einmal zur Brandstelle, um uns dort einen Überblick zu verschaffen. Dann begann ich mit der Sektion.

Es handelte sich um die Leiche eines Erwachsenen. Arme und Beine waren teilweise abgebrannt. Ein Fuß war noch einzeln im Brandschutt gefunden worden und lag neben der Leiche. Die Untersuchung des noch leidlich intakten Beckens ergab, daß es sich um einen Mann handelte. Die Beschaffenheit des Skeletts und der teilweise noch erkennbaren inneren Organe, insbesondere der Blutgefäße, ließ darauf schließen, daß der Tote etwa 40 bis 50 Jahre alt war.

Die Sektion erbrachte aber einen weiteren höchst wichtigen Befund. Der Rumpf des Toten war ebenso wie alles übrige sehr stark verkohlt. Eine dicke Kohleschicht bedeckte den knöchernen Brustkorb. Irgendwelche Einzelheiten waren äußerlich nicht mehr zu erkennen. Als wir aber das Brustbein entfernten, ließ sich sowohl an der Innenseite der linken Zwischenrippenmuskulatur als auch am Herzbeutel und am Herzmuskel deutlich eine Stichverletzung erkennen. Der Herzbeutel war angefüllt mit Blut, das infolge der Hitzeeinwirkung geronnen war. Es bestand kein Zweifel, daß der Tote erstochen worden war, bevor er verbrannt wurde. Natürlich war es nicht ausgeschlossen, daß er sich selbst die Stichwunde in selbstmörderischer Absicht zugefügt hatte, nachdem er vorher den Heuschober angezündet hatte. Auch nach Erhalt der Stichwunde wäre das noch möglich gewesen, denn der Tod war durch die Herzbeuteltamponade, d. h. durch das in den Herzbeutel gelaufene Blut, eingetreten, das dann zunächst die Herztätigkeit behinderte und schließlich durch die Druckzunahme im Herzbeutel unmöglich machte. Es wäre dem Mann also auch nach dem Stich noch möglich gewesen, den Heuhaufen anzuzünden. Ein Mord mit anschließendem Verbrennen der Leiche, um sie zu beseitigen, war jedoch wahrscheinlicher, zumal trotz intensiven Suchens sowohl in den Brandresten des Heuschobers als auch in der Umgebung das Tatwerkzeug nicht gefunden werden konnte. Nach der Stichverletzung im Herzmuskel zu schlußfolgern, mußte es sich um ein einschneidiges messerähnliches Instrument gehandelt haben. Durch das Ausgießen des Stichkanals im Herzmuskel mit einem Kontrastmittel und einer anschließenden Röntgenaufnahme konnte die Form der Messerspitze ermittelt werden. Des weiteren wurde unmittelbar neben den Brandresten ein recht deutlicher Eindruck von einem Autoreifen gefunden. Dieser Abdruck wurde für weitere Untersuchungen gesichert.

Ein für die Identifizierung bedeutsamer Befund war das Gebiß, denn es wies umfangreiche zahnärztliche Arbeiten auf. Einen weiteren Hinweis auf die Person des Toten fanden wir am Rücken, an der Stelle, wo er mit dem Körper auf dem Boden gelegen hatte. Trotz der starken Verbrennung und weitgehenden Verkohlung wurden noch Reste der Bekleidung gefunden, unter anderem Teile eines Ledergürtels, auf denen noch zwei Buchstaben erkennbar waren. Wahrscheinlich handelte es sich um die Anfangsbuchstaben von dem Namen des Gürtelträgers. Ein solcher Fund ist bei Brandleichen keineswegs selten, weil die Verbrennung häufig an den Stellen, wo der Körper aufliegt, durch Sauerstoffmangel behindert wird.

Aber wer war nun der Tote? In der näheren Umgebung des Fundortes wurde keine männliche Person in seinem Alter vermißt, wie sofortige Umfragen ergaben. Es mußte also weiter ermittelt werden. Da der Zahnbefund für eine Identifizierung recht erfolgversprechend war, wurde nach Anfertigung von Röntgenaufnahmen bei den Zahnärzten im Bezirk nachgefragt. Zunächst waren auch hier alle Bemühungen ohne Erfolg. Aber nach einigen Tagen fand sich dann doch ein Zahnarzt, der glaubte, eine solche Arbeit durchgeführt zu haben. Sie würde aber schon einige Zeit zurückliegen. Deshalb gestaltete sich auch die Suche etwas langwieriger. Aber endlich fand er in seinem Archiv Röntgenbilder, die den unsrigen glichen wie ein Ei dem anderen. Es war jetzt nicht schwierig, Name und Adresse festzustellen. Die auf den Gürtelresten gefundenen Buchstaben stimmten mit den Anfangsbuchstaben von Namen und Vornamen des Patienten überein. Nur die Anschrift hatte sich geändert. Der Betreffende war vor längerer Zeit weggezogen. Aber es war nicht allzu schwierig, die neue Adresse zu ermitteln. Wie sich herausstellte, hatte der Mann in einem anderen Bezirk gewohnt, relativ weit vom Fundort entfernt. Wie war seine Leiche hierhergekommen?

Nachfragen im Heimatort ergaben, daß der Betreffende tatsächlich seit einiger Zeit verschwunden war. Seine Frau wollte in den nächsten Tagen eine Vermißtenanzeige aufgegeben. Sie hatte bisher noch gehofft, daß er sich melden würde. Wie sie den Kriminalisten mitteilte, habe ihr Mann seinen Pkw verkaufen wollen und sei deshalb in die Stadt nahe der Fundstelle gefahren, da dort an den Wochenenden ein Automarkt stattfand. Er hoffte, dort einen besseren Preis erzielen zu können als im eigenen Ort. »Und außerdem sehe ich den Wagen dann nicht mehr. Es tut mir ja doch etwas leid, ihn wegzugeben. Wir haben doch viel Freude mit ihm gehabt. Aber es muß sein, denn der Neue kommt ja bald und muß sofort bezahlt werden. Und dazu brauche ich das Geld für den alten Wagen.«

Er war am Freitag losgefahren und wollte spätestens am Sonntag wieder zurückkommen. Auch wollte er sofort nach seiner Ankunft in der betreffenden Stadt zu Hause anrufen und mitteilen, wo er untergekommen sei. Das habe er aber auch nicht gemacht. Und nun war ja schon Dienstag, und er hatte sich immer noch nicht gemeldet. Deshalb machte sie sich große Sorgen und wollte am nächsten Tag zur Polizei gehen.

Als ihr gesagt wurde, daß ihr Mann wahrscheinlich tot sei, bekam sie einen Nervenzusammenbruch und mußte ärztlich behandelt werden. Erst am nächsten Tag konnte sie näher befragt werden. Sie beschrieb den Wagen und suchte auch eine Fotografie des Fahrzeugs heraus.

Nach diesem Stand der Dinge sah alles nach einer Tötung durch fremde Hand aus. Ein schon von Anfang an ziemlich unwahrscheinlicher Selbstmord konnte weitgehend ausgeschlossen werden. Der Tote war mit größter Wahrscheinlichkeit einem Verbrechen zum Opfer gefallen. Wahrscheinlich konnte das Auffinden des Fahrzeugs zur Klärung beitragen. Deshalb wurden alle Kfz-Meldestellen nach einer Ummeldung von Fahrzeugen dieses Typs und dieser Beschaffenheit überprüft. Natürlich mußte diese Nachforschung auf die ganze Republik ausgedehnt werden. Doch das Ergebnis war negativ. Bei keiner Meldestelle war so ein Fahrzeug in der letzten Zeit umgemeldet worden. Da der neue Besitzer natürlich auch ohne Ummeldung mit dem Wagen fahren konnte, wurde das Auto zur Fahndung ausgeschrieben. Tatsächlich wurde es nach mehreren Tagen in einer anderen Kreisstadt, die allerdings ziemlich weit vom Fundort der Leiche entfernt war, gesichtet. Kurz darauf konnte der neue Besitzer festgestellt und befragt werden. Er gab an, das Fahrzeug auf dem Automarkt ordnungsgemäß gekauft zu haben und wies auch einen Kaufvertrag vor, in dem der Kauf zum Taxpreis aufgeführt war und der vom alten Besitzer ordnungsgemäß unterschrieben worden war. Der Kauf soll nach seinen Angaben ohne Probleme verlaufen sein. Der Wagen habe ihm gefallen, der Preis habe gestimmt und er habe sofort zugegriffen und das Fahrzeug übernommen. Was der alte Besitzer danach gemacht habe und wo er hingegangen sei, das wisse er nicht, weil er sofort nach dem Kauf mit dem Wagen nach Hause gefahren sei.

Diese Schilderung konnte durchaus richtig sein, nur fiel auf, daß der neue Besitzer bei seiner Befragung manchmal etwas unsicher und aufgeregt war. Einige Male widersprach er sich und verwickelte sich in Widersprüche. Darauf angesprochen sagte er, daß er wohl etwas aufgeregt sei, weil er von der Polizei so eingehend befragt werde. Etwas in die Enge getrieben meinte er, seine Aufregung rühre daher, daß er – wie in der DDR damals allgemein üblich – einen doch etwas höheren Preis als den Taxpreis gezahlt habe und nun befürchte, Schwierigkeiten zu bekommen. Er wolle den Wagen in den nächsten Tagen auch ummelden.

Während der Befragung war der Wagen von dem Kriminaltechniker etwas näher unter die Lupe genommen worden. Dabei wurde festgestellt, daß das Reifenprofil der Vorderräder sehr gut mit den am Fundort der Leiche gefundenen Abdrücken übereinstimmte. Natürlich mußten zur weiteren Klärung erst Vergleichsabdrücke gemacht werden. Und dabei ergab sich, daß zweifelsfrei der linke Vorderreifen den Reifeneindruck am Fundort verursacht hatte. Der Wagen war also an der Brandstelle gewesen. Er wurde daher beschlagnahmt und einer genauen Untersuchung unterzogen. Dabei fanden sich auf dem Beifahrersitz und im Kofferraum mehrere Stellen, die nach Blut aussahen. Offensichtlich war der Versuch unternommen worden, es zu beseitigen. Diese Stellen wurden gesichert. Im Labor konnten wir Reste menschlichen Blutes nachweisen. Die Blutgruppe stimmte mit der des Toten überein.

Nun lagen ausreichende Verdachtsgründe gegen den neuen Autobesitzer vor, um einen Haftbefehl zu beantragen. Hinzu kam noch, daß er nicht nachweisen konnte, woher er das Geld für den Autokauf hatte. Es handelte sich nach seinen Angaben um eine nicht unerhebliche Summe, die durchaus dem damaligen Verkehrswert des Wagens entsprach. Die Ermittlungen ergaben aber, daß der Verdächtige ohne eine feste Arbeit war und schwerlich über größere Geldmengen verfügen konnte.

Eine Erklärung, wie das Blut des Toten in den Kofferraum gekommen sei, konnte er nicht geben. Er meinte, daß der frühere Besitzer sich vielleicht vor dem Verkauf verletzt habe und dadurch das Blut in den Wagen gekommen wäre. Ganz von der Hand zu weisen war diese Überlegung natürlich nicht. Als Beweismittel für die Tötung des Vorbesitzers reichte diese Blutspur keineswegs aus. Es mußte weiter nach Beweisen gesucht werden.

Daher wurde bei dem Verdächtigen eine Hausdurchsuchung beantragt. Sie erbrachte zunächst keinerlei Hinweise für die vermutete Tötung. Erst nach langem Suchen fand sich im Keller hinter Gerümpel versteckt ein in ein Tuch eingewickeltes Messer. Die

Messerspitze entsprach durchaus der Form des Stichkanals im Herzmuskel, die wir durch das Röntgenkontrastmittel festgestellt hatten. Mit bloßem Auge war an dem Messer nichts auffälliges zu erkennen, insbesondere kein Blut. Als wir aber das Messer auseinandernahmen und die Griffschalen entfernten, fand sich darunter Blut. Es handelte sich um Menschenblut und es gelang auch noch, die Blutgruppe zu bestimmen: Sie stimmte mit der des Toten überein.

Als diese Befunde dem Verdächtigen vorgehalten wurden, legte er nach einigem Zögern ein umfassendes Geständnis ab. Nach seiner jetzigen Darstellung hatte er am Tattag den Automarkt besucht, mehr aus Interesse als um zu kaufen, denn er hatte kaum Geld bei sich. Der Wagen, den der Tote anbot, gefiel ihm. Er sah ihn sich näher an und kam dabei mit dem Besitzer ins Gespräch. Der zeigte ihm bereitwillig den Motorraum und den Kofferraum und bot ihm eine Probefahrt an. Diese reizte ihn und er stieg ein. Der Besitzer des Autos fuhr los und pries bei der Fahrt die Vorzüge des Wagens an. Das Interesse des Täters stieg immer mehr, und er überlegte, wie er trotz seines Geldmangels zu dem Wagen kommen könnte. Den ersten Gedanken, sich das Geld zu borgen, verwarf er gleich, denn er wußte, daß ihm in seinem Bekanntenkreis keiner diese Summe leihen würde. Und einfach mit dem Wagen wegzufahren war auch keine Lösung, denn dann wäre er ihn bald wieder losgeworden. Aber haben wollte er ihn auf jeden Fall.

Die Probefahrt wurde beendet und der Besitzer fuhr wieder zum Automarkt zurück. Der Täter hatte sich nun entschlossen, den Wagen zu kaufen. Dem Verkäufer wollte er eine Teilzahlung vorschlagen. Aber davon sagte er zunächst nichts, sondern nur, daß ihm der Wagen sehr gut gefiel und er ihn kaufen wollte. Daraufhin wurde der Kaufvertrag ausgefertigt, von beiden unterschrieben und dem Käufer zunächst die Zulassung ausgehändigt. Den Kfz-Brief behielt der Verkäufer wie üblich zurück, bis er die Kaufsumme bekommen hatte. Er erwartete nun, daß der Käufer ihm das Geld übergeben würde. Dem war aber nicht so. Der Käufer rückte nun mit dem Vorschlag der Teilzahlung heraus, auf den der Verkäufer aber nicht einging. Er wollte nun den Kauf wieder rückgängig machen. Der Käufer gab vor, daß er nicht soviel Geld bei sich habe. Er schlug nach einigem hin und her vor, zu ihm nach Hause zu fahren, wo er genug Geld liegen habe. Der Verkäufer war zwar nicht sehr begeistert von dieser Idee, aber es blieb ihm letztlich nichts anderes übrig, weil der Käufer ja schon im Besitz des unterschriebenen Kaufvertrages war, den er nicht so ohne weiteres wieder zurückgeben wollte. Also fuhren beide los. Unterwegs bat der Käufer, doch auch mal fahren zu dürfen, da es ja praktisch schon sein Wagen sei. Der Verkäufer willigte ein und ließ ihn ans Steuer, zumal ja der neue Besitzer den Weg kannte. Er hatte gesagt, daß er auf einem Dorf ganz in der Nähe wohnen würde.

Sie fuhren aus der Stadt heraus. Das spätere Opfer wunderte sich, daß nach einiger Zeit der neue Besitzer von der Hauptstraße abbog und auf einem Feldweg weiterfuhr. Auf eine entsprechende Frage sagte er, daß es sich hier um eine Abkürzung handele und der Weg gleich wieder besser würde. Mit dieser Erklärung gab sich der Verkäufer zunächst zufrieden.

Während der ganzen Fahrt überlegte der spätere Täter, wie er dieses Geschäft am besten zu Ende bringen könnte. Einen festen Plan hatte er angeblich zu diesem Zeitpunkt noch nicht. Natürlich hatte er zu Hause die geforderte Geldsumme nicht, ja genau genommen hatte er überhaupt kein Geld. Er hätte außer den 20 Mark, die er in der Tasche bei sich trug, gar keine weitere Anzahlung machen können.

Da der Verkäufer ob der langen Fahrt nun doch etwas ungeduldig wurde und immer wieder fragte, wie lange es denn noch dauerte und wann sie wieder auf eine richtige Straße kommen würden, entschloß sich der Täter, das Geschäft gewaltsam zu beenden und den Verkäufer zu töten. Als der Weg zwischen Feldern vorbeiführte, auf denen sowohl rechts als auch links mehrere Heuschober standen, kam ihm die Idee, die Leiche durch Verbrennen zu beseitigen. Er hielt an, weil er angeblich austreten mußte und ging hinter einen Heuschober. Dort holte er sein Messer heraus, das er immer bei sich trug. Als er einen größeren Stein auf dem Boden liegen sah, hob er ihn auf, um notfalls eine zweite Waffe zu haben. Dann sprang er mit einem großen Satz zur Beifahrertür, riß sie auf und stach auf das völlig verdutzte Opfer ein. Er versetzte ihm einen Stich in die Herzgegend. Wie er weiter schilderte, habe ihn das Opfer zunächst ganz erstaunt angesehen, ohne etwas zu sagen. Dann habe es versucht, um Hilfe zu rufen, da habe er ihm mit dem Stein auf den Kopf geschlagen. Er sei bereits nach dem ersten Schlag still gewesen.

Der Täter zog den Bewegungslosen aus dem Wagen und legte ihn neben den Heuschober. Dann suchte er nach dem Kfz-Brief und nahm ihn an sich. Nun sah er wieder nach seinem Opfer, das stark aus der Brustwunde blutete, sich aber nicht mehr rührte. Nach seiner Meinung war der Mann zu diesem Zeitpunkt bereits tot. Dann schob er ihn in den Heuschober hinein, holte aus dem Kofferraum den Reservekanister, übergoß die Stelle, wo die Leiche lag, mit Benzin und steckte alles in Brand. Die Flammen seien auch sofort hochgeschlagen, wie er uns schilderte. Er mußte zur Seite springen, um nicht selbst erfaßt zu werden. Dann habe er sich in den Wagen gesetzt und sei nach Hause gefahren.

Den Wagen wollte er in der nächsten Zeit ummelden, er gedachte aber erst noch ein paar Tage ins Land gehen zu lassen, um zu sehen, was aus der Leiche geworden war. Daß man ihm auf Spur kommen würde, hatte er nicht befürchtet. In seinem Bekanntenkreis hatte er erzählt, daß ein Onkel ihm den Wagen geschenkt habe, weil dieser wegen seines hohen Alters nicht mehr Auto fahren wollte. Da ein solcher Onkel tatsächlich existierte, hatte man ihm das auch geglaubt, zumal der Wagen ja eine auswärtige Zulassungsnummer hatte und der Onkel in diesem Bezirk wohnte.

Der Täter wurde wegen Mordes angeklagt und zu einer lebenslangen Freiheitsstrafe verurteilt. Als besonders erschwerend wurde angesehen, daß er den schwer Verletzten noch lebend in die Flammen gebracht hatte, denn im Blut hatten wir noch eine deutlich erhöhte Konzentration von Kohlenmonoxid gefunden.

Kapitel 4

Tod durch Erfrieren

Todesfälle durch Erfrieren sind in all den Jahren meiner beruflichen Tätigkeit immer wieder vorgekommen. In den meisten Fällen handelte es sich um Unfälle, bei denen stark betrunkene Personen im Winter entweder im Freien gestürzt und dadurch bewußtlos geworden sind oder einfach infolge ihrer Trunkenheit im Freien eingeschlafen sind.

Während örtliche Erfrierungen gerichtsmedizinisch wenig relevant sind, kommt der allgemeinen Unterkühlung eine größere Bedeutung zu. Dabei sinkt die Körperkerntemperatur stark ab. Erreicht diese Werte unter 26 bis 28 °C, so kommt es zur Atemlähmung und damit zum Sauerstoffmangel und Herzversagen. Die Stoffwechselvorgänge sind stark reduziert, es kommt zu einem langsamen Verlöschen des Lebens. Bei längerer Unterkühlung können euphorische und halluzinatorische Zustände dem Todeseintritt vorausgehen. Hierzu gehört wohl auch das bei Unterkühlten häufig auftretende paradoxe Wärmegefühl, die sogenannte Kälteidiotie. Trotz der Kälte der Umgebung fühlen die Betroffenen sich sehr warm, und es kommt vor, daß die Betreffenden sich kurz vor Eintritt der Bewußtlosigkeit entkleiden. Handelt es sich dabei um Frauen, so entsteht sehr leicht der Verdacht auf ein Sexualverbrechen.

Die Auskühlung des Körpers kann nicht nur durch kalte Luft oder feuchte Kleidung erfolgen, sondern auch beim Aufenthalt im Wasser. Dies ist vor allem bei Menschen, die in Seenot geraten sind, der Fall. So werden 15 °C Wassertemperatur maximal 12 Stunden ertragen, 10 °C etwa 5 Stunden und bei 5 °C beträgt die Überlebenszeit höchstens 1 bis 2 Stunden. Bei Schiffsunfällen ist deshalb meist nicht das Ertrinken die eigentliche Todesursache, sondern die Unterkühlung. Gelangen Personen plötzlich in eiskaltes Wasser, muß auch an einen Reflextod (Kälteschock) gedacht werden. Bei unterkühlten Personen ist immer an die Möglichkeit einer noch vorhandenen minimalen Lebensfunktion, den sogenannten Scheintod, zu denken.

Wie schon erwähnt, handelt es sich bei tödlichen Unterkühlungen zumeist um Unfälle. Alkoholisierte Personen sind hierbei besonders gefährdet, weil durch die alkoholbedingte Weitstellung der Hautgefäße, durch die ja auch das subjektive Wärmegefühl hervorgerufen wird, der Wärmeverlust besonders groß ist. Auch bei Personen mit Verwirrtheitszuständen kommen nach längerem Umherirren in der Kälte tödliche Unterkühlungen vor.

Selbstmorde durch absichtlich herbeigeführte Unterkühlung treten gelegentlich auch auf. Vorsätzliche Tötungen durch Unterkühlung sind sehr selten und werden manchmal bei Säuglingen, Kleinkindern und hilflosen Personen beobachtet. Natürlich muß bei entsprechenden Situationen auch daran gedacht werden.

Mord oder Unfall?

Ich saß eines morgens an einem Tag im Februar in meinem Zimmer und arbeitete an einem Gutachten. Draußen lag noch Schnee, obwohl es in den letzten Tagen etwas wärmer geworden war.

Bei meinem Gutachten handelte sich um einen sehr unklaren Verkehrsunfall, dessen Rekonstruktion mir einige Kopfschmerzen bereitete. Die Suche nach einer Unfallversion, in der sich alle von uns erhobenen Befunde unterbringen ließen, war gar nicht so einfach. Mit ein paar kleinen Modellautos versuchte ich immer wieder das Unfallgeschehen nachzustellen, aber es überzeugte mich noch nicht.

Da klopfte es an meiner Tür und meine Sekretärin kam ins Zimmer. »Sie haben Besuch, Herr Professor. Da sind zwei Kriminalisten, die sagen, daß sie Sie von früher kennen. Sie würden sich gern mit Ihnen über einen unklaren Fall unterhalten. Haben Sie jetzt Zeit?«

Ich war froh über diese Unterbrechung und bat die beiden Kriminalisten herein. Es waren Angehörige einer Mordkommission, mit denen ich auf meiner früheren Arbeitsstelle häufig zusammengearbeitet hatte. Wir begrüßten uns sehr erfreut und tauschten zunächst Erinnerungen aus. Nach einiger Zeit bekannten beide, daß dies nicht nur ein zufälliger Besuch war, sondern daß sie gern einen unklaren Fall mit mir besprechen wollten, um meine Meinung zur möglichen Todesursache zu hören.

Es handelte sich um einen zwölfjährigen Jungen, der in diesem Winter tot im Wald aufgefunden worden war. Er war völlig unbekleidet und lag etwas versteckt hinter einem Holzstoß. Sehr schnell war die Identität des Jungen geklärt. Er war in einem am Fuße des Berges liegenden Dorf beheimatet und seit einigen Tagen von den Eltern als vermißt gemeldet. Es war bekannt, daß er gerne in den Wald lief und dort spielte. Vor allem baute er gern Hütten, in denen er sich sowohl allein als auch mit gleichaltrigen Freunden aufhielt. Jetzt, während der Winterferien, war er fast jeden Tag im Wald, so auch vor einigen Tagen. Er war morgens von zu Hause weggegangen, aber nicht wie üblich zum Mittagessen nach Hause gekommen. Da das öfter vorkam und er dann meist bei seinem Freund zu Mittag aß, machte sich die Mutter zunächst noch keine Sorgen. Erst als er auch am Abend nicht nach Hause kam, ging sie zu den Eltern des Freundes, um zu sehen, was die beiden Jungen machten und warum ihr Sohn noch nicht nach Hause gekommen war. Zu ihrem Schrecken erfuhr sie dort aber, daß ihr Sohn gar nicht da gewesen war. Sein Freund hatte ihn den ganzen Tag nicht gesehen und sich schon gewundert, daß er nicht kam, da sie heute eigentlich gemeinsam in der Werkstatt seines Vaters an einem Schlitten basteln wollten. Er hatte angenommen, daß der Junge nicht von zu Hause wegdurfte, da er schon einmal in den letzten Tagen Hausarrest gehabt hatte.

Nun machte sich die Mutter doch Sorgen um ihren Sohn. Sie fragte noch im Dorf bei einigen anderen Bekannten nach, bei denen sich der Junge gelegentlich aufhielt, aber keiner hatte ihn gesehen. Als er auch am nächsten Morgen noch nicht nach Hause gekommen war, ging die Mutter zur Polizei und machte eine Vermißtenmeldung. Eine sofort eingeleitete Suchaktion brachte aber keinen Erfolg. Es blieb nur noch die Möglichkeit, daß er in die benachbarte Kreisstadt gefahren war. Das hatte er schon einmal gemacht und war nach zwei Tagen von sich aus wieder zurückgekommen. Wo er sich damals aufgehalten hatte, war aber trotz eindringlicher Befragung nicht von ihm zu erfahren. Die Mutter hoffte, daß es auch dieses Mal so verlaufen würde.

So war die Situation, als Waldarbeiter oben auf dem Berg die Leiche am Fuße eines Holzstoßes fanden. Sie war unbekleidet und zeigte an der Stirn eine Hautabschürfung und eine kleine Platzwunde. Als jetzt die nähere Umgebung des Fundortes abgesucht wurde, fand sich auch bald die ganz in der Nähe abgelegte Kleidung des Jungen. Die Kinderleiche war gefroren. In den letzten Tagen hatten erhebliche Minusgrade geherrscht. Von den Polizisten wie auch der Mutter wurde vermutet, daß der Junge beim Spielen eingeschlafen und dann erfroren sei. Da es sich aber bei dieser Situation wahrscheinlich um einen nicht natürlichen Tod oder zumindest um eine unklare Todesursache handelte, wurde eine gerichtliche Sektion angeordnet, die auch am nächsten Tag durchgeführt wurde. Der Obduzent bestätigte nach der Sektion die Todesursache »Erfrieren«. Damit schien alles klar zu sein. Es lag ein Unfall beim Spielen vor. Nicht ganz klar war, warum der Junge sich bei der Kälte ausgezogen hatte. Aber darüber ging man zunächst hinweg und gab die Leiche zur Bestattung frei.

Von diesem Vorfall erfuhr zufällig noch vor der Beisetzung der Leiche die zuständige Mordkommission und hielt zunächst einmal die Bestattung an, weil ihr diese Erklärung zumindest zweifelhaft erschien. Selbst angestellte Ermittlungen konnten diese Zweifel nicht ausräumen. Der zuständige Staatsanwalt wollte an eine Nachsektion nicht so recht denken, doch nach einigem Hin und Her ordnete er sie dann doch an. Obwohl der Ort des Geschehens nicht zu unserem Einzugsgebiet gehörte, baten mich die beiden Kriminalisten, wegen unserer früheren guten Zusammenarbeit die Sektion durchzuführen. Ich sagte zu und da die Zeit drängte – seit dem Todeseintritt war ja eine nicht unerhebliche Zeit vergangen, so daß trotz der kalten Jahreszeit doch schon mit Leichenveränderungen gerechnet werden mußte – wurde die Sektion für den nächsten Tag angesetzt.

Wir fuhren also am nächsten Morgen los. Die Leiche war inzwischen in den Sektionsraum des nächsten Kreiskrankenhauses gebracht worden, wo doch bessere Arbeitsbedingungen herrschten als in der Leichenhalle des Dorffriedhofes, wo die erste Sektion durchgeführt worden war.

Wir fanden eine Leiche, bei der trotz der Kälte schon deutliche Fäulnisveränderungen eingetreten waren. An der Stirn waren die schon erwähnten Verletzungen zu erkennen. Es fiel jedoch auf, daß unter der Haut keinerlei Blutungen oder sonstige Veränderungen zu erkennen waren, die auf eine Verletzung zu Lebzeiten hinwiesen. Solche Veränderungen konnten auch bei der späteren mikroskopischen Untersuchung im Institut nicht gefunden werden. Trotz der fortgeschrittenen Fäulnis zeigten sich am Hals noch Veränderungen, die auf einen Würgevorgang hindeuteten, sogenannte Würgemale. Als wir jetzt ganz gezielt die darunterliegende Halsmuskulatur untersuchten, fanden sich auch deutliche Blutungsbezirke, die später durch mikroskopische Untersuchungen bestätigt wurden. Auch entdeckten wir deutliche flohstichartige Blutungen in den Augenbindehäuten und unter dem Herz- und Lungenüberzug. All das sprach für einen Erstickungstod. Ganz offensichtlich waren diese Veränderungen bei der ersten Sektion übersehen worden. Neben diesen Befunden fanden sich Blutungen an beiden Oberarmen, die von Fingern herzurühren schienen und die auf ein gewaltsames Festhalten an den Armen hindeuteten. Ähnliche, aber nicht so sicher deutbare Erscheinungen zeigten sich auch an der Innenseite der beiden Oberschenkel. Hier waren die Fäulnisveränderungen schon etwas weiter fortgeschritten, daher ließ sich die Diagnose nicht mehr ganz so eindeutig stellen. Aber verdächtig waren diese Bezirke auch, und es wurde Material für mikroskopische Untersuchungen entnommen. Dadurch konnten auch an diesen Stellen Blutungen in der darunterliegenden Muskulatur nachgewiesen werden. Es handelte sich also um Unterblutungen durch stumpfe Gewalteinwirkung. Die genaue Untersuchung des Afters und der Darmschleimhaut erbrachte Einrisse, die ebenfalls unterblutet waren und somit zu Lebzeiten entstanden waren.

Aus all diesen Befunden ließ sich nun ableiten, daß der Junge erwürgt worden war und daß er sich offenbar heftig gewehrt hatte. Die Befunde an den Oberschenkeln und dem After ließen den Schluß zu, daß er sexuell mißbraucht worden war. Wann der Körper entkleidet wurde, ließ sich natürlich aus dem Sektionsbefund allein nicht klären. Aber sicherlich handelte es sich um ein Sexualverbrechen mit anschließender oder vorheriger Tötung des Kindes.

Nach diesen neuen Erkenntnissen wurde das Ermittlungsverfahren intensiviert und alle nur möglichen Spuren verfolgt. Nach erneuten Befragungen und einem Zeitungsaufruf meldeten sich zwei Personen, die den Jungen am Tage seines Verschwindens gesehen hatten. Der eine, ein Waldarbeiter, hatte gesehen, wie er das Dorf verließ und zum Wald ging. Ein zweiter Mann, ein Bauer aus dem Nachbardorf, hatte bemerkt, wie er mit einem Mann in der Nähe des späteren Fundortes auf einem Baumstamm gesessen und etwas gegessen hatte. Er hatte den Eindruck, daß es sich um einen Bekannten des Jungen gehandelt hatte. Darüber hinaus konnte er eine recht brauchbare Beschreibung des Mannes abgeben, nach der ein Phantombild angefertigt werden konnte. Nachdem das Bild in den örtlichen Zeitungen veröffentlicht worden war, meldete sich auch eine Frau, die glaubte, den Mann auf dem Bild zu kennen. Es war ein Gast, der im Nachbarort mehrmals zum Winterurlaub geweilt hatte.

Der Name des Mannes war schnell festgestellt. Er hatte bis vor wenigen Tagen als Urlaubsgast im Nachbarort geweilt, um Wintersport zu treiben. Am Tage des Verschwindens des Jungen war er nach den Aussagen anderer Gäste mit den Skiern unterwegs. Er hatte morgens die Pension verlassen und war erst am Abend zurückgekommen. Zum Mittagessen war er an diesem Tag – ganz gegen seine sonstige Gewohnheit – allerdings nicht erschienen.

Sofort wurde in seinem Heimatort nach ihm geforscht. Er konnte noch am gleichen Tag befragt werden. Zunächst konnte er sich angeblich an den fraglichen Tag nicht erinnern. Als ihm die Aussagen der anderen Gäste aus seiner Pension als Gedächtnisstütze vorgehalten wurden, fiel ihm ein, daß er einen längeren Ausflug mit seinen Skiern unternommen hatte und erst gegen Abend wieder zurückgekommen war. Allerdings wollte er diesen Ausflug in eine ganze andere Gegend unternommen haben, die genau in entgegengesetzter Richtung vom Fundort der Leiche lag. Den Jungen wollte er nicht gekannt und auch nie gesehen haben. Auch als ihm die Aussage des Bauern, der sich als Zeuge gemeldet hatte, vorgehalten wurde, bestritt er weiterhin ein Zusammentreffen mit dem Jungen. Er blieb dabei, daß er an dem Tag gar nicht in der Gegend war. Da hier Aussage gegen Aussage stand, wurde eine Gegenüberstellung beschlossen. Der Verdacht gegen diesen

Urlaubsgast verstärkte sich noch, als sich zwischenzeitlich ein weiterer Zeuge meldete, der ihn ebenfalls an dem fraglichen Tag in der Nähe des Fundortes gesehen haben wollte.

Bei der Gegenüberstellung zwischen dem Verdächtigen und den beiden Zeugen blieben zunächst beide Seiten bei ihren Aussagen. Doch im Verlauf der weiteren Vernehmung verwickelte sich der Verdächtige mehrfach in erhebliche Widersprüche. Jetzt wollte er sich an Einzelheiten seines Ausfluges nicht mehr erinnern können, er wußte nicht mehr genau, wo er eigentlich gewesen war. Er konnte auch keine Zeugen benennen, die ihn an dem Tag gesehen hatten. Anfänglich hatte er angegeben, in einem Dorf in der ursprünglich von ihm angegebenen Gegend zu Mittag gegessen zu haben. Als der Gastwirt befragt wurde, stellte sich heraus, daß ausgerechnet an dem Tag die Gaststätte geschlossen war. Auch in den anderen Gaststätten dieser Gegend war der Verdächtige nicht gesehen worden. Daraufhin änderte er seine Aussage und gab jetzt eine neue Ausflugsrichtung an, die sich aber auch nicht durch weitere Feststellungen nachweisen ließ. Auch hier hatte ihn keiner gesehen.

Nach mehrfacher Änderung seiner Angaben gab er dann endlich zu, daß er doch an dem fraglichen Tag mit dem Jungen zusammengetroffen war. Schon an einigen Tagen vorher hatte er ihn im Wald getroffen und sich mit ihm unterhalten. An diesem Tag traf er wieder mit ihm zusammen. Er hatte ihm einige Süßigkeiten mitgebracht, die er ihm bei seinem letzten Zusammentreffen versprochen hatte. Sie hatten sich tatsächlich auf den Baumstamm gesetzt, wo der eine Zeuge sie gesehen hatte. Der Junge hatte sich über die Süßigkeiten sehr gefreut und gleich ein Stück Schokolade gegessen. Als sie auf dem Baumstamm saßen, hatte er ihm mehrfach über den Kopf gestreichelt. Hierdurch wurde er nach seinen eigenen Angaben sexuell erregt und versuchte, den Jungen an sich zu drücken. Weil der Junge sich anfänglich nicht gegen seine Zärtlichkeiten wehrte, glaubte er, daß er damit einverstanden sei und auch selbst Gefallen daran hatte. Als er aber versuchte, dem Jungen die Hose aufzuknöpfen, wehrte dieser ab und wollte weglaufen. Da bekam er es mit der Angst zu tun. Er dachte an seine schon viele Jahre zurückliegende einschlägige Vorstrafe und daß jetzt der Vorwurf der Rückfälligkeit erhoben werden würde.

Er lief hinter dem Jungen her und warf ihn zu Boden. Da der Junge laut schrie, hielt er ihm zunächst den Mund zu. Das half aber nicht viel. Deshalb drückte er ihm die Kehle zu, bis er still war. Dann zog er ihn in ein Gebüsch, entkleidete ihn und verging sich sexuell an dem Kind. Nachdem seine Erregung abgeklungen war, überlegte er sich, wie er die Leiche beseitigen konnte. Ein Vergraben, wie er es zunächst vorhatte, scheiterte daran, daß er kein geeignetes Werkzeug bei sich hatte und daß der Boden ziemlich fest gefroren war. Um in Ruhe überlegen zu können, zog er die Leiche zunächst einmal hinter ein Gebüsch, so daß sie vom Weg aus nicht gesehen werden konnte. Dann setzte er sich auf einen Baumstamm, zündete sich eine Zigarette an und überlegte. Es fiel ihm aber keine passable Lösung ein. Da er immer noch sehr aufgeregt war, lief er ein kleines Stück mit den Skiern, um sich zu beruhigen. Es wurde ihm nun klar, daß er die Leiche nicht einfach verschwinden lassen konnte. Ihm kam die Idee, einen Unfall vorzutäuschen. Der Junge mußte beim Spielen gestürzt sein. Durch den Sturz konnte er bewußtlos geworden und dann in diesem Zustand erfroren sein. Er ging wieder zurück zu der Leiche, um sie anzuziehen. Inzwischen waren aber sowohl die Kleider als auch der tote Körper gefroren, so daß es ihm trotz aller Mühe nicht gelang, den Jungen wieder zu bekleiden.

»Na, dann muß es eben auch so gehen. Der Junge kann sich ja auch selbst ausgezogen haben.«

Um diese Handlung vorzutäuschen, legte er die Kleider so ordentlich wie möglich zusammen. Den Jungen legte er so neben einen Holzstoß, daß der Eindruck entstand, er sei von diesem Holzstoß gefallen und mit dem Kopf auf dem fest gefrorenen Boden aufgeschlagen. Um diesen Eindruck auch bezüglich etwaiger Verletzungen zu bestärken, ließ der die kindliche Leiche mit dem Kopf voran tatsächlich von der Höhe des Holzstoßes fallen und war zufrieden, daß am Kopf eine auch äußerlich sichtbare Verletzung entstand. Damit glaubte er nun, alles getan zu haben, um einen Unfall vorzutäuschen. Er verließ den Tatort und ging auf Umwegen in sein Quartier zurück.

Nachdem er in den nächsten beiden Tagen nichts über das Verschwinden des Jungen hörte und sein Urlaub zu Ende ging, reiste er in seinen Heimatort zurück. Er war sich ziemlich sicher, mit dem Verschwinden des Kindes nicht in Verbindung gebracht zu werden, da ihn nach seiner Meinung keiner gesehen hatte. Um so entsetzter war er, als zu einem Zeitpunkt, wo er gar nicht mehr damit rechnete, die Polizei plötzlich vor seiner Tür stand. Es fiel ihm nach eigenen Aussagen ausgesprochen schwer, die Ruhe zu bewahren. Und je mehr er sich in Widersprüche verwickelte, um so weniger hatte er sich in der Gewalt. Deshalb gab er schon nach verhältnismäßig kurzer Zeit seinen Widerstand auf und legte ein umfassendes Geständnis ab.

Er wurde wegen Mordes angeklagt. Da ihm nicht nachgewiesen werden konnte, daß er die sexuellen Handlungen an dem noch lebenden Kind vorgenommen hatte, konnten sie in dieser Form auch nicht in die Anklage einbezogen werden.

Die Suche nach der Todesursache

In der Anordnung über die ärztliche Leichenschau der DDR war festgelegt worden, daß bei Verstorbenen, die zum Zeitpunkt des Todes das 16. Lebensjahr noch nicht vollendet hatten, zur sicheren Feststellung der Todesursache eine Leichenöffnung vorgenommen werden mußte. Das brauchte nicht zwangsläufig eine gerichtliche Leichenöffnung, d. h. eine vom Staatsanwalt angeordnete und von zwei Gerichtsärzten ausgeführte Obduktion, sein. In der Regel wurden derartige Sektionen, wenn kein Verdacht auf eine nicht natürliche oder unklare Todesursache bestand, von dem örtlich zuständigen pathologischen Institut durchgeführt. Allerdings kamen Ausnahmen von dieser Regel gelegentlich vor. So auch im vorliegenden Fall.

Es war ein sehr kalter Januartag. Da es seit Weihnachten nahezu ununterbrochen geschneit hatte, war auch das Flachland von einer geschlossenen Schneedecke überzogen. Die Straßen waren zwar geräumt, doch der ständig fallende Schnee beeinträchtigte das Fahren. Wir waren froh, daß in den letzten Tagen keine

Außensektion angefallen war und wir im Institut aufarbeiten konnten. Im vergangenen Jahr hatten sich die Sektionen vor Weihnachten gehäuft, dadurch waren die Nachfolgeuntersuchungen wie Mikroskopie, Toxikologie und die Spurenuntersuchungen liegengeblieben.

Doch die Ruhe hielt auch dieses Jahr nicht sehr lange an. Gegen 10 Uhr wurde eine Sektion in einer etwas entfernt liegenden Kreisstadt angemeldet. Wie uns mitgeteilt wurde, handelte es sich um einen Verkehrsunfall mit zwei Toten, der in der vergangenen Nacht passiert war. Die Unfallursache war noch unklar, deshalb sollte eine gerichtliche Sektion durchgeführt werden. Wir aßen schnell noch etwas und fuhren gleich nach dem Mittagessen los.

Die beiden Sektionen wurden in dem kleinen Sektionsraum des Kreiskrankenhauses vorgenommen. In beiden Fällen konnte die Todesursache eindeutig festgestellt werden. Zu dem ließ sich die Sitzposition im Pkw, die für die Klärung der Unfallursache und für die Beurteilung der Schuldfrage eine Rolle spielte, ermitteln. Wir waren verhältnismäßig schnell fertig.

Kurz vor Ende der zweiten Sektion kam der Kreisarzt mit dem Staatsanwalt in den Sektionssaal. Er hatte zufällig etwas im Krankenhaus zu tun, traf dort auf den ihm gut bekannten Staatsanwalt und schaute sich mit ihm gemeinsam das Ergebnis der Sektionen an. Im Gespräch sagte er plötzlich zu mir:

»Herr Professor, wir haben da noch eine Säuglingsleiche, die seziert werden muß. Es war sicher ein natürlicher Tod und ich wollte heute noch die Pathologen informieren. Aber da Sie gerade da sind, könnten wir uns doch die doppelten Fahrtkosten sparen, wenn Sie die Säuglingssektion gleich mit machen.«

Da es noch nicht so spät war, sagte ich zu, und wir machten uns im Anschluß an die beiden Unfallsektionen an die Obduktion des Säuglings. Es handelte sich um einen elf Monate alten Jungen in gutem Allgemeinzustand. Verletzungen oder sonstige äußerliche Veränderungen waren nicht zu erkennen. Wie uns mitgeteilt wurde, hatte die Mutter den Säugling abends in sein Bettchen gelegt. Er sei auch gleich eingeschlafen. Die Nacht war ruhig verlaufen. Die Mutter hatte sich nur gewundert, daß das Kind früh morgens so lange geschlafen habe. Normalerweise würde der Junge gegen 6 Uhr munter und meldete sich dann auch gleich lautstark. Wenn er nicht gleich aus seinem Bettchen herausgenommen würde, finge er laut zu schreien an. An diesem Morgen sei er aber absolut ruhig geblieben, so daß die Mutter sich schon gewundert hatte. Gegen halb sieben sei sie dann ins Kinderzimmer gegangen, um nach dem Kind zu sehen. Es habe auf der rechten Seite gelegen, das Deckbett habe es sich über den Kopf gezogen. Bewegt habe es sich nicht. Etwas besorgt habe sie es dann aus dem Bettchen herausgenommen und festgestellt, daß es völlig leblos war. Geatmet habe es nicht mehr, der Kopf habe schlaff nach unten gehangen. Sie hatte dann versucht, am Handgelenk den Puls zu fühlen, konnte aber keinerlei Pulsschläge bemerken. Nun hatte sie es mit der Angst zu tun bekommen und war zur Nachbarin gelaufen, die ein Telefon besaß. Von dort hatte sie den Notarzt angerufen, der auch nach kurzer Zeit gekommen war. Er konnte nur noch den Tod des Kindes feststellen. Auf dem Totenschein hatte er vermerkt: »Verdacht auf plötzlichen Kindstod?«

Soweit der Bericht, den wir zu Beginn der Sektion erhielten. Auf meine Fragen wurde mir mitgeteilt, daß es sich bei dem Kind um eine Frühgeburt handelte, Komplikationen waren allerdings nicht bekannt. Die Mutter war alleinerziehend. Sie hatte regelmäßig die Neugeborenensprechstunde besucht. Irgendwelche Krankheitserscheinungen hatte sie in den letzten Tagen nicht beobachtet. Das Kind habe sich normal verhalten und auch normal gegessen und getrunken. So wie es jetzt aussah, war tatsächlich die Möglichkeit eines plötzlichen Kindstodes zu prüfen, wenn nicht die Obduktion eine andere Todesursache ergab.

Bei der äußeren Besichtigung waren keinerlei Gewalteinwirkungen erkennbar. Die Totenflecke waren kräftig ausgeprägt. Sie befanden sich am Rücken. Das Kind hatte also nach Eintritt des Todes in Rückenlage gelegen. Die Mutter hatte zwar gesagt, sie habe es in rechter Seitenlage aufgefunden, aber ob zu diesem Zeitpunkt schon Totenflecke vorhanden waren, konnte sie nicht sagen. Außerdem war ja die genaue Todeszeit noch nicht bekannt, die Totenflecke konnten sich auch noch verlagert haben. An den Totenflecken fiel weiterhin die Farbe auf. Sie waren deutlich hellrot, wie man sie bei bestimmten Vergiftungen, aber auch bei Lagerung in der Kälte findet. Und da der tote kindliche Körper ja einige Zeit in einem nicht geheizten Nebenraum des Sektionssaales gelegen hatte, war diese hellrote Farbe zunächst nicht verwunderlich. Was jedoch auffiel, als wir die Leiche entkleidet hatten, waren bläulichrote Verfärbungen an beiden Füßen und im Bereich der Kniegelenke. Sie sahen aus wie Frostbeulen und paßten nicht so recht in das Bild eines plötzlichen Kindstodes. Bei der weiteren Sektion fanden sich dann im Bereich der Magenschleimhaut umblutete oberflächliche Hautdefekte, sogenannte hämorrhagische Erosionen, wie man sie beim Tod durch Erfrieren findet und die auch als Wischnewski-Flecke bezeichnet werden. Jetzt bekam die hellrote Farbe der Totenflecke doch eine größere Bedeutung, denn es erhob sich der Verdacht eines Erfrierungstodes. Da auch die übrigen Befunde zu dieser Diagnose paßten, äußerte ich meinen Verdacht und bat darum, die Mutter noch einmal nach der Auffindesituation zu befragen, insbesondere danach, welche Temperaturen im Kinderzimmer geherrscht hatten und ob eventuell das Fenster über Nacht aufgestanden hatte.

Der Staatsanwalt schlug vor, daß wir nach Beendigung der Sektion gleich bei der Mutter vorbeifahren und sie gemeinsam befragen könnten. So wurde es dann auch gemacht. Die Mutter versicherte sehr bestimmt, daß in dem Kinderzimmer eine normale Zimmertemperatur bestanden hätte und das Fenster keinesfalls offen gewesen wäre. Ja, sie gab noch an, daß sie am Abend, nachdem sie das Kind ins Bett gelegt hatte, nochmals die Heizkörper im Zimmer kontrolliert habe, ob sie auch warm gewesen wären. Auf die Frage, ob sie das jeden Abend so mache, meinte sie, daß sie nur diesmal extra kontrolliert habe, wobei sie keinen bestimmten Grund für diese Maßnahme angeben konnte. Um uns von der normalen Zimmertemperatur zu überzeugen, versicherte sie, daß sie auch noch ausdrücklich auf das Thermometer gesehen und dabei festgestellt hätte, daß im Zimmer über 20 °C geherrscht hätten. Als ich mich jetzt im Zimmer umsah, konnte ich nirgendwo ein Zimmerthermometer entdecken. Ich fragte die Mutter, wo denn dieses Thermometer sei. Da wurde sie verlegen und sagte, daß sie es aus dem Nebenraum geholt hätte, um die Temperatur zu überprüfen. Doch auch im Nebenraum fand sich kein Thermometer, ja es war in der ganzen Wohnung keins aufzutreiben. Jetzt fiel der Mutter plötzlich ein, daß das Thermometer ja am nächsten Tag heruntergefallen und zerbrochen sei. Sie habe es natürlich weggeworfen. Unser Verdacht auf einen Kältetod wurde immer intensiver. Nur wußten wir noch nicht, wo und unter welchen Bedingungen das Kind den niedrigen Temperaturen ausgesetzt gewesen war. War vielleicht aus Versehen die Heizung abgedreht und das Fenster offengelassen worden oder steckte hinter der Unterkühlung eine Absicht. Das Verhalten der Mutter sprach dafür, daß hier irgend etwas faul war. Sie hatte offensichtlich ein schlechtes Gewissen.

Wir mußten am Abend wieder zurück. Die endgültige Todesursache ließ ich zunächst noch offen, ich äußerte nur den Verdacht auf einen Tod durch Erfrieren und vertröstete die Ermittlungsorgane auf weitere mikroskopische und toxikologische Untersuchungen.

In den nächsten Tagen wurden die Ermittlungen vor Ort intensiv fortgesetzt. Es stellte sich heraus, daß das Kind außerehelich geboren und der Vater nicht bekannt war. Zwar hatte die Mutter sich bisher in ausreichendem Maße um den Säugling gekümmert, aber es war bekannt, daß sie seit einigen Wochen einen neuen Freund hatte, den sie auch heiraten wollte. Nur ihr Freund hatte sich bezüglich einer Heirat noch nicht festgelegt. Sie hatte den Eindruck, daß ihn das Kind störe. Daher hatte sie ihm auch schon angeboten, es eventuell zur Adoption freizugeben. Aber das wollte er nicht, im Gegenteil, er sagte ihr, daß im Falle einer Ehe das Kind kein Hinderungsgrund sei. Er müßte sich aber eine endgültige Bindung noch überlegen und brauche noch etwas Zeit. Sie kam jedoch immer wieder auf das Kind zu sprechen, das ja ihre Beziehungen stören würde und das sie weggeben wolle.

Immer mehr verdichtete sich der Verdacht, daß der Erfrierungstod doch nicht unbeabsichtigt eingetreten war. Die Mutter wurde nochmals befragt, auch nach ihrer Absicht, das Kind wegzugeben. Dieses Vorhaben stritt sie zunächst energisch ab. Sie gab vor, sich nie mit dem Gedanken getragen zu haben, das Kind wegzugeben. Hier müßte ihr Freund etwas falsch verstanden haben.

Trotz der unbekannten Vaterschaft habe sie sich sehr über das Kind gefreut, und sie habe es auch nach der Geburt sehr liebgehabt. Eher hätte sie sich von ihrem Freund getrennt als von dem Kind.

Auf die Frage, warum sie ausgerechnet an dem Abend vor dem Tod des Kindes so intensiv die Zimmertemperatur geprüft hatte, konnte sie keine vernünftige Erklärung geben. Sie versuchte immer wieder, von diesem für sie unangenehmen Thema abzukommen. Als ihr jetzt vorgehalten wurde, daß das Kind vermutlich erfroren sei, wurde sie sehr verlegen und unsicher und meinte, daß sie sich nicht mehr ganz sicher wäre, ob das Zimmerfenster tatsächlich geschlossen gewesen war. Das Fenster ginge sehr schwer zu, und es sei ihr schon des öfteren passiert, daß sie geglaubt habe, es geschlossen zu haben. Tatsächlich habe es aber einen Spalt offengestanden.

Aufgrund dieser Sachlage wurde nun beschlossen, eine Wohnungsbesichtigung durchzuführen, um an Ort und Stelle die Verschlußfähigkeit des Fensters zu überprüfen. Es stellte sich heraus, daß es ganz leicht zu schließen war. Auch war es nahezu ausgeschlossen, daß in einem geheizten Zimmer ein mit einem Federbett zugedecktes Kind erfrieren würde. Da auch jetzt die Außentemperaturen noch etwa genau so niedrig waren wie in der Nacht, als das Kind gestorben war, wurde der Versuch gemacht, die Temperatur im Zimmer zu überprüfen, nachdem die Heizung über Nacht abgedreht worden war und das Fenster weit geöffnet wurde. Wie erwartet war zwar die Zimmertemperatur am nächsten Morgen deutlich gesunken, sie hatte aber keineswegs solche Grade erreicht, daß ein Erfrierungstod auch nur annähernd in Betracht gezogen werden müßte. In diesem Zimmer konnte das Kind in jener einer Nacht nicht erfroren sein.

Die Wohnung hatte jedoch einen offenen, relativ großen Balkon, der nun in unsere Überlegungen einbezogen wurde. Befragt, ob sie das Kind gelegentlich auch auf den Balkon stellen würde, lehnte sie das energisch ab. Noch nie habe das Kind dort gestanden. Auf die Frage, ob es denn auch im Sommer nicht herausgestellt worden sei, bestritt sie auch das in ziemlich auffälliger Weise. Als jetzt die Nachbarn befragt wurden, bestätigten mehrere

Zeugen, daß selbstverständlich das Kind sowohl im Sommer als auch im Herbst des öfteren stundenweise auf dem Balkon gestanden habe. Manchmal seien sie durch das Schreien des Säuglings gestört worden, hätten der Mutter aber nichts gesagt, weil das Kind ja frische Luft gebraucht habe. Aber auch im Winter hatte das Kind mehrmals auf dem Balkon gestanden, auch in den Tagen vor seinem Tod. Eine Nachbarin hatte sich noch gewundert, daß das Kind noch auf dem Balkon schrie, als es schon lange dunkel war. Nach 21 Uhr sei es aber still gewesen und sie hatte angenommen, daß die Mutter den Säugling jetzt in sein Zimmer gestellt hatte.

Jetzt wurde es für die Mutter ausgesprochen schwierig, eine plausible Erklärung für ihre Widersprüche zu finden. Sie wurde immer aufgeregter, bis sie sich dann einen Ruck gab und erklärte, sie wolle nun ein Geständnis ablegen. Nach ihren jetzigen Angaben, die wohl der Wahrheit sehr nahe kamen, hatte sie vor etwa zwei Wochen den Entschluß gefaßt, das Kind loszuwerden, weil sie fest davon überzeugt war, daß ihr jetziger Freund sie mit dem Kind nie heiraten würde. Eine Adoption hätte wohl zu lange gedauert, wie sie in Erfahrung gebracht hatte. Außerdem war ja der Freund aus verschiedenen Gründen dagegen. Also mußte das Kind auf eine andere Weise verschwinden. Ihrer Meinung nach wäre es das beste, wenn es sterben würde. Aber es war gesund und hatte sich bisher gut entwickelt. Also entschloß sie sich, das Kind sterben zu lassen und überlegte sich eine Art und Weise, die ihrer Meinung nach nicht entdeckt werden würde. Sie hatte einige Zeit zuvor gelesen, daß der Tod durch Erfrieren ein angenehmer Tod sei und daß er keine nennenswerten äußeren Veränderungen hervorrufe. Deshalb wartete sie ab, bis ein kalter Tag bzw. eine kalte Nacht kam und stellte den kaum bekleideten Säugling auf den Balkon. Daß er wegen der Kälte schreien würde, hatte sie einkalkuliert. Aber daß er auf dem Balkon schrie, kam ja öfter vor und war für die Nachbarn nichts Ungewöhnliches. Sie hatte nur nicht erwartet, daß er so lange, bis kurz vor 21 Uhr, schreien würde. Als das Kind ruhig geworden war, ließ sie es noch zwei Stunden in der Kälte liegen, bis ihrer Meinung nach der Tod eingetreten war. Als sie nun das Kind in die Wohnung holte, atmete und bewegte es sich nicht mehr. Der Körper fühlte sich sehr kalt an. An seinem Tod zweifelte sie nun nicht mehr. Sie sah das entkleidete Kind noch einmal ganz genau an, ob irgend etwas Auffälliges zu sehen sei, fand aber nichts. Nun zog sie das Kind so an, wie sie es immer zur Nacht anzog, und legte es in sein Bettchen. Sie selbst ging dann auch schlafen. Am nächsten Morgen täuschte sie dann wie geschildert ihren Schreck beim Auffinden des Kindes sowohl der Nachbarin als auch dem Arzt gegenüber vor.

Sie wurde wegen Mordes angeklagt und zu einer langen Freiheitsstrafe verurteilt.

Die große Gefahr

Es war ein schöner Freitagabend gewesen. Im Dorfkrug war der Abschied eines jungen Mitbürgers vom Junggesellendasein gefeiert worden. Morgen sollte Polterabend sein und übermorgen dann die Hochzeit. Aber heute sollte noch einmal ausgelassen gefeiert werden. Der zukünftige Ehemann war großzügig und hatte gesagt, daß jeder an Getränken bestellen könne, was er wolle. Und davon wurde reichlich Gebrauch gemacht. Gegen Mitternacht war die Stimmung auf dem Höhepunkt. Es wurde gesungen und geredet, bei einigen merkte man den reichlichen Alkoholgenuß. Da kamen zwei junge Leute auf die Idee, zu wetten, wer das meiste vertragen könne. Es war zur damaligen Zeit beliebt, nach russischem Muster »sto Gramm«, das heißt 100 ml Schnaps bzw. Wodka, zu trinken. Also beschloß man, zur Probe mit dem Dreifachen zu beginnen. Natürlich hatten auch die anderen aus der Runde diese Wette mitbekommen, standen als Zuschauer bzw. als Schiedsrichter daneben und feuerten ihren jeweiligen Favoriten an. Beide kippten die drei Gläser in sich hinein, und es war schwer, einen eindeutigen Sieger auszumachen. Aber das interessierte plötzlich auch keinen mehr. Der Alkohol tat seine Wirkung, die zunächst recht fröhliche Feier ging nun in ein etwas lautes und unkontrolliertes Grölen über. Für den Wirt war es Zeit, zum Schluß zu blasen, und man rüstete sich zum Aufbruch.

Die beiden Wettbrüder waren zu diesem Zeitpunkt noch recht gut beieinander. Sie stritten sich noch immer um die Siegerehren.

Jeder wollte der erste gewesen sein, der seine drei Gläser ex getrunken hatte. Die anfänglich nur verbal geführte Meinungsverschiedenheit führte bald zu Rempeleien. Die anderen Gäste mußten die beiden Streithähne trennen, die sich aber immer noch beschimpften. Doch dann schlossen sie sich der allgemeinen Aufbruchsstimmung an und holten ihre Mäntel. Alle zusammen verließen das Lokal. Draußen standen sie noch ein paar Minuten herum, verabschiedeten sich schließlich und gingen nach Hause. Da die beiden Streithähne mit verschiedenen Gruppen nach Hause gingen, schien der Streit beendet zu sein.

Am nächsten Morgen wunderten sich die Eltern des einen jungen Mannes, der an der Wette teilgenommen hatte, daß ihr Sohn in dieser Nacht nicht nach Hause gekommen war. Das Bett war noch unbenutzt. Sie machten sich aber zunächst keine Sorgen, da es gelegentlich vorkam, daß er nach solchen Feiern bei einem Freund schlief. Als er sich aber bis zum Mittag noch nicht gemeldet hatte, ging der Vater zu dem Freund, um nach seinem Sohn zu sehen. Aber dort war er nicht. Der Freund hatte auch keine Ahnung, wo der Sohn geblieben war. Er hatte ihn nach der Verabschiedung aus den Augen verloren. Sie fragten dann noch den Gastgeber, aber der wußte auch nichts. Auch die anderen Gäste der Feier hatten den jungen Mann nicht mehr gesehen. Sie erzählten dem Vater aber von der Wette und daß er danach wohl doch etwas betrunken gewesen war.

Jetzt machte der Vater sich doch ernstlich Sorgen. Dem Sohn konnte ja in seinem betrunkenen Zustand etwas passiert sein, ja es mußte etwas gewesen sein, denn sonst hätte er sich bestimmt schon zu Hause gemeldet. Der Vater holte ein paar Freunde zusammen, und man suchte den Weg von der Gaststätte nach Hause ab. Der Weg führte durch ein kleines Wäldchen, aber auch da war zunächst nichts zu entdecken. Mit zwei Freunden ging der Vater noch einmal die Strecke ab. In dem Wäldchen suchten sie auch abseits des Weges im Gebüsch. Da rief plötzlich einer der Männer: »Hier liegt er. Aber er bewegt sich nicht. Er schläft noch.«

Auch die anderen beiden liefen dorthin und bemühten sich um den jungen Mann. Sie mußten aber zu ihrem Entsetzen feststellen, daß er nicht schlief, sondern tot war. Weder Atmung noch

Puls konnten festgestellt werden. Auch waren die Gliedmaßen schon steif und die Körpertemperatur offensichtlich erheblich abgesunken. Eine Verletzung war nicht zu sehen.

Die drei Männer trugen den jungen Mann nach Hause und verständigten den Arzt. Doch der konnte nur noch den Tod feststellen, der schon vor mehreren Stunden eingetreten war. Genau wollte er sich nicht festlegen. Da er aber keine genaue Todesursache angeben konnte, benachrichtigte er die Kriminalpolizei, die auch umgehend erschien.

Als die Kriminalisten von der Wette und dem schnellen Trinken einer doch größeren Menge hochprozentigen Alkohols hörten, kam für sie als Todesursache eigentlich nur eine akute Alkoholvergiftung in Frage. Äußere Verletzungen, die möglicherweise auf einen Sturz hindeuteten, waren nicht zu erkennen. Die Rempeleien in der Gaststätte waren nach Meinung aller Anwesenden ohne größere Bedeutung. Verletzungen konnten dabei nicht entstanden sein. Und erfroren konnte er ihrer Meinung nach auch nicht sein, obwohl er seinen Mantel in der Gaststätte hängen lassen hatte, denn die Außentemperaturen lagen ja einige Grad über Null, es herrschten in dieser Nacht mit Sicherheit keine Minusgrade.

Um die Todesursache nun eindeutig zu klären und eine mögliche Mitschuld des Wirtes und der anderen anwesenden Personen zu prüfen, wurde vom Staatsanwalt eine gerichtliche Sektion angeordnet, die am darauffolgenden Montag von uns durchgeführt wurde.

Verletzungen konnten wir nicht festestellen. Auch Mißbildungen oder krankhafte Organveränderungen, die zum Tode hätten führen können, fanden wir nicht. Die hellroten Totenflecke waren sicher auf die niedrige Außentemperatur zurückzuführen. Die kleinen, blutigen, oberflächlichen Schleimhautdefekte im Bereich der Magenschleimhaut konnten natürlich auch mit dem konzentrierten Alkoholgenuß in Zusammenhang gebracht werden. Natürlich wurden auch Blut und Urin zur Bestimmung des Blutalkoholgehaltes entnommen.

Wie erstaunt waren wir jedoch, als wir am nächsten Tag den Blutalkoholwert erfuhren. Er war keineswegs so hoch, wie wir erwartet hatten. Er betrug 1,8 Promille. Nach den 300 ml Wodka und dem, was vorher getrunken worden war, hätte er wesentlich höher sein müssen. Insbesondere reichten diese Werte nicht aus, um daraus eine tödliche Alkoholvergiftung abzuleiten. Aber es gab dafür eine Erklärung. Wie die Nachermittlungen ergaben, war der Betreffende unmittelbar nach der Trinkwette hinaus zur Toilette gegangen und hatte praktisch den ganzen Alkohol wieder ausgebrochen. Danach hatte er nichts mehr getrunken. Somit war der relativ niedrige Blutalkoholwert erklärt. Aber was war nun die Todesursache? Da nur noch Erfrieren in Betracht kam, erkundigten wir uns beim zuständigen Wetteramt nach den Temperaturen in der betreffenden Nacht. Sie lagen bei etwa 4 Grad Celsius. Das reichte im Zusammenhang mit dem Alkohol aus, um einen Unterkühlungstod herbeizuführen. Die Gefahr bei Alkoholisierten liegt darin, daß durch den Alkohol die Hautgefäße weitgestellt sind und relativ viel Wärme abgeben. Dadurch kommt auch das subjektive Wärmegefühl nach Alkoholgenuß zustande. Durch die vermehrte Wärmeabgabe ist aber die Gefahr zu erfrieren besonders groß. Minusgrade sind dafür keineswegs erforderlich. So mußte in diesem Fall ein Tod durch Erfrieren angenommen werden.

Kapitel 5

Tod durch Verhungern

Verhungern als Todesursache ist weltweit gesehen keineswegs selten. Vor allem in den ärmsten Ländern der Erde spielt der Nahrungsmangel eine erhebliche Rolle. In einigen dieser Ländern zählt der Hungertod zu den häufigsten Todesursachen.

Andererseits ist der Tod durch Verhungern in unseren Ländern in normalen Zeiten und unter normalen Umständen ausgesprochen selten, sieht man von inneren Erkrankungen ab.

Gerichtsmedizinisch interessieren uns diejenigen Fälle, bei denen der Verdacht einer fahrlässigen oder gar vorsätzlichen Mangelernährung besteht. Dieser Verdacht erhebt sich immer dann, wenn Kinder oder hilflose Personen im Zustand der Unterernährung sterben. Von den verantwortlichen Pflegepersonen wird dieser Zustand nicht selten auf Krankheiten oder Mißbildungen zurückgeführt, die dem Leichenschau haltenden Arzt als Ursache für die Unterernährung angegeben werden. Fehlen Beweise hierfür in Form von ärztlichen Unterlagen über durchgeführte diagnostische oder therapeutische Maßnahmen, ist eine Klärung durch eine Obduktion erforderlich.

Wie schnell der Tod durch Verhungern eintritt, hängt von verschiedenen Umständen ab. Neben dem Ausmaß des Nahrungsentzuges spielen das Lebensalter und der Ernährungszustand zu Beginn der Hungerperiode eine wichtige Rolle. Neugeborene und jüngere Säuglinge überstehen einen völligen Nahrungsentzug nur wenige Tage, während Erwachsene einige Wochen hungern können. Allerdings ist es wichtig, daß Flüssigkeit in ausreichendem Maße zugeführt wird. Ist mit dem Nahrungsentzug auch völliger Flüssigkeitsentzug verbunden, dann tritt der Tod schon nach 8 bis 10 Tagen ein.

Unerwünschter Nachwuchs

Es war ein ganz normaler Wochentag. Ich hatte die Abnahme der sezierten Leichen im Sektionssaal etwas eher gemacht, weil ich anschließend eine Vorlesung hatte. Drei Leichen waren es, darunter das Opfer eines Verkehrsunfalles, zu dem die Verkehrspolizei erschienen war und den wir anschließend dann noch ausgiebig diskutiert hatten, so daß ich mich beeilen mußte, pünktlich zur Vorlesung zu erscheinen. Zwei Stunden später kam ich wieder ins Institut zurück. Ich ging auf mein Zimmer und begann, die mir von der Sekretärin vorgelegten Blutgruppengutachten durchzusehen und zu unterschreiben, als das Telefon klingelte. Der diensthabende Oberarzt meldete sich und fragte: »Herr Professor, wir haben von der Pathologie noch eine Leiche bekommen. Es ist ein Kind mit Verbrennungen, deshalb haben es die Pathologen nicht seziert, sondern gemeint, es sei etwas für die Gerichtsmedizin. Sollen wir heute noch sezieren? Es liegt allerdings noch kein Auftrag vor, aber die Anfrage beim Kreisarzt läuft schon.«

Ich sah auf die Uhr und überlegte. Es war schon kurz vor Mittag. »Ich komme gleich in den Saal und sehe mir die Leiche an. Dann werde ich entscheiden, ob wir sie heute noch oder erst morgen sezieren.«

Ich ging hinunter und ließ mir die Kinderleiche zeigen. Es handelte sich um einen etwa drei Jahre alten Jungen. Es war ein ausgesprochen mageres und für sein Alter recht kleines Kind. An der rechten Körperseite fanden sich schwärzliche Verfärbungen, die wie Verkohlungen aussahen und offensichtlich der Grund dafür waren, daß die Pathologen die Leiche zu uns gebracht hatten.

»Ist denn bekannt, was mit dem Kind passiert ist, wo ist der Totenschein?« fragte ich den anwesenden Oberarzt. Er überreichte ihn mir. Der Arzt, der die Leichenschau durchgeführt und den Totenschein ausgestellt hatte, war nicht der behandelnde Arzt, sondern ein Mediziner, der über das Wochenende Bereitschaftsdienst hatte. Er hatte einen natürlichen Tod bescheinigt und als Ursache eine Mißbildung der Bauchspeicheldrüse angegeben. Eine Sektion war von ihm nicht beantragt worden. Von Verbrennungen stand auf dem Totenschein nichts.

Ich schaute mir daraufhin die schwarzen Hautstellen genauer an und stellte fest, daß es sich gar nicht um Verbrennungen handelte, sondern daß die Haut und das darunterliegende Gewebe abgestorben waren. Es handelte sich um eine sogenannte Gangrän, die sich an den Aufliegestellen des Körpers gebildet hatte. Es war demnach zu vermuten, daß das hochgradig abgemagerte Kind schon längere Zeit ziemlich unbeweglich auf der rechten Seite gelegen hatte. Der Verdacht eines Pflegeschadens lag auf der Hand.

Dies war kein Fall für eine Verwaltungssektion, hier mußte eine gerichtliche Sektion umgehend beantragt werden. Da es sich nach unseren Informationen bei dem Vater des Kindes um einen Offizier handelte, war der Militärstaatsanwalt zuständig. Wir informierten ihn über die Sachlage, und er ordnete nicht nur sofort eine gerichtliche Leichenöffnung an, sondern kam auch gleich ins Institut, um sich persönlich von dem Zustand des Kindes zu überzeugen.

Bei der sofort durchgeführten Obduktion zeigte sich dann, daß die auf dem Totenschein angegebene Mißbildung der Bauchspeicheldrüse nicht bestand, sondern daß das Kind ganz einfach verhungert war. Mißbildungen oder krankhafte Veränderungen irgendwelcher Art bestanden nicht, doch war am ganzen Körper überhaupt kein Fettgewebe vorhanden.

Der Staatsanwalt ordnete an, daß der Vater des Kindes umgehend in das Institut geholt wurde. Man zeigte ihm die Leiche. Er konnte jedoch keine Erklärung für den Zustand des Kindes geben. Noch im Sektionssaal wurde der Vater vorläufig festgenommen und auch für die Mutter ein Haftbefehl beantragt. Sie wurde an ihrer Arbeitsstelle verhaftet.

Wir setzten uns nun mit dem Arzt, der die Leichenschau durchgeführt hatte, in Verbindung, um zu klären, wie er zu der offensichtlichen Fehldiagnose hinsichtlich der Todesursache gekommen war. Er schilderte nun den Ablauf der Leichenschau. Als Bereitschaftsarzt war er zu diesem Todesfall am späten Sonntagnachmittag gerufen worden. Ihm wurde gesagt, daß ein Kind plötzlich, aber nicht unerwartet verstorben sei. Im Zusammenhang mit weiteren Hausbesuchen hatte er dann auch die Leichenschau in der Wohnung durchgeführt.

Als er in die Wohnung kam, war es schon dunkel. Die Mutter des

Kindes empfing ihn und führte ihn in das Wohnzimmer, wo sich die kindliche Leiche in einem Kinderwagen befand. Es handelte sich nach den Angaben des Arztes um eine sehr gepflegte Wohnung. An der Flurgarderobe hing der Uniformrock eines höheren Offiziers. Im Wohnzimmer brannte nur eine Stehlampe, da nach Angaben der Mutter die Deckenbeleuchtung kaputt war. Die Glühbirne in der Stehlampe hatte nur eine geringe Leuchtkraft. Aber die Mutter entschuldigte sich, sie habe leider keine andere Birne. Die Leichenschau fand somit bei relativ schlechtem Licht statt.

Zum Krankheitsverlauf erzählte ihm die Mutter, daß das Kind seit seiner Geburt eine Mißbildung der Bauchspeicheldrüse hatte und deshalb mehrfach in ärztlicher Behandlung gewesen sei. Sie hätten alle möglichen Spezialisten aufgesucht, aber diese hätten ihnen nicht viel Hoffnung machen können. Sie hatten ihnen vielmehr gesagt, daß das Kind nicht sehr alt werden würde und sie mit einem frühen Tod rechnen müßten. Therapeutisch sei kaum etwas zu machen. Gott sei Dank seien wenigstens die anderen Kinder gesund. Wie sie dem Arzt erzählte, hatte sie noch fünf weitere Kinder.

Da der Haushalt einen sehr ordentlichen Eindruck gemacht habe und die Mutter auch sehr vertrauenerweckend auf ihn gewirkt habe, habe er ihren Angaben geglaubt und auf dem Totenschein einen natürlichen Tod bescheinigt. Da die von der Mutter angegebene Mißbildung den Zustand des Kindes erklärte, war nach seiner Meinung eine Sektion nicht erforderlich, und er habe die Leiche auf den Friedhof bringen lassen, da die Mutter eine Kremation gewünscht habe.

Als nun die Bestatter die Leiche abholten, waren sie der Meinung, daß es am besten sei, wenn sie die Leiche in die Pathologie bringen würden, da ja sicher eine Leichenöffnung erfolgen würde. Im Gegensatz zum Leichenschau haltenden Arzt wußten sie, daß alle kindlichen Todesfälle nach den Gesetzen der DDR seziert werden mußten. Und so kam die Leiche dann in die Pathologie und wegen der vermeintlichen Verbrennungen zu uns.

Selbstverständlich wurde die Wohnung durchsucht, um die Umstände, unter denen das Kind gelebt hatte, festzustellen. Die Ermittlungen ergaben, daß es seit seinem ersten Lebensjahr in einer sehr kleinen und nahezu dunklen Kammer gehaust hatte. Es hatte in einem Kinderbett gelegen, daß zumindest im letzten Jahr nicht sauber gemacht worden war. Als dieses Kinderbett zur Untersuchung in unser Institut gebracht wurde, war es wegen des Gestanks nicht möglich, es in ein Labor zu bringen. Wir haben die notwendigen Untersuchungen dann auf dem Hof des Instituts durchgeführt.

In dem Bett fand sich eine völlig verfaulte und durchnäßte Matratze. Darauf lagen sehr unordentlich und völlig eingekotet verschiedene Betttücher, Handtücher, alte Herrenhemden und Damenblusen, Schürzen und verschiedene andere Kleidungstücke – durch eingetrockneten Kot fest miteinander verbacken. In dieser Masse aus Kot und Textilien hatte sich nach Art eines Gipsbettes die Form des kindlichen Körpers in rechter Seitenlage eingeprägt. Bei genauer Untersuchung fanden sich in dieser »Form« abgestorbenes Körpergewebe sowie Finger- und Fußnägel. Selbst in Wohnungen von Asozialen habe ich eine solche Anhäufung von Schmutz nicht gesehen. In diesem Bett hatte das Kind gelegen, ohne einmal herausgenommen worden zu sein. Wie den Aussagen der anderen Kinder zu entnehmen war, hatten sie ihrem Geschwisterkind hin und wieder, wenn es wimmerte, etwas zu essen gegeben.

Bei der Aufklärung des Motivs für diese grausame Handlungsweise der Eltern kam heraus, daß von den sechs Kindern der Familie nur die ersten vier bei der Dienststelle des Mannes gemeldet waren, während die beiden zuletzt Geborenen nach der Geburt gar nicht angegeben worden waren und somit auch kein Kindergeld für sie empfangen wurde. Als Grund gab die Mutter an, daß es bei der fünften und sechsten Schwangerschaft heftigen Streit zwischen den Eheleuten gegeben hatte. Der Ehemann machte seiner Frau schwere Vorwürfe, daß sie schon wieder schwanger geworden sei. So viele Kinder hätten nur Asoziale. Die Folge dieser Streitereien war, daß sie insbesondere das fünfte Kind haßte und sich kaum darum kümmerte. Daß es sterben könnte, hat sie billigend in Kauf genommen. Der Vater hatte sich ebenfalls in keiner Weise um das Kind gekümmert. Er behauptete, das sei ausschließlich Sache seiner Frau gewesen.

Beide Eheleute wurden zu einer langjährigen Freiheitsstrafe verurteilt.

Kapitel 6

Vergiftung

Einen recht breiten Raum nimmt in der Gerichtsmedizin die Toxikologie, die Lehre von den Vergiftungen und dem Nachweis von Giften, ein. Deshalb haben auch alle Institute für gerichtliche Medizin eine mehr oder weniger umfangreiche toxikologische Abteilung mit verschiedenen Spezi-allabors.

Erhebliche diagnostische Schwierigkeiten kann es gerade bei der Untersuchung von Vergiftungsfällen geben, zumal die meisten Vergiftungen keine eindeutigen äußerlich erkennbaren Veränderungen hervorrufen. Es sind nur einige wenige Giftstoffe, die schon bei der äußeren Besichtigung einer Leiche erkannt werden können wie etwa Kohlenmonoxid (Leuchtgas) an den hellroten Totenflecken oder Säure- und Laugenvergiftungen an den Verätzungen. Auch bei der Sektion finden sich keinesfalls immer sofort erkennbare Organveränderungen, die auf eine bestimmte Vergiftung hinweisen. Häufig sind solche Hinweiszeichen erst bei der mikroskopischen Untersuchung der inneren Organe zu erkennen. Die sichere Diagnose einer Vergiftung kann erst durch den chemischen Giftnachweis gestellt werden. Grundvoraussetzung für die Erkennung einer Vergiftung ist es deshalb, daß der Gerichtsarzt bei seinen Untersuchungen überhaupt an die Möglichkeit einer Vergiftung denkt. Das kann auch dann nötig sein, wenn schon eine andere Todesursache gefunden worden ist. So kann z. B. neben einer tödlichen Schußverletzung auch eine Schlafmittelvergiftung noch eine Rolle spielen. Vor allem aber muß dann an eine Vergiftung gedacht werden, wenn keine andere sichere Todesursache bei der Sektion gefunden worden ist.

Eine Vergiftung zu definieren, ist nicht ganz einfach, obwohl jeder weiß, was unter diesem Begriff zu verstehen ist. Neben der Art der Substanz spielt aber auch noch die Menge und die Art der Aufnahme in den Körper eine Rolle, wie schon PARACELSUS festgestellt hatte. Viele Substanzen werden in geringen Mengen als Arznei angewandt, in größeren Mengen gelten sie aber als Gift. Auch manche Nahrungsmittel können in großen Mengen giftig wirken, z. B. Kochsalz in extrem hoher

Dosierung. Des weiteren spielt die körperliche Verfassung eine wichtige Rolle. Zucker ist für den Gesunden ein gewöhnliches Nahrungsmittel, für den Diabetiker aber kann eine zu große Menge zu schweren Gesundheitsschäden bis hin zum Tod führen. Die Art der Aufnahme ist ebenfalls von Bedeutung. Luft wird zum Atmen gebraucht und ist lebensnotwendig. Wird sie aber in die Blutbahn gespritzt, kann sie eine tödliche Luftembolie auslösen.

Deshalb ist es bei der Untersuchung von Vergiftungen notwendig, festzustellen, wie eine Substanz in den Körper gelangt ist. Wir werden an späteren Fällen noch sehen, wie wichtig eine solche Feststellung für die rechtliche Beurteilung eines Vergiftungsfalles sein kann.

Wenn Organe chemisch-toxikologisch untersucht werden, ist es günstig, wenn schon ein Verdacht auf ein bestimmtes Gift bzw. eine Giftgruppe vorliegt, weil dann gezielter untersucht werden kann. Hier können sowohl Organveränderungen, die Farbe der Totenflecke als auch Erscheinungen und Symptome vor dem Tode eine Rolle spielen. Auch kann die vermutete Giftgruppe schon gewisse Hinweise geben, wenn geprüft wird, ob es sich um einen Unfall, einen Selbstmord oder einen Mord handeln könnte. So sind bestimmte Gifte besonders häufig bei Unfällen etwa durch Verwechslung von Substanzen zu beobachten. Es handelt sich um Stoffe, die im täglichen Leben, im Haushalt oder an der Arbeitsstelle häufig vorkommen und leicht mit ungefährlichen Substanzen verwechselt werden können. Das typische Beispiel sind Medikamente, die von Kleinkindern mit Bonbons verwechselt werden.

Eine andere Gruppe von giftigen Stoffen wird besonders häufig zur Selbsttötung benutzt. Der Selbstmörder stellt ganz bestimmte Anforderungen an das Gift. Es muß schnell und sicher, aber vor allem schmerzlos wirken. Außerdem muß es leicht zu beschaffen sein. Beim Mörder spielen wiederum andere Gesichtspunkte eine Rolle. Das von ihm benutzte Gift muß leicht und unauffällig zu verabreichen sein, es muß geruch- und geschmacklos und in seinem Erscheinungsbild unauffällig sein oder die Symptome einer Krankheit vortäuschen. Seine Wirkung soll erst mit einiger Verzögerung eintreten, um einen Zusammenhang von Tat und Täter zu verwischen. Es muß schwer oder nur für kurze Zeit nach dem Tode nachweisbar sein. Die Schmerzlosigkeit spielt für den Mörder im allgemeinen keine wesentliche Rolle. Sowohl beim Mord als auch beim Selbstmord spielen nicht selten gewisse modische Einflüsse oder der

Nachahmungstrieb eine Rolle. So wurde in den 50iger Jahren das Pflanzenschutzmittel E 605 nicht nur zu Morden, sondern auch zu Selbstmorden benutzt, obwohl es keineswegs die Vorstellungen von einem angenehmen Tod erfüllte.

Im Mittelalter war eines der am häufigsten benutzten Mordgifte das Arsen oder genauer gesagt das Arsentrioxid (Arsenik), weil es ziemlich leicht beizubringen war, Erscheinungen machte, die man für Magen-Darm-Erkrankungen halten konnte und vor allem, weil es sehr schwer nachweisbar war. Einen sicheren chemischen Nachweis in Körperorganen gab es noch nicht. Das änderte sich erst, als der englische Chemiker James Marsh eine relativ einfache Nachweismethode entwickelte. Er wurde 1832 zur Untersuchung eines Todesfalles gerufen, bei dem der Verdacht einer Arsenvergiftung bestand, was mit Hilfe der damals bekannten Methoden von Marsh auch bestätigt wurde. Das reichte aber den Richtern nicht aus, und es kam zu einem Freispruch. Hierüber ärgerte sich Marsh so, daß er sich umgehend mit der Entwicklung einer sicheren Nachweismethode befaßte, welche er 1836 in ihrer ursprünglichen Form veröffentlichte und die ob ihrer Einfachheit erhebliches Aufsehen in der Fachwelt hervorrief. Übrigens hatte der freigesprochene Giftmörder die Tat zehn Jahre später gestanden. In der Folgezeit wurde vor allem unter Mitwirkung des Gerichtsmediziners und Chemikers Orfila in Paris die Marshsche Apparatur noch verbessert. Es gelang nicht nur der qualitative Nachweis von Arsen, sondern auch eine gewisse quantitative Bestimmung, was den Ausgang eines spektakulären Prozesses 1840 in Frankreich gegen eine junge Frau, die angeklagt war, ihren Mann mit Arsenik ermordet zu haben, maßgeblich beeinflußt hatte. Das war die Geburtsstunde der wissenschaftlichen Toxikologie. Das Ende der Giftmorde mit Arsen war damit aber nicht verbunden. Trotz der immer weiter verbesserten Nachweismöglichkeit von Arsen gab es auch in unserem Jahrhundert noch eine ganze Anzahl derartiger Giftmorde. Über den Fall eines Krankenpflegers ist im ersten Band schon berichtet worden. Ein anderer Fall fiel in die Zeit meiner Tätigkeit in der Psychiatrie.

Der lästige Ehemann

Ich hatte wieder einmal Wochenenddienst. Der Samstagnachmittag war ruhig verlaufen. Am Sonntagvormittag machte ich Visite auf meiner eigenen Station, dann wurde ich noch zu einer etwas erregten Patientin gerufen, die aber beruhigt werden konnte. Nach dem Mittagessen machte ich mich an das Nachtragen der Krankengeschichten, da am Dienstag Chefvisite war und ich die Zeit bis dahin gut nutzen wollte.

Ich saß im Untersuchungszimmer, hatte die Fieberkurven vor mir liegen und trug anhand dieser Aufzeichnungen die Ereignisse der letzten Tage sowie die Untersuchungsergebnisse in die Krankenakten ein. Auf den Stationen war jetzt Besuchszeit. Da klingelte das Telefon und der diensthabende Pfleger der geschlossenen Männerstation bat mich, doch einmal auf die Station zu kommen. Er hatte Schwierigkeiten mit einigen Besuchern, die seinen Anweisungen nicht folgen wollten.

Ich ging hinüber und ließ mir von dem Pfleger das Problem schildern. Es handelte sich um einen Patienten, der schon zum dritten Mal wegen unklarer Erscheinungen eingewiesen worden war und dessen Angehörige, die Ehefrau mit den beiden Kindern und ihrer Schwester, ihn jetzt wie auch an den vorhergehenden Sonntagen besuchten. Die Ehefrau hatte unter anderem einen Napfkuchen mitgebracht und ihn dem Patienten gegeben. Sie drängte darauf, daß er sofort ein Stück von dem Kuchen probieren sollte. Er wollte aber nicht, da er noch satt vom Mittagessen war, aber die Frau gab sich mit dieser Erklärung nicht zufrieden, sondern drängte ihm immer wieder das Stück Kuchen auf. Den Kuchen selbst stellte sie in den Nachttisch. Der im Krankenzimmer weilende Pfleger bekam diese Diskussion mit, und er entsann sich, daß auf dieser Station die Anweisung bestand, den Patienten nur mit Kenntnis und Genehmigung des Pflegepersonals zusätzliche Speisen zu geben. Und in diesem Fall war die Einhaltung dieser Anweisung seiner Meinung nach besonders wichtig, da ja noch keine eindeutige Diagnose bei dem Patienten gestellt worden war. Er schlug der Ehefrau vor, den Kuchen für den Patienten in Verwahrung zu nehmen und erst Rücksprache mit dem Stationsarzt zu halten. Die Ehefrau weigerte sich aber, ihm den Kuchen auszuhändigen. Als er ziemlich massiv die Übergabe des Kuchens verlangte, wollte sie den Kuchen wieder einpacken und mit nach Hause nehmen, wobei sie noch einige beleidigende Worte an den Pfleger richtete. Sie unterstellte ihm, daß er sich selbst etwas von dem Kuchen nehmen wollte. Diese Verhaltensweise kam dem Pfleger recht auffällig vor, und er verständigte den diensthabenden Arzt, also mich.

Ich sprach mit der Frau und versuchte ihr die Gründe für diese Maßnahme zu erklären und sie zu veranlassen, den Kuchen in die Obhut des Stationspflegers zu geben. Ich versicherte ihr, daß er ihrem Ehemann den Kuchen dann dosiert nach den Anweisungen des Stationsarztes zukommen lassen würde. Vor allem wegen der noch unklaren Diagnose seien diese Maßnahmen notwendig. Sie ließ sich aber nicht darauf ein, sondern nahm ihren Kuchen und verließ nahezu fluchtartig die Klinik.

Das kam mir dann doch sehr verdächtig vor, und ich beschloß, den Kuchen in der Gerichtsmedizin untersuchen zu lassen. Leider war nur das eine schon abgeschnittene Stück, von dem der Patient auch schon ein kleines Stück abgebissen hatte, vorhanden, aber für eine toxikologisch-chemische Untersuchung mußte es reichen. Ich ließ mir das Stück Kuchen geben und brachte es am nächsten Morgen in die Gerichtsmedizin, zu der ich ja nach wie vor noch gute Kontakte hatte. Allerdings glaubten weder ich noch der Chemiker, daß bei der Untersuchung etwas herauskommen würde. Ich machte meinen Dienst weiter. Nach zwei Tagen rief mich der Chemiker an und sagte: »Sie haben recht gehabt, in dem Kuchen haben wir ganz eindeutig Arsen nachgewiesen.«

Jetzt war mir auch das Verhalten der Frau verständlich. Sie wollte den vergifteten Kuchen auf keinen Fall dalassen. Das schon abgeschnittene Stück Kuchen hatte sie allerdings bei ihrem schnellen Aufbruch vergessen. Als ich mir sofort nach der Mitteilung die Krankengeschichte des Patienten nochmals genau ansah, fiel mir auf, daß der schon mehrfach in der Klinik behandelte Patient immer nach einiger Zeit nahezu beschwerdefrei entlassen wurde, aber immer wieder mit den gleichen Beschwerden erkrankte, wenn er einige Zeit zu Hause war. Die Beschwerden konnten nun, nachdem überhaupt erst einmal an eine Arsenvergiftung gedacht wurde, sehr wohl durch eine chronische Vergiftung mit Arsenik erklärt werden. Er hatte neben Ernährungs- und Verdauungsproblemen vor allem Bewegungs- und Empfindungsstörungen sowie Schwindelerscheinungen und Kopfschmerzen. Im Vordergrund aber stand eine starke Depression, wegen der er zu uns in die Nervenklinik eingewiesen worden war. Natürlich wurden sofort Blut, Urin und vor allem Haare und Fingernägel des Patienten auf Arsen untersucht. In allen Materialien wurde das Gift in mäßiger Menge nachgewiesen, in Haaren und Fingernägeln jedoch sehr deutlich. In den einzelnen Haarabschnitten ließ sich Arsen in unterschiedlich starker Konzentration nachweisen. Das zeigte, daß die Verabreichung nicht gleichmäßig, sondern zu unterschiedlichen Zeiten in unterschiedlichen Mengen erfolgt war. Die Zeiten entsprachen in etwa den Zeiträumen, in denen der Patient zu Hause war.

Natürlich wurde die Kriminalpolizei informiert, die auch umgehend Ermittlungen anstellte und vor allem die Ehefrau verhörte. Sie stritt zunächst alles ab. Angeblich wußte sie gar nicht, was Arsen ist, insbesondere daß es sich um ein Gift handelte. Für ihr eigenartiges Verhalten in der Klinik am Besuchstag konnte sie keine plausible Erklärung abgeben, sondern begründete den plötzlichen und übereilten Aufbruch zunächst damit, daß sie ihren Zug noch erreichen wollte. Als ihr aber nachgewiesen wurde, daß sie noch reichlich Zeit gehabt hätte, behauptete sie, daß sie vorher noch etwas besorgen wollte. Sie konnte aber nicht angeben, was sie am Sonntag bei geschlossenen Geschäften noch holen wollte. Immer mehr verwickelte sie sich in Widersprüche.

Aufgrund dieser Sachlage wurde eine Hausdurchsuchung angeordnet und umgehend durchgeführt. Tatsächlich fand sich im Küchenschrank in einem verschließbaren hölzernen Kästchen eine Schachtel mit einem weißen Pulver, das sich als Arsen entpuppte. Der Schlüssel für das Kästchen wurde in der Nachttischschublade gefunden.

Als der Frau diese Funde vorgehalten wurden und sie eine Erklärung abgeben sollte, fing sie plötzlich an zu weinen und gab zu, den Ehemann vergiften zu wollen. Nach ihren Angaben hatte es schon seit längerer Zeit Probleme mit ihm gegeben. Seit mehreren Jahren sprach er zunehmend stärker dem Alkohol zu. Er trank täglich und war nahezu regelmäßig abends betrunken. In diesem Zustand war er sehr aggressiv und gewalttätig, und es kam nicht selten vor, daß er seine Frau und auch die beiden Kinder verprügelte. Seit einiger Zeit arbeitete er nicht mehr, sondern lebte von dem Geld, das seine Frau durch Putzen und Waschen verdiente. Immer größer wurde der Geldbedarf für Alkohol.

In dieser für sie ausweglosen Situation beschloß sie, ihn zu töten. Sie hatte von ihren Eltern noch Arsenik im Haus, das angeblich noch aus dem vorigen Jahrhundert stammte. Da ihr aber bekannt war, daß mit den heutigen Untersuchungsmethoden Arsen relativ leicht nachgewiesen werden konnte, beschloß sie, ihm über einen längeren Zeitraum immer nur relativ kleine Mengen zu geben, in der Hoffnung, daß das nicht oder nur schwer nachweisbar sei bzw. daß überhaupt gar nicht erst der Verdacht auf eine Vergiftung aufkam.

Das war ja zunächst auch der Fall. Es konnte ja vorerst keine eindeutige Diagnose gestellt werden, weil alle vorhandenen Symptome bei verschiedenen Erkrankungen auftreten. An eine Vergiftung hatte keiner gedacht. Erst das auffällige Verhalten der Täterin bei dem Krankenbesuch hatte den ersten Verdacht geweckt.

Die Frau wurde wegen versuchten Mordes zu einer mehrjährigen Freiheitsstrafe verurteilt.

In der Mehrzahl der Fälle handelt es sich bei Arsenvergiftungen um vorsätzliche Tötungen. Für eine Selbsttötung ist das Gift nicht besonders geeignet, da es im allgemeinen nicht sonderlich schnell wirkt und auch erhebliche Beschwerden bereiten kann. Jedoch kamen in früheren Jahren gelegentlich Unfälle vor.

Der Geburtstagskuchen

Es herrschte große Freude in der Familie. Der älteste Sohn, der seit einem halben Jahr seinen Dienst bei der NVA (Nationale Volksarmee) versah, hatte überraschend zu seinem 19. Geburtstag Urlaub bekommen und seinen kurzfristigen Besuch soeben telefonisch angekündigt. Bereits am Nachmittag bzw. gegen Abend wollte er nach Hause kommen.

Die Familie traf schnell noch alle möglichen Vorbereitungen, damit der morgige Tag auch entsprechend begangen werden konnte. Es wurde in aller Eile eingekauft, einige Freunde und Bekannte wurden zum Nachmittagskaffee eingeladen. Auch für ein festliches Abendessen mußte noch schnell alles besorgt werden.

Die Wohnung wurde auf Hochglanz gebracht, wobei die Großmutter kräftig mithalf. Da fiel ihr plötzlich ein, daß der Junge ja heute Nachmittag schon kam und noch kein Kuchen gebacken worden war. Das mußte sie schnell nachholen. Er aß doch ihren selbstgebackenen Pflaumenkuchen so gern. So beschloß sie, schnell ein Blech in den Ofen zu schieben. Die Zutaten hatte sie alle im Haus, und so machte sie sich gleich an die Arbeit. Es dauerte gar nicht lange, bis sie den fertigen Kuchen aus dem Ofen ziehen konnte. Schnell noch etwas Zucker auf den noch warmen Teig. Doch da mußte sie feststellen, daß sie den letzten Zucker soeben verbraucht hatte. Ob die Tochter welchen mitbringen würde, war nicht sicher. Aber Puderzucker würde es ja auch tun. Dann nahm sie eben etwas mehr. Die Hauptsache war, daß es richtig süß war, das liebte ihr Enkel.

Sie griff zu der Büchse, in der sich der Puderzucker befand und die auf dem Bord über dem Küchenschrank stand. Normalerweise hatte sie mit dem Puderzucker, diesem neumodischen Zeug, nicht viel im Sinn, aber jetzt mußte es eben so gehen, und sie streute reichlich von dem Puderzucker über den Kuchen. Dann wurde das Kuchenblech zum Abkühlen auf den Balkon gestellt.

Am späten Nachmittag kam der Junge. Wie üblich brachte er einen ganzen Beutel voll schmutziger Wäsche mit, die von der Mutter gewaschen werden sollte. Natürlich half die Großmutter auch hierbei. So machte sie sich als erstes daran, die Wäsche einzuweichen. Inzwischen hatte die Mutter Kaffee gekocht. Der Vater und der jüngere Bruder waren auch aus dem Stall gekommen.

Jetzt kam die Großmutter mit ihrer Überraschung, dem schnell noch gebackenen Pflaumenkuchen, gerade richtig. Nicht nur der Enkelsohn, sondern auch die anderen freuten sich und langten tüchtig zu. Wie jeder feststellte, aber nicht sagte, um die Großmutter nicht zu kränken, hätte der Kuchen etwas süßer sein können. Aber da merkte es die alte Frau auch schon selbst und erzählte, daß sie zum Bestreuen Puderzucker hätte nehmen müssen, da der andere Zucker ausgegangen sei.

»Ich habe doch welchen mitgebracht,« sagte daraufhin die Mutter, holte ein Paket Haushaltzucker und forderte jeden auf, sich zu bedienen. Das taten denn auch alle, streuten je nach Geschmack mehr oder weniger Zucker über den Kuchen. Jetzt hatte er den richtigen Geschmack, wie ihn jeder liebte. Es wurde reichlich gegessen, mehr als das halbe Blech war leer, für morgen reichte es sicherlich nicht mehr. Aber die Großmutter tröstete: »Dann backe ich eben heute Abend noch ein neues Blech. Ich werde euch morgen schon satt kriegen.« Und so wurde es auch gemacht. Am nächsten Morgen standen ein frisch gebackenes Blech mit Pflaumenkuchen und ein Apfelkuchen für die Feier am Nachmittag bereit.

Am Abend wurde zur Feier das Tages noch ein Flasche Wein geleert und in Erwartung des morgigen Geburtstages nicht allzu spät schlafen gegangen. Doch so ruhig, wie man gehofft hatte, verlief die Nacht nicht. Gegen vier Uhr morgens wurde der Vater von einem fürchterlichen Brechdurchfall geplagt. Er mußte laufend zur Toilette und klagte über starke Leibschmerzen. »Ich hab doch auch nichts anderes gegessen als ihr«, jammerte er. Es wurde aber nicht besser, die Schmerzen und das Erbrechen verstärkten sich noch. Beim Frühstück klagte auch der jüngere Bruder über starke Leibschmerzen sowie Durchfall und Brechreiz. Er aß kaum etwas, obwohl er sonst ein ausgesprochen guter Esser war. Auch der von der Großmutter angebotene Pflaumenkuchen, den er sonst immer sehr gern gegessen hatte, konnte ihn nicht reizen. Er zog sich bald zurück und legte sich wieder ins Bett, obwohl er noch eine Menge Arbeit hatte. Der Vater ging allein in den Stall, kam aber schon nach kurzer Zeit wieder, weil er es vor Leibschmerzen nicht aushielt. Durchfall und Erbrechen waren noch stärker geworden. Als nun auch die Mutter noch über die gleichen Beschwerden klagte, bekam es die Familie doch mit der Angst zu tun und holte einen Arzt.

Als dieser nun die Kranken untersuchte, fand er bei allen dreien die gleichen Symptome, nämlich Übelkeit, Durchfall und Erbrechen. Der Kreislauf war weitgehend intakt. Natürlich dachte er sofort an eine Nahrungsmittelvergiftung und erkundigte sich, was die drei gegessen hatten. Aber es fand sich nichts Verdächtiges.

Während dieser Untersuchungen stellten sich auch bei dem ältesten Sohn, dem Geburtstagskind, Durchfall und Erbrechen ein. Er klagte zusätzlich noch über heftige Wadenkrämpfe. Nun war an einer Lebensmittelvergiftung kaum noch ein Zweifel. Da der Hausarzt aber nicht in der Lage war, die Art der Vergiftung bzw. des Nahrungsmittels, das die Erkrankungen verursacht hatte, herauszufinden, tat er das Einzige, was ihm in dieser Lage möglich war: er wies alle erkrankten Personen in das zuständige Kreiskrankenhaus ein. Doch dort kam man auch nicht weiter. Es wurde zwar Material für bakteriologische Untersuchungen abgenommen und in das entsprechende Institut geschickt, aber auf das Ergebnis mußte man noch warten. Gedacht wurde auch hier an eine Magen-Darm-Erkrankung durch verdorbene Lebensmittel. Inzwischen verschlechterte sich der Zustand der Patienten. Vor allem die Mutter und der jüngste Sohn zeigten deutliche Beeinträchtigungen des Kreislaufes. Trotz aller Bemühungen verstarb die Mutter noch am Abend des gleichen Tages an Herz-Kreislaufversagen.

Da es sich um eine ungeklärte und wahrscheinlich nicht natürliche Todesursache handelte, wurde der Staatsanwalt informiert, der umgehend eine gerichtliche Sektion anordnete. Wir fuhren am folgenden Tag in das Krankenhaus und führten die Obduktion durch. Ausgesprochen krankhaft veränderte Organbefunde waren auch bei der Sektion nicht zu finden, aber der im Darm vorgefundene reiswasserähnliche Inhalt ließ an eine Arsenvergiftung denken, zu der auch der Krankheitsverlauf durchaus paßte. Natürlich nahmen wir Blut und Organmaterial für eine toxikologische Untersuchung mit. Da für die Behandlung der anderen Erkrankten eine sofortige Klärung notwendig war, wurden die Analysen sofort durchgeführt. Doch wie sollte das Arsenik denn in die Nahrung gelangt sein? Wir ließen uns ganz genau schildern, was und zu welchen Zeiten die einzelnen Personen gegessen hatten. Dabei wurden auch mehrfach die Blechkuchen erwähnt, ohne daß dabei irgendein Verdacht aufkam. Erst als bei der Schilderung des Essens im einzelnen auch die Notwendigkeit des Nachsüßens des Pflaumenkuchens erwähnt wurde, kam mir ein Verdacht. Ich fragte, wer den Kuchen gebacken hatte, und erfuhr, daß dies die Oma gemacht hatte. Als ich diese nun nach Einzelheiten des Backvorganges befragte, erzählte sie mir die Geschichte mit dem fehlenden Streuzucker und dem Behelf mit dem Puderzucker. Mein Verdacht verstärkte sich, und ich fragte, wie der Puderzucker auf das Regal gekommen sei, wer ihn dahingestellt hatte. Es stellte sich nun heraus, daß keiner wußte, wie der Puderzucker dort hingekommen war, aber der Vater erzählte, das sein Vater, also der inzwischen verstorbene Opa, vor langer Zeit, als er noch in der Glashütte gearbeitet hatte, einmal ein weißes Pulver mitgebracht hatte, das er als Rattengift bezeichnet habe und das auch zur Bekämpfung der damals sehr reichlich vorhandenen Raten benutzt worden sein soll.

Wir fuhren sofort in die Wohnung, um diese ominöse Büchse sicherzustellen. Die Laboruntersuchung ergab, daß es sich tatsächlich um Arsenik handelte, das in früherer Zeit in Glashütten als sogenannter Hüttenrauch bei der Glas- bzw. Porzelanproduktion anfiel.

Auf die Behandlung hatte unsere Diagnose allerdings keinen Einfluß, denn bevor wir das Ergebnis hatten, war der jüngere Sohn ebenfalls verstorben. Der Vater und der älteste Sohn überstanden die Vergiftung.

Zwar wurde gegen die Großmutter wegen fahrlässiger Tötung ermittelt, aber die Vorgänge hatten die alte Frau so mitgenommen, daß sie schwere Herzkreislaufbeschwerden bekam und kurz darauf ebenfalls verstarb.

Kleine Befunde – große Folgen

Es war eine schöne Feier. Obwohl der Abend zunächst ruhig und eher langweilig begann, war zum Schluß doch eine tolle Stimmung. Deshalb konnten sich die meisten Gäste auch nur schwer entschließen, nach Hause zu gehen, obwohl Mitternacht schon längst vorüber war. Als schließlich einer den Anfang machte und sich zu verabschieden begann, erhoben sich auch die anderen. Nach einer halben Stunde war der letzte Gast gegangen, und das Gastgeberehepaar konnte sich ans Aufräumen machen, obwohl beide auch nicht mehr ganz nüchtern waren.

»Wir werden nur das nötigste zusammenräumen, morgen ist ja auch noch ein Tag«, sagte die Frau, »aber zuerst trinken wir beide noch ein Glas Sekt und stoßen in aller Ruhe auf Deinen Geburtstag an. Hier die Flasche ist ja noch mehr als halbvoll, die machen wir noch alle. Morgen ist der Sekt sowie schal, den kann man nicht aufheben.«

Der Ehemann stimmte zu. Da er blind war, holte die Frau zwei frische Gläser und goß sie voll Sekt. Sie stieß mit ihrem Mann an und trank das Glas leer. Der Mann schaffte es nicht mit einem Schluck, er mußte dreimal ansetzen. Sofort füllte sie die Gläser neu. Er wollte zwar nicht weitertrinken: »Ich habe eigentlich schon genug. Bin ganz schön blau. Na ja, stoßen wir noch einmal an, aber dann ist Schluß.«

Auch das zweite Glas Sekt wurde geleert. Da meinte die Frau: »Weißt Du, hier ist nur noch ein kleiner Rest in der Flasche, den teilen wir uns, dann ist die Flasche leer, und ich kann sie wegtun.« Auch dazu ließ sich der Mann nach anfänglichem Sträuben überreden.

»Sag mal, kommt Dir der Sekt nicht auch etwas bitter vor?« fragte er seine Frau. »Der Sekt, den ich vorhin getrunken habe, schmeckte mir besser.«

»Das liegt daran, daß dies ein trockener Sekt ist. Vorher hast du halbtrockenen getrunken, der ist süßer.«

Mit dieser Erklärung gab sich der Mann zufrieden und half seiner Frau beim Aufräumen. Nach einiger Zeit meinte er, daß er jetzt doch recht müde werde und am liebsten ins Bett gehen würde.

»Geh nur schlafen,« sagte seine Frau, »ich mache den Rest schon allein.«

Er war froh, daß er sich uns Bett legen konnte. Die Müdigkeit kam mit einem Schlag. Es war doch ein bißchen viel Alkohol gewesen, den er heute getrunken hatte. Die letzten Gläser hätten nicht mehr sein dürfen. Und man ist ja auch nicht mehr der Jüngste. Die alte Pumpe, das Herz, machte in letzter Zeit immer mal wieder Probleme. Aber es ist ja nur einmal im Jahr Geburtstag, da kann man schon mal über die Stränge schlagen. Ab morgen wird wieder solide gelebt.

Er zog sich aus und legte sich hin. Schon nach kurzer Zeit war er eingeschlafen. Als seine Frau nach einiger Zeit ins Schlafzimmer kam, lag er auf der Seite und schnarchte.

Sie legte sich auch hin und hoffte nur, daß ihr Mann sein Schnarchen unterbrechen würde, damit auch sie einschlafen konnte. Bei dem Lärm, den er veranstaltete, fiel ihr das schwer.

Endlich gelang es ihr. Wegen des reichlichen Alkoholgenusses schlief sie problemlos bis zum nächsten Morgen durch. Nach ihren Angaben wurde sie zwar zur gewohnten Zeit wach, war aber noch tüchtig müde und legte sich noch einmal auf die andere Seite, zumal ihr Mann auch noch schlief. Sie wurde erst nach einer weiteren Stunde wieder wach.

Als sie auf die Uhr sah und feststellte, daß es schon so spät war, sprang sie mit einem Satz auf und eilte in das Badezimmer, um ihre Morgentoilette zu machen. Sie hatte sich zwar in ihrem Betrieb die ersten beiden Stunden freigeben lassen, aber dadurch, daß sie verschlafen hatte, war die Zeit jetzt doch knapp geworden. Sie mußte sich beeilen.

Wie sie später aussagte, lag ihr Mann zu diesem Zeitpunkt immer noch ganz ruhig im Bett und schlief. Da er ja heute freihatte, konnte sie ihn auch noch schlafen lassen. Sie stellte ihm das Frühstück in der Küche auf den Tisch und verließ leise die Wohnung. Damit er nicht wach wurde, schlug sie die Korridortür nicht zu, sondern zog sie mit dem Wohnungsschlüssel heran. Dann eilte sie in ihren Betrieb. Da man ja wußte, daß gestern Abend die Geburtstagsfeier ihres Mannes war und sie sich die ersten beiden Stunden freigenommen hatte, wurde ihr Zuspätkommen toleriert.

Der Arbeitstag verlief normal, und nach Dienstschluß eilte sie schnell nach Hause, um die restlichen Aufräumungsarbeiten zu erledigen. Eine Arbeitskollegin hatte sich erboten, mitzukommen und ihr beim Aufräumen zu helfen.

Als sie in die Wohnung kamen und in die Küche gingen, wunderten sie sich, daß das von der Ehefrau hingestellte Frühstück für den Mann noch völlig unberührt auf dem Tisch stand. Hatte ihr Mann denn nichts gegessen? Vielleicht war ihm von dem gestrigen Abend noch schlecht, und er hatte keinen Hunger. Aber getrunken hatte er auch nichts, die Tasse war noch unberührt. Die Frau ging ins Schlafzimmer, um nach ihrem Mann zu sehen. Der lag noch genauso im Bett wie sie ihn am Morgen verlassen hatte. Wie es aussah, hatte er sich nicht einmal bewegt. Sie eilte zu ihm und wollte ihn wachrütteln, doch er rührte sich nicht. Da stellte sie fest, daß die Hände, die auf der Bettdecke lagen, ziemlich kalt waren und die Finger ganz steif.

Erst jetzt fiel ihr auf, daß ihr Mann auch nicht atmete. Sie fühlte den Puls, konnte ihn aber nicht tasten. Da bekam sie einen heftigen Schreck. Er ist tot, schoß es ihr durch den Kopf, er lebt nicht mehr. Sofort holte sie ihre Arbeitskollegin, dann eilte sie zum Nachbarn, der ein Telefon hatte, und bat ihn, sofort den Bereitschaftsarzt anzurufen. Dieser verständigte umgehend den Arzt und kam mit der Frau in ihre Wohnung, um zu sehen, ob er irgendwie helfen konnte. Daß der Ehemann tot sei, konnte er nicht glauben. Er war gestern auch bei der Geburtstagsfeier gewesen und hatte ihn noch recht lebhaft und lustig erlebt. Dem fehlte doch nichts.

Doch als er in das Schlafzimmer kam und den Mann anfaßte, mußte er ebenfalls erkennen, daß er verstorben war. Wie der nach kurzer Zeit eintreffende Bereitschaftsarzt feststellte, mußte der Mann schon mehrere Stunden tot sein, denn die Totenstarre und die Leichenflecke waren schon völlig ausgeprägt. Weil die Ehefrau dem Arzt von den in letzter Zeit verstärkt auftretenden Herzschmerzen erzählte, vermutete er einen Herzinfarkt als Todesursache, was er auch als Verdachtsdiagnose auf den Totenschein schrieb. Und er kreuzte die Rubrik »natürlicher Tod« an. Eine Sektion hielt er bei dieser Sachlage nicht für erforderlich.

Die Ehefrau veranlaßte nun die notwendigen Formalitäten und

bestellte ein Beerdigungsinstitut, welches die Leiche abholte und zum Friedhof brachte. Da sie eine Feuerbestattung wünschte, wurde auf dem Friedhof die gesetzlich vorgeschriebene Leichennachschau vorgenommen, die von Ärzten unseres Institutes durchführt wurde. Eigentlich war es ein unkomplizierter Fall, doch da auf dem Totenschein nur eine Verdachtsdiagnose stand, veranlaßte der die Leichennachschau vornehmende Arzt eine Sektion, um die Todesursache sicher festzustellen.

Diese Sektion wurde auch am übernächsten Tag durchgeführt. Der Obduzent fand unter anderem deutliche Veränderungen an den Herzkranzgefäßen vor, die durchaus einen plötzlichen Herztod verursacht haben konnten. Eine andere Todesursache erbrachte die Sektion nicht. Doch waren dem Obduzenten bei der äußeren Besichtigung vor allem an den Knien blasenartige Veränderungen aufgefallen, wie sie mitunter bei Schlafmittelvergiftungen auftreten. Die ganze Vorgeschichte sprach zwar nicht für eine derartige Vergiftung, aber sicherheitshalber entnahm der Arzt Blut, Urin und Organmaterial, um eine chemisch-toxikologische Analyse zu veranlassen. Und zu unser aller Verwunderung war diese Analyse positiv. Es wurde eine ziemlich hohe Konzentration eines Schlafmittels nachgewiesen, die absolut tödlich war.

Wie aber war der Mann an dieses Schlafmittel gekommen? Die ersten Befragungen seiner Bekannten, insbesondere der Gäste bei der Geburtstagsfeier, ergaben, daß er keinerlei Selbstmordabsichten geäußert hatte. Alle Befragten hielten einen Selbstmord für ausgeschlossen. Der Verstorbene war an dem Abend ausgesprochen fröhlich gewesen und hatte mehrfach von seinen Plänen für die nächste Zukunft gesprochen. Er hatte noch sehr viel vor. In der Wohnung konnten weder entsprechende Tabletten noch die leeren Tablettenschachteln gefunden werden, die ja vorhanden sein mußten, wenn der Verstorbene selbst Schlafmittel eingenommen hätte. Mit Sicherheit hatte er nach der Feier das Haus nicht mehr verlassen. Auch die Ehefrau wußte nichts von Tabletten, die ihr Mann genommen haben könnte.

»Vielleicht hat er sie verwechselt und geglaubt, daß es etwas gegen Kopfschmerzen sei«, vermutete sie. Doch dann hätte er sicher nicht solch eine Menge genommen.

Da es sich nun doch um einen nicht natürlichen Tod handelte, wurde die vorgeschriebene Meldung an die Kriminalpolizei gemacht. Da die Herkunft der Tabletten und auch das Motiv für einen möglichen Selbstmord unklar waren, wurde ein Ermittlungsverfahren eingeleitet. Bei der Befragung der Ehefrau über den Verlauf des Abends, vor allem über die Zeit nach dem Abschied der Gäste, verwickelte sie sich mehrfach in Widersprüche. Sie begründete das mit dem reichlich genossenen Alkohol, der ihr Erinnerungsvermögen trübte.

Die weiteren Ermittlungen ergaben, daß die Frau in den letzten Monaten von ihrem Arzt laufend Schlaftabletten verschrieben bekommen hatte, weil sie schlecht schlafen konnte. Nach diesen Tabletten befragt konnte sie nichts vorweisen, obwohl sie noch am Vortag zwei Packungen in der Apotheke geholt hatte. Hinzu kam, daß sich nun herausstellte, daß sie seit längerer Zeit einen Geliebten hatte, von dem der Mann aber ihrer Meinung nach nichts wußte. Enge Bekannte der Frau sagten aus, daß sie ihnen gegenüber mehrfach die Absicht geäußert hatte, sich von ihrem Mann zu trennen, um mit dem Geliebten zusammen leben zu können. Die Unsicherheit der Ehefrau bei ihrer Aussage nahm zu, bis sie dann erklärte, ein Geständnis ablegen zu wollen.

Nun gab sie zu, ihrem Mann absichtlich Schlaftabletten in den Sekt getan zu haben, um ihn zu töten. Eine Scheidung sei für sie nicht in Frage gekommen, da ihr Mann nicht unvermögend sei und sie bei einer Scheidung kaum etwas von diesem Vermögen bekommen hätte. Da sie sichergehen wollte und somit ihrem Mann eine größere Menge von Schlaftabletten verabreichen mußte, andererseits aber die Tabletten bitter schmeckten, hatte sie die Tabletten auf mehrere Gläser verteilt. Trotzdem bemerkte ihr Mann den bitteren Geschmack. Die dreiviertel gefüllte Flasche Sekt hatte sie extra beiseite gestellt, um ihren Mann unter dem Vorwand, der Sekt werde schal, zum Trinken zu animieren. Sie wußte aus Erfahrung, daß er sonst nach dem Zusammenräumen immer gleich ins Bett ging. Das wollte sie verhindern. So eine Gelegenheit kam so schnell nicht wieder, denn ihr Mann trank kaum Alkohol.

Ohne die Sektion wäre dieser Mord sicher nicht erkannt und geahndet worden. Die Ehefrau wurde wegen Mordes verurteilt.

Kohlenmonoxidvergiftungen

Während meiner Tätigkeit als Gerichtsarzt waren tödliche Leuchtgasvergiftungen (Kohlenmonoxidvergiftungen) keine Seltenheit. Sowohl Unfälle als auch Selbsttötungen kamen relativ häufig vor, während Morde durch Leuchtgas (Stadtgas) zwar selten waren, aber vereinzelt doch beobachtet wurden. Für Selbstmorde war dieses Gas insofern geeignet, als es einmal leicht verfügbar war und zum anderen sicher wirkte und kaum Schmerzen verursachte. Unfälle kamen verhältnismäßig häufig vor, weil es damals in vielen Haushalten verwendet wurde.

Kohlenmonoxid entsteht bei der unvollständigen Verbrennung und kommt in den Abgasen von Kraftfahrzeugen vor. Außerdem war es in der DDR Bestandteil des Stadtgases. Der dem Leuchtgas aus Sicherheitsgründen beigemengte Geruchsstoff geht verloren, wenn das Gas durch Erdreich oder Mauerwerk strömt. Deshalb wird mitunter gar nicht an eine Kohlenmonoxidvergiftung gedacht.

Der Nachweis einer Leuchtgasvergiftung ist verhältnismäßig einfach. Einen Hinweis bei der Leichenschau geben zumeist die Totenflecke, die eine hellrote Färbung aufweisen. Doch nicht immer ist die Diagnose einer tödlichen Kohlenmonoxidvergiftung unproblematisch, vor allem dann nicht, wenn die Vergiftungsquelle nicht bekannt ist und auch nicht so ohne weiteres gefunden werden kann.

Eine gefährliche Arbeit

Obwohl es in der DDR im allgemeinen nicht schwierig war, eine Arbeitsstelle zu finden, war der Rentner K. doch froh, endlich eine Beschäftigung gefunden zu haben, die ihm einerseits Spaß machte und mit der er sich andererseits noch ein paar Mark zu seiner nicht gerade üppigen Rente dazuverdienen konnte. Er war Nachtwächter geworden. Zu bewachen hatte er ein ziemlich großes Abrißgelände, auf dem gebaut werden sollte. Die meisten Häuser, die hier früher einmal gestanden hatten, waren während des Krieges durch Bombenangriffe zerstört worden. Die wenigen noch erhalten gebliebenen Häuser hatte man abgerissen, um Baufreiheit zu schaffen. Es war schon eine ganze Menge Baumaterial hier gelagert worden und täglich kam neues hinzu. Bei dem chronischen Mangel an Baustoffen aller Art stieg die Gefahr von Diebstählen. Da diese in letzter Zeit erheblich zugenommen hatten, hatte sich der Baubetrieb entschlossen, einen Nachtwächter einzusetzen, der mit seinem Hund abschreckend wirken sollte.

Herbert K. ging also am Abend und in der Nacht seine Runden mit dem Hund, aber er mußte ja auch einen Ort haben, wo er sich zwischen den Rundgängen aufhalten konnte. Zunächst war hierfür eine Baracke vorgesehen, die aber nicht sehr günstig lag. Sie lag etwa 10 Minuten von der Baustelle entfernt, so daß sich die eigentliche Bewachung nur auf die Zeiten erstrecken konnte, wo der Wächter seine Rundgänge machte.

Um diese Situation zu verbessern, wurde von dem Baubetrieb eine Art Kiosk auf dem Abrißgelände aufgestellt, in dem sich der Wächter aufhalten und von dem aus er den ganzen Komplex gut übersehen konnte. Das Aufstellen von elektrischen Lampen ermöglichte eine lückenlose Überwachung und Beobachtung des Geländes. Der Wächter konnte so die Zahl seiner Runden erheblich einschränken. Natürlich war Herbert K. für diese Verbesserung dankbar. Da auch der kleine Kiosk mit elektrischem Licht versehen war, konnte er sich die langen Nachtstunden mit Lesen vertreiben, natürlich ohne die Bewachung zu vernachlässigen. Durch diese Verbesserung war seine Tätigkeit auch weniger anstrengend geworden. Und das war gut so, denn nach einigen Nächten stellte sich bei ihm ein leichter Infekt ein, wie er meinte, denn er bekam auch ohne große körperliche Anstrengungen Kopfschmerzen und ein Schwächegefühl. Während seiner Nachtschichten verstärkten sich diese Beschwerden, vor allem gegen Morgen, und er war froh, nicht mehr so viel laufen zu müssen. Aber obwohl er in den letzten Nächten nur ein- bis zweimal seine kleine Hütte verlassen hatte, waren seine Beschwerden stärker geworden. Wenn er sich dann tagsüber zu Hause hinlegte und ausruhte, wurde es wieder besser. Seine Frau riet ihm, sich doch ein paar Tage krank zu melden und einen Arzt aufzusuchen, aber davon wollte er nichts wissen. »So schlimm ist es auch nicht, es ist nur eine kleine Erkältung und dann die ungewohnte Tätigkeit während der Nacht. Daran muß ich mich erst gewöhnen. In ein paar Tagen wird das schon vorbei sein. Ich kann doch nicht gleich am Anfang krankmachen.«

Als eines morgens die Bauarbeiter wie üblich zu ihrer täglichen Arbeit auf das Gelände kamen und in die Hütte des Nachtwächters hineinsahen, bemerkten sie, daß er noch da war und schlief. Er hatte den Kopf auf seinen kleinen Schreibtisch gelegt. Eigenartig war nur, daß auch der Hund, der sonst immer sehr lebhaft war, bellte und an ihnen hochsprang, um sie zu begrüßen, noch schlief. Der Polier ging in den kleinen Kiosk hinein und klopfte dem schlafenden Nachwächter freundschaftlich auf die Schulter: »He, Alter, wach auf, dein Dienst ist um. Du verschläfst ja noch deine ganze Freizeit. Deine Frau wartet schon mit dem Frühstück auf dich.«

Doch der Nachtwächter rührte sich nicht. Jetzt fiel dem Polier auf, daß der alte Mann nicht mehr atmete. Als er am Handgelenk den Puls fühlen wollte, war da nichts. Er rief zwei seiner Leute herbei und beauftragte den einen, sofort den Notarzt zu rufen. Ein Bauarbeiter, der eine Ausbildung als Sanitäter hatte, versuchte Wiederbelebungsversuche durchzuführen, aber ohne Erfolg.

Nach kurzer Zeit kam der Arzt. Auch er konnte nur den Tod feststellen. Irgendwelche Verletzungen waren äußerlich nicht zu erkennen. »Am wahrscheinlichsten ist in dem Alter ein Herzinfarkt«, meinte der Arzt. Er gab aber auf dem Totenschein an: »Todesursache unklar, Sektion erforderlich.« Der Tote wurde dann zunächst einmal auf den Friedhof gebracht.

Die inzwischen benachrichtigte Ehefrau bestätigte, daß er in den letzten Wochen immer wieder über verschiedene Beschwerden geklagt hatte, vorwiegend über Kopfschmerzen. Auch Herzbeschwerden habe er schon mal gehabt.

Da dem Wunsche des Verstorbenen entsprechend eine Feuerbestattung erfolgen sollte, war auch hier eine Leichennachschau erforderlich, die von unserem Institut durchgeführt wurde. Natürlich spielten neben den etwas hellroten Totenflecken auch die auf dem Totenschein vom Arzt angegeben Zweifel eine beachtliche Rolle und führten dazu, daß wir eine Verwaltungssektion durchführten. Noch während der Sektion wurden wir informiert, daß auch der Hund, auf den in der ersten Aufregung keiner mehr geachtet hatte, tot in der Hütte aufgefunden worden sei.

Jetzt kamen natürlich schon vor der Untersuchung des Herzens Zweifel auf, ob es sich hier tatsächlich um einen Herzinfarkt handelte. Der gleichzeitige Tod von Mensch und Tier sprach eher dagegen. Viel mehr mußte an eine Vergiftung gedacht werden. Der Staatsanwalt wurde verständigt und die Verwaltungssektion in eine gerichtliche Sektion umgewandelt. Doch welches Gift kam hier in Betracht? Hatten die beiden etwas gegessen, von dem wir nichts wußten? Die Ehefrau sagte aus, daß ihr Mann ein paar Brote und eine Thermoskanne mit Kaffee mitgenommen hatte. Beides wurde auch im Kiosk gefunden. Die Thermoskanne war halbleer, die Brote offensichtlich noch gar nicht angerührt. Von anderen Nahrungsmitteln oder Getränken war nichts bekannt.

Bei der Sektion war äußerlich nichts auffälliges zu finden. Die Totenflecke waren unauffällig, vielleicht etwas heller als normal. Jedoch fiel die verhältnismäßig hellrote Farbe des Blutes auf. So etwas kommt sowohl bei einer Leuchtgasvergiftung als auch bei einer Blausäurevergiftung vor. Leuchtgas schied aus, denn in dem kleinen Kiosk war kein Gasanschluß vorhanden. Und wie der Tote an Blausäure oder eine ihrer Verbindungen gekommen sein sollte, war auch unklar. Das toxikologische Labor mußte die Frage der Vergiftung und die Art des möglichen Giftes klären. Die erforderlichen Blut- und Gewebeproben wurden entnommen und in das Labor geschickt.

Schon bald hatten wir das Ergebnis. Zu unserem großen Erstaunen handelte es sich doch um eine Kohlenmonoxidvergiftung. Doch wo kam das Gas her? Ein Leuchtgasanschluß bestand wie gesagt nicht. Kohlenmonoxid entsteht auch bei unvollkommener Verbrennung. Aber ein Ofen war in dem Kiosk nicht vorhanden. In Autoabgasen ist das Gas auch vorhanden, aber die kamen ebenfalls nicht in Betracht. Um ganz sicher zu gehen, daß es sich auch tatsächlich um Kohlenmonoxid handelte, wurde nochmals eine Blutprobe entnommen und untersucht. Aber das erste Ergebnis wurde bestätigt.

Als wir jetzt das Blut des Hundes untersuchten, fand sich auch hier eine relativ hohe Kohlenmonoxidkonzentration. Jetzt wurde die Luft in dem Kiosk untersucht, und zwar bei geschlossener Tür. Auch hier fand sich eindeutig Kohlenmonoxid.

Bei der Suche nach der Gasquelle kam uns der Gedanke, daß möglicherweise im Erdreich unter dem Standort des Kiosks eine Gasleitung verlaufen könnte. Es hatten ja hier früher Häuser gestanden. Und wenn das Leuchtgas durch Erde geleitet wird, geht der Geruch verloren.

Als nun mit der entsprechenden Vorsicht der Boden untersucht wurde, fand sich tatsächlich ein defektes Gasrohr, aus dem Leuchtgas ausströmte. Die Quelle der Vergiftung war gefunden. Unglücklicherweise war der Kiosk ausgerechnet an der Stelle oberhalb des Lecks aufgestellt worden, wo das Gas aus dem Boden trat, so daß es ziemlich konzentriert und völlig geruchlos durch die Ritzen des Fußbodens in den Kiosk eindringen konnte. Sicherlich hatten der Nachwächter und sein Hund schon seit Beginn der Nachtschicht in der kleinen Hütte Gas eingeatmet. Aber da die vorangegangenen Nächte relativ warm waren, hatte der alte Mann wahrscheinlich die Tür oder die Fenster geöffnet und dadurch Frischluft bekommen. In der Nacht seines Todes war es empfindlich kühl geworden, und deshalb waren Tür und Fenster geschlossen. Die Leuchtgaskonzentration in dem kleinen Raum stieg und erreichte tödliche Werte. Die Todesursache war geklärt.

Hätte man die Vermutungsdiagnose »Herzinfarkt« nicht weiter untersucht, so hätte die Gefahr bestanden, daß auch der nächste Nachtwächter in dem Kiosk sein Leben gelassen hätte.

Ein rätselhafter Leichenfund

Wie an jedem Nachmittag bei einigermaßen erträglichem Wetter machte das Rentnerehepaar W. auch heute seinen Spaziergang durch den nahe gelegenen Wald. Zwar war es nicht sonderlich warm, immerhin war es schon Ende Oktober, und die Sonne schien nur zeitweilig, aber wenn man sich entsprechend anzog, so tat Bewegung an der frischen Luft doch recht gut. Das Häuschen der beiden war nur zehn Minuten vom Wald entfernt. Seit sie Rentner waren, hatten sie es sich zur Gewohnheit gemacht, mindestens eine Stunde am Nachmittag zu laufen. Nur wenn das Wetter sehr schlecht war, wenn es in Strömen regnete, blieben sie zu Hause. Aber dann fehlte ihnen etwas.

Im Wald hatten sie ihre ganz bestimmten Routen, die sie an ihren Lieblingsplätzen vorbeiführten. Heute hatten sie die westliche Strecke gewählt, weil dieser Weg etwas windgeschützter und sonniger war als die anderen. Arm in Arm wanderten sie durch den Wald und kamen bald auch zu einer kleinen Lichtung mit einer Bank, auf der sie regelmäßig Rast machten.

So auch heute. Da in diesen Minuten gerade die Sonne hinter den Wolken hervorgekommen war und ihre wärmenden Strahlen auf die beiden Wanderer warf, blieben sie noch etwas länger sitzen. Nach einer Weile stand der Mann auf und sagte zu seiner Frau: »Du kannst noch etwas sitzen bleiben, ich gehe nur mal kurz in den Wald nach den Pilzen sehen.«

Sie wußte, was damit gemeint war, und blieb sitzen, während ihr Mann im Unterholz verschwand.

Nach wenigen Minuten hörte sie ihn schreien: »Hier liegt ja ein Toter, komm doch mal her!« Als ehemalige Krankenschwester hatte sie schon viele Tote gesehen. Sie ging in das Gebüsch, wo ihr Mann war. Er zeigte zur Erde, und da sah sie, daß dort ein Mann lag. Er war der Jahreszeit entsprechend gekleidet und trug einen grauen Übergangsmantel. Neben ihm lag eine kleine Unterarmtasche. Die Frau beugte sich zu dem Mann hinunter. Sie konnte weder den Puls fühlen noch Atmung feststellen. Als sie seinen Arm anheben wollte, merkte sie, daß er ganz steif war, die Totenstarre war also schon eingetreten. Der Mann mußte schon seit einiger Zeit tot sein. Er lag so friedlich da, als wenn er schliefe. Hier konnte keiner mehr helfen.

Die Eheleute entschlossen sich, umgehend die Polizei von ihrem Fund zu informieren. Mit schnellen Schritten gingen sie zurück, bis sie eine Telefonzelle erreichten. Als sie dem Polizisten geschildert hatten, welche Entdeckung sie im Wald machen mußten, bat er sie, bei der Telefonzelle zu warten.

Schon nach kurzer Zeit kam ein Einsatzwagen der Polizei, und das Ehepaar stieg ein. »Wir müssen noch einen Augenblick auf den Arzt warten, er kommt gleich«, sagte ein Polizist. »Er würde uns sonst im Wald nicht finden.«

Der von der Polizei benachrichtigte Arzt hatte seine Praxis geschlossen und sich sofort auf den Weg gemacht, weil er glaubte, möglicherweise noch helfen zu können. Er traf nach wenigen Minuten ebenfalls bei der Telefonzelle ein, und das Ehepaar führte die beiden Fahrzeuge über die Waldwege bis zu der Lichtung. Dann gingen sie zu Fuß zu dem Ort, an dem die Leiche noch völlig unverändert lag.

Der eine Polizist fotografierte zuerst die Fundsituation, bevor sich der Arzt an die Untersuchung des Toten machte. »Ich kann keine Verletzungen erkennen. Die Totenstarre ist schon vollständig ausgebildet. Er muß schon mehrere Stunden tot sein, vielleicht schon seit gestern. Wahrscheinlich handelt es sich um einen Herzinfarkt.«

Inzwischen hatte der zweite Polizist sich die Tasche des Toten angesehen. Er fand darin unter anderem einen Führerschein und einen Ausweis, aus dem die Personalien des Toten zu entnehmen waren. Er war 58 Jahre alt und von Beruf Kaufmann. Auch die Wohnanschrift war nun bekannt. Neben seinen Personalpapieren fanden sich auch mehrere Schachteln mit Medikamenten. Der Arzt meinte, daß es sich ausschließlich um Herz-Kreislaufmittel handelte. Damit schien sich die Annahme eines Herzinfarktes bzw. eines akuten Herzversagens zu bestätigen. Trotzdem wurde zur endgültigen Klärung der Todesursache eine Leichenöffnung angeordnet. Die Leiche wurde zu diesem Zweck in unser Institut gebracht.

Bei der Sektion am nächsten Tag war bei der äußeren Besichtigung nichts auffälliges zu erkennen. Die Kleidung war sauber, am Körper waren weder Verletzungen noch andere Veränderungen zu sehen. Lediglich die Totenflecke sahen etwas hellrot aus. Aber die Leiche hatte ja über Nacht in der Kühlzelle des Instituts gelegen, und Kälte läßt die Totenflecke hellrot erscheinen. Somit wurde diesem Befund zunächst keine weitere Bedeutung beigemessen.

Die Untersuchung der inneren Organe zeigte mäßige Einlagerungen in der Wand der Herzkranzgefäße, Zeichen eines Herzinfarktes waren am Herzmuskel nicht zu erkennen. Aber das brauchte bei einem frischen und sofort tödlichen Infarkt auch nicht der

Fall zu sein. Die Diagnose bei der Leichenschau konnte also durchaus stimmen.

Routinemäßig wurden Blut, Urin und Gewebematerial sowohl für die mikroskopische Untersuchung als auch für eine toxikologisch-chemische Analyse entnommen. Da auch dem Chemiker die Farbe des Blutes etwas hell erschien, bestimmte er zuerst den Gehalt an Kohlenmonoxid. Zu seiner großen Überraschung bekam er einen sehr hohen Wert: über 70 % – ein Wert, der eindeutig zum Tode führt. Die Todesursache war also sicherlich eine Kohlenmonoxidvergiftung und kein Herzinfarkt.

Doch wo kam das Leuchtgas her? Im Wald war weit und breit keine Leuchtgasquelle, auch Kraftfahrzeugabgase oder die Möglichkeit einer unvollständigen Verbrennung schieden aus. Bei der hohen Konzentration war ein längeres Überleben ausgeschlossen. Der Mann mußte das Kohlenmonoxid an Ort und Stelle eingeatmet haben, doch wie?

Die ganze Gegend wurde noch einmal abgesucht. Und dabei fand sich nicht allzu weit von dem Fundort der Leiche entfernt ein Plastebeutel, der den Geruch von Leuchtgas aufwies. Dieser Beutel könnte bei der Leuchtgasvergiftung eine Rolle gespielt haben. Wie, wenn er den Beutel mit Gas gefüllt und dann mit in den Wald genommen und ihn sich an der Fundstelle über den Kopf gezogen hatte? So könnte es gewesen sein.

Daß unsere Überlegungen richtig waren, erfuhren wir zwei Tage später, als seine Lebensgefährtin mit einem Abschiedsbrief bei der Polizei erschien. Sie hatte den Brief mit der Post erhalten. In diesem Brief teilte der Verstorbene den Grund für seinen Freitod mit und auch die Begehungsart.

Es war genauso, wie wir es vermutet hatten. Er hatte zu Hause den Plastebeutel mit Leuchtgas gefüllt und ihn dann zugebunden. Dann wollte er damit in den Wald gehen und sich diesen Beutel über den Kopf stülpen. Wahrscheinlich hatte der Wind den Beutel vom Kopf geweht, nachdem der Tod eingetreten war. Damit war auch in diesem Fall die Todesursache eindeutig geklärt.

Der leise Tod

Als Herbert K. am Abend kurz vor 23 Uhr von der Spätschicht nach Hause kam, wunderte er sich, daß die Wohnungstür nicht wie üblich verschlossen war, sie war nur eingeklinkt. Seine Frau war doch sonst so vorsichtig. Vielleicht war sie nur schnell in den Keller gegangen. Er ging in den Flur, zog seinen Mantel aus und hängte ihn auf einen Bügel an die Flurgarderobe. Dann rief er nach seiner Frau, aber es antwortete niemand. Er ging in die Küche, um zu sehen, ob das Abendbrot schon vorbereitet war. Das war offensichtlich nicht der Fall. Jetzt fiel ihm ein eigenartiges Rauschen oder besser ein Zischen auf und die Gasuhr tickte sehr schnell. Auch glaubte er, in der Küche Gasgeruch wahrzunehmen. Da er aber seit einigen Tagen einen starken Schnupfen hatte, war sein Geruchsvermögen erheblich eingeschränkt, und er war sich keineswegs sicher. Er sah zum Gaskocher, ob dort eine Flamme an war, aber es brannte nichts, und alle Hähne waren geschlossen. Ihm fiel nur auf, daß die beiden Töpfe, die gewöhnlich auf dem Gaskocher standen, auf den Fußboden gestellt worden waren.

Dann ging er ins Schlafzimmer, fand aber auch hier seine Frau nicht. Erst als er weiter ins Zimmer trat, sah er sie regungslos auf dem Fußboden liegen. Das zweijährige Kind lag in seinem Bettchen. Es bewegte sich nicht.

Jetzt glaubte der Mann doch ganz deutlich Gasgeruch zu bemerken. Er eilte nochmals in die Küche und sah sich den Kocher genauer an. Als er ihn etwa anhob, bemerkte er, daß der Zuleitungsschlauch unmittelbar hinter dem Gasrohr durchschnitten war. Aus diesem Schnitt strömte Gas in großen Mengen aus. Er drehte sofort den Gashahn zu und öffnete das Fenster.

Schlagartig wurde ihm alles klar. Seine Frau hatte wieder einen Selbstmordversuch gemacht wie schon einmal vor einem Jahr. Er rief sofort einen Arzt und machte zuerst bei dem Kind und dann auch bei seiner Frau Wiederbelebungsversuche.

Als nach kurzer Zeit der Arzt kam, setzte dieser die Wiederbelebungsversuche fort, die bei der Frau auch Erfolg hatten. Bei dem Kleinkind aber waren alle Versuche vergeblich. Die Frau wurde zur weiteren Behandlung in ein Krankenhaus gebracht.

Da der Verdacht einer strafbaren Handlung bestand, wurde ein Ermittlungsverfahren eingeleitet und eine gerichtliche Sektion des Kleinkindes angeordnet. Der Ehemann hatte ausgesagt, daß das Kind in den letzten Tagen krank gewesen sei und ziemlich hohes Fieber gehabt habe. Außerdem habe es kaum etwas gegessen und laufend erbrochen. Unter diesen Bedingungen mußte natürlich die Todesursache eindeutig geklärt werden.

Die am nächsten Tag durchgeführte Sektion ergab jedoch eindeutig eine Kohlenmonoxidvergiftung als Todesursache.

Als sich der Zustand der Frau nach einigen Tagen soweit gebessert hatte, daß sie befragt werden konnte, gab sie an, sich an nichts erinnern zu können. Sie habe an dem Tag reichlich Schlaftabletten zu sich genommen und sei deshalb etwas benommen gewesen. Es waren rezeptfreie Tabletten, die sie schon lange einnehme. Wenn sie etwas am Gas gemacht haben sollte, so sei daß in einem willenlosen Zustand erfolgt. Auf keinen Fall habe sie ihr Kind töten wollen. Es sei doch ihr ein und alles gewesen. Auf die Frage, wieviel Tabletten sie genommen habe, gab sie 4 bis 5 an.

Bei einer weiteren Befragung sagte sie dann aber, daß sie in letzter Zeit erhebliche Probleme gehabt habe. Sie sei mit dem Haushalt nicht mehr fertig geworden. Zudem habe sich ihr Mann nicht mehr um sie gekümmert. Er habe eine Freundin und beabsichtige, sich von ihr zu trennen.

Deshalb wollte sie aus dem Leben scheiden. Daß sie den Gasschlauch durchgeschnitten habe, gab sie jetzt zu. Zuerst wollte sie ihn vom Rohr abziehen, aber das gelang nicht. Weil sie den Kocher dabei ankippen mußte, hat sie die beiden Kochtöpfe, die darauf standen, auf den Boden gestellt. Da aber auch dann das Abziehen des Schlauches nicht gelang, habe sie ihn mit einer Schere durchgeschnitten und den Hahn voll aufgedreht. Sie gab auch zu, daß sie ihr Kind mit in den Tod nehmen wollte, und zwar aus Liebe und Mitleid. Keinesfalls habe sie das kleine Kind allein bei ihrem Mann zurücklassen wollen.

Im Rahmen des Ermittlungsverfahrens wurde die Beschuldigte psychiatrisch untersucht. Eine verminderte Schuldfähigkeit wurde nicht zuerkannt, auch durch die von der Täterin angegebene Einnahme der Schlaftabletten nicht.

Die Beschuldigte wurde wegen Totschlags zu einer Freiheitsstrafe verurteilt.

Liebesspiele im Wald

Es war tiefer Winter, seit Wochen schon lag im Gebirge eine geschlossene Schneedecke, und es schneite immer wieder. So viel Schnee hatte es schon lange nicht mehr gegeben. Im Wald suchte das Wild vergeblich nach Nahrung. Deshalb waren die von der Försterei eingerichteten Futterstellen besonders wichtig.

Jeden Morgen gingen Waldarbeiter in den Forst und füllten sie. Sie kamen auf ihrem Weg immer an einer Waldschneise vorbei. Hier stand seit zwei Tagen ein Pkw. Er war schon ziemlich eingeschneit und fiel in der Schneelandschaft kaum auf. Da er heute nun schon den dritten Tag dastand, trat einer der Waldarbeiter hinzu, um zu sehen, was mit dem Fahrzeug los war. Natürlich gab es auch im Winter Leute, die gern einen Waldspaziergang machten und deshalb mit dem Wagen in den Wald fuhren. Aber man läßt seinen Wagen doch nicht drei Tage unbeaufsichtigt im Wald stehen. Vielleicht hatte er einen Defekt und sprang nicht an. Aber auch dann hätte sich nach dieser Zeit der Besitzer darum kümmern können.

Zunächst war es dem Arbeiter unmöglich, in das Auto hineinzusehen, denn die Scheiben waren auch noch vereist, nachdem er den Schnee zur Seite geschoben hatte. Er mußte sich erst ein Loch frei kratzen.

Was er nun sah, erfüllte ihn mit Entsetzen, obwohl er schon einiges gewöhnt war. Auf den Vordersitzen lagen ein Mann und eine Frau. Beide waren nahezu unbekleidet und schienen tot zu sein. Der Arbeiter rief seine Kollegen. Sie kamen auf seinen aufgeregten Ruf hin herbeigelaufen und sahen ebenfalls in den Wagen hinein. Einer faßte an die Fahrertür. Sie war zu. Die Beifahrertür ließ sich zunächst auch nicht öffnen, als aber einer der Arbeiter heftig daran zog, ging sie auf. Sie war offensichtlich nur eingefroren gewesen. Es stellte sich dann heraus, daß auch die Fahrertür bloß eingefroren war und nun gewaltsam geöffnet werden konnte.

Die beiden Personen in dem Wagen waren tot. Die Körper waren eiskalt und völlig durchgefroren. Deshalb ließen sich auch die Gliedmaßen nicht bewegen. Beide waren kaum bekleidet. Die Frau hatte nur einen Büstenhalter an, der Mann trug ein Ober- und ein Unterhemd. Die übrigen Kleidungstücke lagen auf den Hintersitzen.

»Die sind erfroren«, meinte einer der Arbeiter. »Wer zieht sich auch im Winter tief im Wald aus.«

Hier konnte man nicht mehr helfen. Einer der Arbeiter lief zurück zur Försterei, um die Polizei zu informieren, während die anderen beiden bei dem Wagen warteten. Nach einer halben Stunde kam die Polizei. Sie hatte Schwierigkeiten gehabt, mit dem Wagen durch den hohen Schnee zu fahren. Ein Arzt war auch mitgekommen. Er stellte den Tod fest und nahm als Todesursache Erfrieren an. Dann nahm der Kriminaltechniker seine Arbeit auf, während die Leichen in das nächste pathologische Institut gebracht wurden. Die Identität der beiden konnte ohne Schwierigkeiten festgestellt werden, da beide ihren Personalausweis bei sich hatten. Wie sich daraus ergab, waren sie zwar verheiratet, aber nicht miteinander. Nach der Fundsituation mußte angenommen werden, daß sie in den Wald gefahren waren, um sich ungestört zu lieben. Wieso sie dabei erfroren sind, war noch unklar.

Da eine gerichtliche Sektion der beiden Toten angeordnet wurde, fuhren wir am nächsten Tag hin und machten uns an die Arbeit. Einen Tag mußten wir warten, da die Leichen noch völlig durchgefroren waren und eine Sektion kaum möglich war.

Es fanden sich keinerlei Verletzungen. Die Farbe der Totenflecke und des Blutes war hellrot, aber das war bei dem langen Aufenthalt in der Kälte nicht verwunderlich. Sonst fanden sich keine krankhaften Befunde, Erfrieren war als Todesursache am wahrscheinlichsten.

Routinemäßig wurden das Blut und die Organe auf Gifte untersucht, so auch auf Kohlenmonoxid. Und da stellte sich heraus, daß beide sehr hohe Werte von CO-Hb hatten. Ganz zweifellos war das die Todesursache. Die beiden waren an einer Kohlenmonoxidvergiftung gestorben. Das Kohlenmonoxid konnte nur aus den

Abgasen des Motors stammen. Doch wie kam das Gas in das Wageninnere? Es war ein Wagentyp, der den Motor hinten hatte. Wir nahmen zunächst an, daß der Fahrer wegen der Kälte den Motor hatte laufenlassen und daß sich an der Auspuffanlage eine undichte Stelle befand, durch die Abgase in das Wageninnere gelangen konnten. Um das zu klären, sahen wir uns den Wagen noch einmal an. Doch wie uns von den Mechanikern versichert wurde, war die Auspuffanlage intakt. Der Wagen älteren Typs hatte überdies noch keine durch den Motor betriebene Heizung. Deshalb hatte der Besitzer sich selbst eine Heizung in das Fahrzeug eingebaut, die er mit Propangas betrieb. Eine Propangasflasche war im Kofferraum untergebracht. Sie war allerdings zum Zeitpunkt der Untersuchung völlig leer. Wie sich bei weiteren Nachforschungen herausstellte, funktionierten die Brenner nicht richtig. Es bildete sich infolge der unvollständigen Verbrennung Kohlenmonoxid in nicht unbeträchtlicher Menge. Ein großer Teil gelangte in das Wageninnere. War der Wagen in Fahrt, war die Konzentration nicht so hoch, weil offenbar durch den Luftzug sowohl Frischluft in den Wagen gelangte als auch Abgase wieder entfernt wurden. Aber wenn der Wagen stillstand, kam sehr bald die Kohlenmonoxidkonzentration im Fahrgastraum in gefährliche Bereiche. Und das war am Todestag des Liebespaares sicherlich der Fall gewesen.

Wie die Ermittlungen ergaben, waren die beiden Arbeitskollegen. Im Betrieb war bekannt, daß sie schon seit längerer Zeit ein Verhältnis miteinander hatten und des öfteren gemeinsam mit dem Wagen wegfuhren.

Blausäurevergiftungen

Ein sehr stark und schnell wirkendes Gift ist die Blausäure (Zyanwasserstoff). Sie ist eines der stärksten Enzymgifte. Blausäure verbindet sich mit dem eisenhaltigen Atmungsenzym der Zelle, die dadurch ihrer Fähigkeit beraubt wird, Sauerstoff aufzunehmen. Der im Blut enthaltene Sauerstoff kann deshalb nicht an das Gewebe abgegeben werden, es kommt zur inneren Erstickung (Zellerstickung). Wegen der momentanen Blockie-

rung der Zellatmung kommt es bei Aufnahme einer tödlichen Dosis zum nahezu schlagartigen Zusammenbrechen des Vergifteten, häufig stößt er dabei einen letzten Schrei aus.

Blausäure hat einen charakteristischen bittermandelähnlichen Geruch, der aber von manchen Menschen nicht wahrgenommen wird. In der Natur kommt Blausäure in bitteren Mandeln und den Kernen einiger Steinobstarten vor, allerdings in relativ geringer Menge.

Von den Salzen der Blausäure haben vor allem das Kalium- und das Natriumzyanid eine hochgiftige Wirkung.

Mit Blausäure wurden während des Zweiten Weltkriegs in den faschistischen Vernichtungslagern Millionen von Menschen vergast. Der für das Gift verwendete Decknahme war Zyklon B. Es erscheint wie das Wirken eines geheimnisvollen Rächers, daß sich auch die meisten der hierfür verantwortlichen faschistischen Führer wie Hitler, Göring, Göbbels, Himmler u. a. ebenfalls mit Blausäure umgebracht haben.

Neben der Anwendung als Schädlingsbekämpfungsmittel spielt Blausäure in der galvanischen Industrie sowie als Zwischenprodukt bei der Herstellung bestimmter Kunststoffe eine Rolle. Bei der Verbrennung dieser Kunststoffe kann sie in erheblicher Menge freigesetzt werden.

Wegen ihrer schnellen und sicheren Wirkung ist Blausäure als Selbstmordgift verbreitet, vor allem bei Personen, die beruflich Zugang zu diesem Gift haben. Bei dieser Gruppe kommen auch tödliche Unfälle vor. Aber auch bei der Bekämpfung von Bränden, bei denen bestimmte Kunststoffe entflammt wurden, kommt es mitunter zu tödlichen Unfällen, wenn dieser Gefahr nicht Rechnung getragen wird.

Brand in einem Großbetrieb

In den frühen Morgenstunden gellten die Sondersignale der Feuerwehr und der Polizei durch die Stadt und schreckten die Bürger aus dem Schlaf. Da muß etwas Schlimmes passiert sein, dachten die meisten, denn ein so großes Aufgebot an Löschzügen deutete auf einen Großbrand hin. Schon bald wurde bekannt, daß in einem Betrieb der Stadt in den frühen Morgenstunden ein Brand ausgebrochen war. Es hatte Verletzte und einige Tote gegeben.

Als ich morgens ins Institut kam, wurde mir schon an der Pforte mitgeteilt, daß drei Leichen von der Brandstelle ins Institut gebracht worden waren. Der Staatsanwalt hatte gerichtliche Sektionen angeordnet. Im Sektionssaal war schon alles vorbereitet worden, zu dieser Zeit wurden die Leichen wie bei uns üblich vor der Obduktion fotografiert.

Ich ging gar nicht erst in mein Zimmer, sondern wollte mir sofort die Leichen ansehen. Von Verbrennungen war nichts zu sehen, es handelte sich wohl eher um eine Rauchgasvergiftung. Doch mir fiel ein typischer Bittermandelgeruch auf. Zum Glück gehöre ich nicht zu den Menschen, die diesen Geruch nicht wahrnehmen können. Doch bevor ich noch etwas sagen konnte, fing einer der Sektionsgehilfen, die mit den Leichen beschäftigt waren, an zu schwanken. »Mir wird schlecht«, stöhnte er. Er wurde sofort an die frische Luft gebracht, wo er sich nach wenigen Minuten wieder erholte. Nur Kopfschmerzen blieben noch eine Weile bestehen. Sicherheitshalber wurde er in eine entsprechende Klinik zur Untersuchung gebracht.

Die Räume wurden sofort kräftig gelüftet, bevor weitere Untersuchungen durchgeführt wurden. Wie sich herausstellte, waren bei dem Großbrand auch Kunststoffmaterialien in Brand geraten, dabei kann Zyanwasserstoff entstehen. Der Brand war in den frühen Morgenstunden in einem Lagerraum ausgebrochen. Die Mitarbeiter der Nachtschicht hatten zwar sofort, nachdem sie den Brand bemerkten, die Feuerwehr verständigt, aber zunächst selbst mit eigenen Mitteln begonnen, den Brand zu löschen, wobei sie versuchten, soweit wie möglich an den Brandherd heranzukommen. Es gelang aber nicht, der Brand breitete sich trotz des verzweifelten Einsatzes der Betriebsangehörigen weiter aus. Erst als die Feuerwehr kam und die Brandbekämpfung übernahm, zogen sich die Betriebsangehörigen zurück. Alle klagten über starke Kopfschmerzen und große Übelkeit.

Als die Feuerwehr weiter in die brennende Halle vordrang, entdeckte sie zwei am Boden liegende Arbeiterinnen. Sie wurden sofort geborgen, aber jede Hilfe kam zu spät. Da sie weder Verletzungen noch Verbrennungen aufwiesen, wurde zunächst an eine Rauchgasvergiftung gedacht. Wenig später fand sich noch eine dritte Arbeiterin, die ebenfalls tot war. Es waren die drei Leichen, die dann ins Institut gebracht worden waren.

Die im Anschluß an die Sektion durchgeführte chemisch-toxikologische Untersuchung ergab eindeutig eine tödliche Blausäurevergiftung. Verursacht wurde sie durch Dämpfe, die sich bei dem Brand gebildet hatten.

An den Beeinträchtigungen des Sektionsgehilfen zeigte sich, wie stark die Konzentration an Blausäuregas in den Kleidern von Toten sein kann, die einige Zeit in einer Blausäureatmosphäre gelegen haben.

Alkoholvergiftung

Ein wichtiges Spezialgebiet der Toxikologie ist die Feststellung der Blutalkoholkonzentration, da bei vielen Straftaten der Alkohol eine auslösende oder die Handlung beeinflussende Rolle spielt. Auch für die Beurteilung der Schuld spielt die Höhe der Blutalkoholkonzentration eine wichtige Rolle. Ferner kann die Frage, ob bei einer bestimmten Blutalkoholkonzentration überhaupt noch mehr oder weniger komplizierte Handlungen ausgeführt werden können, für die Aufklärung einer Straftat sehr wichtig sein. Die unheilvolle Bedeutung des Alkohols für den Straßenverkehr ist allgemein bekannt, ebenso sein verhängnisvoller Einfluß auf das Zustandekommen von Arbeitsunfällen.

Blutalkoholbestimmungen spielten immer eine wichtige Rolle und wurden in den ersten Jahren meiner Tätigkeit im Jenaer Institut von einem Arzt vorgenommen. Später erfolgte die chemisch-toxokologische Bestimmung der Blutalkoholkonzentration durch einen Chemiker, während die medizinische Bewertung der alkoholischen Beeinflussung einem Arzt vorbehalten blieb. So habe ich es dann auch in den anderen Instituten, die ich leitete, gehalten. Da wir die Blutalkoholuntersuchungen für den ganzen Einzugsbereich des jeweiligen Instituts durchführten, kam eine relativ große Zahl an Untersuchungen zusammen.

Auch als Todesursache spielte die Alkoholvergiftung eine Rolle, wobei damals noch Werte um 3 Promille oder auch etwas darüber als tödlich angesehen wurden. Heute wissen wir, daß auch wesentlich höhere Blutalkoholwerte überlebt werden können. In unserem Leipziger

Untersuchungsmaterial fand sich ein Wert von 6,78 Promille, der allerdings unter klinischer Behandlung überlebt wurde. In der Literatur sind noch höhere Werte beschrieben worden. Der höchste, mir in meiner beruflichen Tätigkeit bekannt gewordene Blutalkoholwert, der allerdings tödlich endete, lag über 16 Promille. Es handelte sich um die versehentliche Infusion von reinem Alkohol. In der Klinik hatte die Schwester bei einer Patientin beim Nachfüllen des Infusionsgefäßes die Flasche verwechselt und statt physiologischer Kochsalzlösung reinen Alkohol nachgefüllt. Der Irrtum wurde erst bemerkt, als der Kreislauf zusammenbrach und der Tod eintrat.

In einem anderen Fall, der uns zunächst sehr viel Kopfzerbrechen bereitet hatte, spielte ebenfalls ein außergewöhnlich hoher Blutalkoholwert eine Rolle.

Ein rätselhafter Unfall

In einer Stadt des Nachbarbezirks war eine gerichtliche Sektion bei einem Verkehrsunfall mit Fahrerflucht angeordnet worden. Das diensthabende Sektionsteam fuhr also dorthin und führte die Obduktion durch. Es handelte sich um die Leiche eines Mannes, der vor zwei Tagen nachts auf der Autobahn unmittelbar neben der Fahrbahn tot aufgefunden worden war. An der Auffindestelle verlief eine Brücke über die Autobahn. Es mußte geprüft werden, ob der Mann auf der Autobahn angefahren und dann liegengelassen worden war, es sich demnach um einen Unfall mit Fahrerflucht handelte, oder ob er von der Brücke gestürzt war.

Die Sektion ergab eine schwere Kopfverletzung. Es fanden sich massive Trümmerbrüche am Schädel, die ihrem Aussehen nach eher für einen Sturz sprachen. Ein Wegschleudern des Körpers durch ein Fahrzeug war aber auch nicht sicher auszuschließen, zumal sich an der Leiche ein Schlüsselbeinbruch und Rippenbrüche sowie ein Bruch des rechten Oberarmknochens feststellen ließen. Da bei der Sektion der Leiche ein deutlicher Alkoholgeruch auffiel, wurden Blut und Urin zur Alkoholbestimmung entnommen und mit ins Institut gebracht. Die Identität des Toten war bekannt, er wohnte in einem nicht weit von der Fundstelle entfernten Dorf.

Als am nächsten Tag das Ergebnis der Blutalkoholbestimmung vorlag, waren alle Beteiligten über das Resultat außerordentlich überrascht. Wegen des außergewöhnlich hohen Wertes wurde ich sofort vom Ergebnis dieser Untersuchung in Kenntnis gesetzt. Die Blutalkoholkonzentration betrug über 12 Promille. Zunächst dachte ich wie alle anderen auch, daß hier ein Fehler bei der Untersuchung oder bei der Blutabnahme unterlaufen war. Wenn etwa das Blut in einem mit Alkohol verunreinigten Gefäß aufgefangen wurde, kann ein solch hoher Wert entstehen.

Aber die Überprüfung des Ablaufes der Sektion und der Blutentnahme ergab keinen Hinweis für einen derartigen Fehler. Alle Beteiligten versicherten, daß die Sektion und die Blutentnahme mit der üblichen Vorsicht durchgeführt worden waren. Es wurde dann eine Alkoholbestimmung in dem asservierten Organmaterial vorgenommen, die einen ähnlich hohen Wert ergab.

Wie wir durch eine telefonische Rückfrage in Erfahrung bringen konnten, war der Tote noch nicht beigesetzt. Die Leiche lag noch auf dem Friedhof. Ich schickte sofort einen Arzt und einen Sektionsassistenten los, um eine zweite Blutentnahme zur Kontrolle durchzuführen. Zu unserem Erstaunen war auch in dieser zweiten Probe ein ähnlich hoher Wert nachweisbar. Wir mußten also davon ausgehen, daß unsere ersten Untersuchungsergebnisse richtig waren. Doch wie konnte ein so extrem hoher Alkoholwert zustande kommen? Wie war der Verstorbene überhaupt mit so einer unvorstellbar hohen Alkoholkonzentration an die Fundstelle gekommen? Leere Flaschen waren im Bereich des Fundortes nicht gefunden worden. Doch dann klärte sich der Vorgang durch zusätzliche Ermittlungen und die Befragung mehrerer Zeugen relativ schnell auf. Es stellte sich heraus, daß der Verstorbene vor seinem Tod noch in einer nahe gelegenen Gaststätte gewesen war und dort mehrfach Selbstmordabsichten geäußert hatte. Da er aber schon etwas angetrunken war, hatte keiner der übrigen Gäste dieses Gerede ernst genommen. Nach einiger Zeit hat er dann die Gaststätte wieder verlassen, nachdem er sich noch einige Flaschen Branntwein zum Mitnehmen gekauft hatte. Die anderen Gäste hatten angenommen, daß er nach Hause gegangen war, um dort weiterzutrinken. Als sie am nächsten Tag von dem Tod des Mannes hörten, haben sie vermutet, daß er in betrunkenem Zustand auf die Autobahn gelaufen ist. Wegen seiner am Vorabend geäußerten Selbstmordabsichten hielten sie es sogar für möglich, daß er sich in selbstmörderischer Absicht vor ein Fahrzeug geworfen hat.

Die nochmalige intensive Untersuchung der Fundstelle und ihrer weiteren Umgebung, einschließlich der über die Autobahn führenden Brücke, machte aber einen anderen Ablauf wahrscheinlicher. Auf der Brücke fanden sich nämlich noch die in der Gaststätte gekauften Schapsflaschen. Sie waren leer, nur in einer war noch reichlich die Hälfte des Inhaltes vorhanden.

Nun stellte sich der Ablauf so dar: Der Verstorbene hatte tatsächlich in selbstmörderischer Absicht die Gaststätte verlassen und war mit den gerade gekauften alkoholischen Getränken zu der Brücke gegangen. Dort hatte er sich so auf das Geländer gesetzt, daß die Beine nach außen baumelten. In dieser Haltung hatte er die Flaschen bis auf eine leer getrunken. Durch die hohe Alkoholanflutung ist er sehr schnell bewußtlos geworden und nach vorn von der Brücke auf die Autobahn gefallen.

Es war also ein Selbstmord und kein Unfall mit Fahrerflucht. Die schon eingeleitete Suche nach einem Unfallfahrzeug konnte eingestellt werden.

Bei einer Reihe von Todesfällen spielte auch Methylalkohol eine Rolle. Vor allem kam es in den ersten Nachkriegsjahren bei Angehörigen der russischen Besatzungsmacht immer wieder vor, daß sie Alkohol unbekannter Herkunft tranken und dabei auch an Methylalkohol o. ä. gerieten.

Auch haben wir einmal eine tödliche Vergiftung mit Propylalkohol erlebt, als eine Frau in größeren Mengen Haarwasser getrunken hatte, das auf der Basis von Propylalkohol hergestellt war. Sie war an einem Fluß noch lebend aufgefunden worden. Der Körper lag zwar im Wasser, aber der Kopf war frei. Als sie von dort weggebracht wurde, öffnete sie kurz die Augen und fragte: »Wo bin ich?« Dann wurde sie wieder bewußtlos. Im Krankenhaus nahm man eine Schlafmittelvergiftung an und behandelte entsprechend. Noch in der gleichen Nacht verstarb die Patientin.

Bei einer nicht von uns durchgeführten Leichenöffnung wurden Blut und Organmaterial entnommen und wegen des Vergiftungsverdachtes zur Analyse in unser Institut gesandt. Wir untersuchten zunächst auftragsgemäß auf Schlafmittel, konnten aber keine feststellen. Wegen eines etwas auffälligen Alkoholgeruches der Organe wurde auch auf Alkohol untersucht und n-Propylalkohol nachgewiesen.

Wie wir dann erfuhren, hatte die Patientin schon früher Selbstmordversuche unternommen. Ob es sich auch diesmal um einen Selbstmordversuch gehandelt hat oder ob sie das Haarwasser, das sie in der letzten Zeit in relativ großen Mengen gekauft hatte, als Ersatz für Alkohol zu sich nahm, war im nachhinein nicht mehr festzustellen.

Auch Vergiftungen anderer Art spielten in den Nachkriegsjahren eine wichtige Rolle, da bei der herrschenden Lebensmittelknappheit alles mögliche gegessen und getrunken wurde. Teilweise waren diese »Lebensmittel« auf dem Schwarzmarkt erworben und vom Verkäufer mit allen möglichen ungeeigneten Substanzen »gestreckt« worden. So sind mir noch mehrere Fälle in Erinnerung, wo Speiseöl mit technischen Ölen vermischt worden war, was zu schweren Vergiftungen sowohl mit Todesfolge als auch mit bleibenden Lähmungen geführt hatte.

Kapitel 7

Sexualverbrechen

Ein nicht geringer Teil von Straftaten wird aus mehr oder weniger deutlich erkennbaren sexuellen Motiven begangen. Nicht immer ist jedoch der sexuelle Hintergrund schon auf den ersten Blick erkennbar. Der Gerichtsarzt muß deshalb auch auf dem Gebiet der forensischen Sexualpathologie Bescheid wissen, um solche versteckten sexuellen Motive erkennen zu können.

Neben den sexuell motivierten Tötungsdelikten gibt es Fälle von sexuellen Handlungen, die durch Anwendung oder Androhung von Gewalt erzwungen oder an wehrlosen oder geisteskranken Personen vorgenommen worden sind. Bei den Opfern einer Vergewaltigung gilt es in erster Linie, Spuren eines sexuellen Mißbrauches nachzuweisen. Dies gelingt um so eher, je früher die Betroffenen nach der Tat gründlich untersucht werden können. Es ist nicht immer einfach zu beantworten, ob eine sexuelle Handlung gegen den Willen des Opfers vorgenommen worden ist. So kann die Abwehr eines Opfers erfolgen, um die Ablehnung jeglicher sexuellen Intimität konsequent anzuzeigen. Es gibt aber auch Fälle, bei denen sich das Opfer wehrt, obwohl es die sexuelle Annäherung wünscht. Seine Abwehr soll demonstrieren, daß es über Anstand und gute Erziehung verfügt und nicht mit einer Prostituierten gleichgesetzt werden kann.

Aber nicht nur bei den Opfern, sondern auch bei Tätern können Hinweise auf verbotene sexuelle Handlungen gefunden werden, z. B. Verletzungen, die das Opfer dem Täter zufügte oder Spuren des Opfers, wie Kleidungsfasern, Haare o. ä., die auf den Täter übertragen wurden. Da nicht selten oberflächliche Verletzungen wie Kratzer oder Hautabschürfungen eine große Aussagekraft besitzen, diese aber andererseits schnell und ohne Narben abheilen, ist auch hier eine möglichst frühzeitige Untersuchung wünschenswert.

Neben den gewaltsamen sexuellen Übergriffen spielen noch eine Reihe mehr oder weniger abartiger sexueller Handlungen eine Rolle, die auch unter Strafe gestellt sind wie etwa der Exhibitionismus, das Entblößen und das Zurschaustellen der eigenen Geschlechtsteile in der

Öffentlichkeit, oder der Diebstahl von weiblichen Kleidungsstücken bei Fetischisten.

Auch masochistische oder noch häufiger sadistische Handlungen können zu rechtlichen Konsequenzen führen, vor allem wenn diese Handlungen zwar im Rahmen eines in gegenseitigem Einverständnis durchgeführten Geschlechtsverkehrs erfolgen, aber gegen den Willen des Partners begangen werden und hierdurch Verletzungen entstehen. Vor allem die extremste Form des Sadismus, der Lustmord, muß hier besonders hervorgehoben werden. Er kommt zwar sehr selten vor, aber oft wird der Täter, wenn er nicht gefunden wird, zum Serienmörder. Der Lustmord unterscheidet sich vom eigentlichen Sexualmord (oder besser Mord aus sexuellen Motiven) dadurch, daß durch die Tötung selbst die sexuelle Erregung ausgelöst bzw. befriedigt wird, während der Mord aus sexuellen Motiven eine sexuelle Handlung erst ermöglichen oder verdecken soll. Der Lustmörder jedoch findet seine Befriedigung durch den Mord selbst. Es kommt manchmal gar nicht zu eigentlich sexuellen Handlungen. Andererseits kann die durch den Mord ausgelöste sexuelle Erregung so hochgradig sein, daß der Täter die Leiche wahllos zerstückelt und in einen wahren Blutrausch gerät.

Eine zufällige Begegnung

Es war ein schöner Frühlingstag. Die Sonne schien seit den frühen Morgenstunden von einem wolkenlosen Himmel herab, die Blätter der Bäume regten sich im Wind. Das frische Grün der Bäume und Sträucher zeigte so recht, daß es Frühling war und das Leben in der Natur allenthalben erwachte. Es war so ein Tag, an dem wer kann die Stadt verläßt und den Weg in die freie Natur sucht. Doch nicht jeder konnte das, die Mehrzahl der Menschen mußte arbeiten, denn es war ein ganz normaler Werktag. Im Institut wurden diejenigen beneidet, die zu einer Außensektion mußten, denn sie konnten über Land fahren.

Der Dienstwagen mit der Sektionsbesatzung war gerade losgefahren, als telefonisch ein sogenannter »Ausrücker« gemeldet wurde. Die Kriminalpolizei forderte den diensthabenden Gerichtsarzt des Institutes zu einer Fundortbesichtigung an.

In einem Waldgebiet nahe der Stadt war eine weibliche Leiche gefunden worden. Nach der Auffindesituation zu urteilen, schien es sich um ein Verbrechen zu handeln, und die Mordkommission war verständigt worden, die den diensthabenden Gerichtsarzt gleich mitnehmen wollte. Der machte sich also bereit, und schon nach wenigen Minuten war das Einsatzfahrzeug der Polizei da und holte ihn ab.

Die Leiche war von zwei Spaziergängern hinter Büschen versteckt gefunden worden. Sie hatten sofort die örtliche Polizei verständigt, die auch umgehend am Fundort erschienen war und ihn absperrte und sicherte, damit keine Veränderungen vorgenommen werden konnten.

Die Kleidung des etwa achtzehn- bis zwanzigjährigen Mädchens war zerschnitten bzw. so verschoben, daß die Brüste entblößt waren. Auch der Unterkörper war teilweise enthüllt, die Geschlechtsteile selbst waren jedoch bedeckt. In der Nähe des Leichenfundortes lag ein Damenfahrrad auf dem Boden. Es wies keinerlei Beschädigungen auf, lediglich der Lenker war etwas verdreht. Da es sich offensichtlich um ein Tötungsverbrechen mit sexuellem Hintergrund handelte, wurde von dem mit anwesenden Staatsanwalt eine gerichtliche Sektion angeordnet und die Leiche ins Institut gebracht, wo sie noch am gleichen Tag obduziert wurde.

Die Identität des Opfers war zu Beginn der Sektion noch nicht bekannt, wurde aber im Verlauf der Untersuchungen ermittelt und uns mitgeteilt. Danach handelte es sich um ein achtzehnjähriges Mädchen, das in einem Ortsteil wohnte, der nicht allzu weit von der Fundstelle entfernt lag. Eine Vermißtenmeldung lag noch nicht vor, da die Mutter geglaubt hatte, daß sich ihre Tochter bei einer Freundin aufhalte.

Wie die Untersuchung zeigte, waren am Hals des Mädchens deutliche Würgemale zu erkennen, aus dem Mund quoll Schaum, so daß an der Todesursache kein Zweifel bestand. Es handelte sich um einen Erstickungstod durch Erwürgen. Das Ersticken wurde durch typische Befunde an den inneren Organen bestätigt. Verschiedene Kratzer im Gesicht, an den Armen und an der Innenseite beider Oberschenkel wiesen darauf hin, daß das Mädchen sich heftig gewehrt hatte. Besonders auffällig waren Verletzungen an den Brüsten. An der linken Brust war die Brustwarze entfernt. An Stelle der Brustwarze und des Warzenhofes fand sich ein rundlicher Hautdefekt. Ähnliche Verletzungen fanden sich auch an der rechten Brust unterhalb der Brustwarze, die auf dieser Seite noch vorhanden war.

Die Kratzer am Gesäß und an der Rückseite der Waden entstanden wahrscheinlich, als das junge Mädchen mit angehobenem Oberkörper ein paar Meter über den Waldboden geschleift worden war.

Etwas war sehr auffällig. All diese Schürf- und Kratzverletzungen wiesen eindeutig vitale, das heißt zu Lebzeiten entstandene Reaktionen auf. Die Schnittverletzungen an den beiden Brüsten hingegen wiesen diese vitalen Reaktionen nicht auf und waren ihrem Aussehen nach wahrscheinlich erst einige Zeit nach dem Tod entstanden.

Hinweise auf einen vollendeten Geschlechtsverkehr ergaben unsere Untersuchungen nicht.

Aus diesen bei der Sektion erhobenen Befunden war abzuleiten, daß das Mädchen vom Fahrrad zu Boden gestoßen worden war. Als sie am Boden lag und der oder die Täter versuchten, ihr den Schlüpfer herunterzuziehen, hatte sie sich offensichtlich heftig gewehrt, wie die Verletzungen zeigten. Dann muß sie bis zum Todeseintritt gewürgt worden sein. Unmittelbar danach ist sie dann ein Stück über den Boden geschleift worden. Zu einem wesentlich späteren Zeitpunkt sind ihr die Schnittverletzungen an den Brüsten beigebracht worden, wobei die linke Brustwarze völlig abgetrennt worden ist. Wie die Beschaffenheit dieser Schnittwunden erkennen ließ, sind die Schnitte mit einer Schere ausgeführt worden, die relativ kurze und vor allem etwas gebogene Branchen hatte. Unmittelbar nach der Sektion durchgeführte Versuche mit einer solchen Schere erzeugten das gleiche Verletzungsbild wie bei der Toten. Diese Verletzungen wiesen auf ein abwegiges Sexualverhalten des Täters hin.

Die Untersuchungen zur Bestimmung des Todeszeitpunktes hatten ergeben, daß der Tod mit größter Wahrscheinlichkeit in den Nachmittagsstunden des Vortages eingetreten war. Vor allem war neben den üblichen Bewertungen der Leichenveränderung wie Totenflecke und Totenstarre die Beurteilung des Mageninhaltes von Bedeutung, denn die Zeit der letzten Mahlzeit konnte ziemlich genau ermittelt werden. So konnte der Verdauungszustand des Mageninhaltes mit zur Beurteilung der Todeszeit herangezogen werden.

Nach Bekanntwerden der Identität der Toten stellte sich heraus, daß sie am Vortag mittags auf dem Weg zu ihrer Wohnung das letzte Mal gesehen worden war. Sie hatte zu Hause zu Mittag gegessen und dann offensichtlich die Wohnung mit ihrem Fahrrad verlassen.

Wer war ihr Mörder und wo war sie ihm begegnet? War es ein Bekannter, und hatte sie sich möglicherweise mit ihm verabredet? Oder war es ein völlig Fremder, dem sie zufällig begegnet war? Fragen, die am Beginn der Ermittlungen zwar aufgeworfen wurden, aber naturgemäß noch nicht beantwortet werden konnten. Natürlich liefen die Ermittlungen auf Hochtouren. Schon bald waren die vielen Befragungen von einem gewissen Erfolg gekrönt. Ein älteres Ehepaar, das des öfteren nachmittags im Wald spazierenging, hatte von weitem das Mädchen auf dem Fahrrad gesehen. Da sie in dem gleichen Ortsteil wohnten, kannten sie es vom Sehen. Und sie hatten etwas später auch gesehen, wie ein junger Mann kurz darauf den gleichen Weg gegangen war. Auch den kannten sie vom Sehen und konnten ihn recht gut beschreiben.

Nun setzte die Suche nach diesem jungen Mann ein, und nach zwei Tagen wurde er durch einen Zufall auch gefunden. Ein Briefträger, der befragt wurde, erzählte von einem Freund, den er an dem betreffenden Tag bis zum Waldrand begleitet und dann verabschiedet hatte. Er konnte auch recht gute Angaben zu dem Zeitpunkt machen, wo sie auseinander gegangen waren. So war es nur eine Frage der Zeit, bis dieser junge Mann befragt werden konnte.

Etwas befremdlich war, daß er zunächst ganz energisch bestritt, an dem fraglichen Tag in dem Wäldchen gewesen zu sein. Als ihm vorgehalten wurde, daß verschiedene Zeugen ihn dort gesehen hätten, tat er das damit ab, daß sie sich wahrscheinlich im Tag geirrt hätten. Sicher war er auch in letzter Zeit des öfteren in dem Wald gewesen, aber ausgerechnet an dem betreffenden Tag nicht. Er gab an, den ganzen Nachmittag zu Hause gewesen zu sein.

Allerdings konnte er niemanden benennen, der dieses Alibi bestätigen konnte. Als dann auch noch sein Nachbar aussagte, daß er ihn in der Mittagszeit habe aus dem Hause gehen sehen, gab er dann doch zu, wegen des schönen Wetters spazierengegangen zu sein – aber nicht im Wald.

Im Laufe der Vernehmung wurden die Verdachtsmomente immer stärker, so daß eine Hausdurchsuchung angeordnet und durchgeführt wurde. Insbesondere erstreckte sich die Suche auf das Auffinden einer Schere mit gebogenen Branchen, mit der die Schnitte an den Brüsten verursacht worden waren, denn derartige Scheren sind üblicherweise in einem Normalhaushalt relativ selten, sondern kommen eher im medizinischen Bereich vor. Und tatsächlich fand sich nach längerem Suchen in seinem Zimmer hinter Büchern versteckt eine solche Schere. Befragt, wozu er diese Schere gebrauche, gab er an, daß er sie noch aus seiner Armeezeit habe, als er auf einem Medizinstützpunkt gearbeitet habe. Hinter die Bücher im Regal war sie nach seinen Angaben rein zufällig geraten.

Die Schere wurde zur weiteren Untersuchung mit ins Institut genommen. Nach diesem Fund wurde das Bücherregal genauestens untersucht. Im untersten Fach fand sich ein kleines verschlossenes Glas, in dem ein zunächst nicht definierbarer etwa kirschgroßer Gegenstand lag, der sich aber bei genauerer Untersuchung als Brustwarze entpuppte. Damit stand die Täterschaft des jungen Mannes fest. Als ihm diese beiden Fundstücke vorgehalten wurden, brach er zusammen, gestand die Tat und legte ein umfassendes Geständnis ab.

Wie dann die weiteren Ermittlungen und das Geständnis ergaben, war folgender Ablauf anzunehmen: Das Mädchen hatte den freien Nachmittag zu einem Ausflug in den nahen Wald genutzt. Nach Angaben der Mutter fuhr sie des öfteren durch den Wald. Es machte ihr Freude, so allein in der Natur zu sein. In den letzten Tagen sei sie des öfteren etwas nachdenklich gewesen und hätte mehrfach geäußert, daß sie zum Nachdenken in den Wald fahren würde. In der Mittagszeit war es sehr ruhig dort, und sie hatte den Wald für sich allein. Sie kannte dort eine kleine Waldwiese, wo sie schon des öfteren gewesen war und wo es ihr ausnehmend gut gefiel. Es war so romantisch dort, und man konnte in aller Ruhe seinen Gedanken nachgehen. Dort wollte sie hin und sich entspannen.

Sie brauchte gerade jetzt eine Stelle, wo sie in Ruhe überlegen konnte. Auf der letzten Disko hatte sie einen jungen Mann kennengelernt, der ihr gefiel. Sie hatte mehrmals mit ihm getanzt, und er hatte sie nach Hause gebracht. Vor der Haustür gab er ihr noch einen Abschiedskuß. Sie hatte sich in den jungen Mann verliebt und wünschte, daß die Beziehung sich weiterentwickeln würde. Zwar hatten sie verabredet, sich auf der nächsten Disko wieder zu treffen, aber das war erst in einer Woche. So lange wollte sie nicht warten. Sie kannte zwar seine Adresse, aber es fehlte ihr noch ein passender Vorwand, unter dem sie sich mit ihm in Verbindung setzen konnte. Es sollte ja auch nicht aufdringlich aussehen. Über dieses Problem mußte sie in Ruhe nachdenken, und da war die Fahrt durch den Wald mit der Ruhepause auf der Waldwiese die beste Gelegenheit.

Sie holte ihr Fahrrad aus dem Keller, prüfte die Luft auf beiden Reifen und fuhr los. Es war wenig Verkehr auf der Straße. Sie erreichte schon nach wenigen Minuten den Wald. Obwohl sie noch gar nicht lange gefahren war, war ihr doch schon recht warm geworden, und sie empfand den Schatten der Bäume als angenehm. Schon bald hatte sie die Waldwiese erreicht. Wie sie vermutet hatte, war kein Mensch weit und breit zu sehen. Auch auf der Fahrt hierher war ihr niemand begegnet.

Sie lehnte ihr Fahrrad an einen Baum und setzte sich auf einen am Rand der Lichtung liegenden Baumstamm. Die Ruhe im Wald tat ihr gut, das gelegentliche Zwitschern der Vögel war angenehm und störte ihre Überlegungen in keiner Weise. Im Gegenteil, sie fand sogar, daß dieses Gezwitscher ganz gut zu ihrer Stimmung und ihren Gedanken paßte. Die Erinnerungen an den gestrigen Abend stimmten sie fröhlich. Der ganze Abend lief noch einmal in Gedanken vor ihr ab, und sie war sich sicher, daß sie den jungen Mann liebte. Zwar hatte sie noch keine Idee, wie sie den Kontakt weiter ausbauen könnte, aber das würde schon noch kommen. Sie träumte eine ganze Weile vor sich hin, die Sonne hatte schon deutlich ihre Stellung verändert und war weitergewandert, so daß die zunächst sonnige Stelle auf dem Baumstamm jetzt im Schatten lag. Trotz des schönen Wetters war es doch noch etwas kühl, wenn man sich nicht bewegte. Deshalb beschloß das junge Mädchen, weiterzufahren, und zwar zunächst noch etwas tiefer in den Wald hinein und dann auf einem Umweg nach Hause. Nachmittags wollte sie wieder zu Hause sein. Ihre Mutter und ihre Schwester würden dann auch von der Arbeit zurück sein, und man konnte gemeinsam Kaffeetrinken. Sie setzte sich also auf ihr Fahrrad und fuhr los.

Nach etwa zehn Minuten Fahrt begegnete ihr ein junger Mann. Er war etwas älter als sie und hatte einen Beutel in der Hand, den er lustig hin und her schwenkte. Vom Sehen kannte sie ihn, er wohnte in ihrer Nähe, aber wer er war und wie er hieß, das wußte sie nicht. Sie hatten bisher noch nie miteinander gesprochen. Sie wollte vorbeifahren, doch da stellte sich der junge Mann mitten auf den Weg, so daß sie anhalten mußte. Er grüßte freundlich und versuchte, ein Gespräch mit ihr zu beginnen. Das Mädchen verhielt sich zunächst etwas ablehnend, gab aber dann doch ein paar kurze Antworten, weil sie wohl glaubte, so am schnellsten wieder weiterfahren zu können. Doch der junge Mann sprach immer weiter auf sie ein und forderte sie auf, vom Fahrrad zu steigen und sich mit ihm eine kurze Weile auf einen in der Nähe befindlichen Baumstumpf zu setzen. Das lehnte sie ab und bat ihn, doch den Weg freizugeben und sie weiterfahren zu lassen. Das tat er nicht, sondern kam näher an sie heran und versuchte, ihr das Rad aus der Hand zu nehmen. Es gab nun ein kurzes Gerangel um das Fahrrad, bei dem dann beide hinstürzten. Er lag halb auf ihr und versuchte, sie auf den Boden zu drücken. Das neben ihnen liegende Fahrrad schob er mit den Füßen etwas zur Seite. Während er sie mit der rechten Hand zu Boden drückte, versuchte er mit der linken Hand zwischen ihre Beine zu greifen.

Das Mädchen bekam es nun mit der Angst zu tun, wehrte sich heftig und schrie um Hilfe. Um diese Hilferufe zu verhindern, hielt ihr der Täter mit einer Hand den Mund zu, und als das nicht allzu viel half, kniete er sich auf sie und drückte ihr mit beiden Händen so lange den Hals zu, bis sie still war und sich nicht mehr bewegte. Jetzt, wo sie so still dalag, faßte er ihr wieder unter den

Rock, schob ihn hoch und versuchte, ihr den Schlüpfer auszuziehen. Dabei stellte er, wie er in der Vernehmung angab, fest, daß sie zum einen ihre Tage hatte und zum anderen bei seinem Versuch, sie zu vergewaltigen, aus Angst eingekotet hatte. Deshalb ließ er von weiteren Versuchen, die Geschlechtsteile freizulegen und den Geschlechtsverkehr durchzuführen, ab und versuchte nun, seine sexuelle Erregung durch Onanieren abzureagieren. Zu diesem Zweck schob er die Oberbekleidung nach oben und den Büstenhalter nach unten, so daß die Brüste freilagen. Nachdem er beide Brüste mehrfach gestreichelt hatte, befriedigte er sich selbst.

Nun erst wurde ihm so richtig bewußt, was er getan hatte. Er stellte fest, daß das Mädchen sich nicht mehr bewegte. Es atmete auch nicht. Als er sein Ohr auf die Brust legte, konnte er keine Herztöne hören. Ganz offensichtlich war das junge Mädchen tot. Das hatte er nicht gewollt. Wie ein Blitz durchfuhr ihn der Gedanke, daß er ja nun einen Mord begangen hatte. Er war ein Mörder!

Ohne zu überlegen lief er vom Tatort weg. Nur schnell nach Hause und sich verstecken. Noch hatte ihn ja seiner Meinung nach noch keiner gesehen. Nach einigen hundert Metern hielt er aber wieder an, ihm war eingefallen, daß die Leiche mitten auf dem Weg lag und durch die nächsten Spaziergänger sofort gefunden werden würde. Deshalb lief er noch einmal zurück und zog die Tote vom Weg hinter einen kleinen Busch, indem er sie an den Schultern anhob und den Körper über den Boden schleifte. Das Fahrrad verbarg er ebenfalls hinter einem Busch. Dann eilte er nach Hause.

Dort angekommen mußte er sich erst beruhigen, denn so konnte er keinem unter die Augen treten. Er zitterte am ganzen Leib. Wie hatte es nur so weit kommen können? Er hatte doch nie eine Frau vergewaltigen wollen, immer hatte er Gewalt als äußerst verwerflich angesehen und abgelehnt. Und schon gar einen Menschen töten! Nie hätte er geglaubt, daß ihm so etwas passieren würde. Dieser verfluchte Sexualtrieb. Aber nun war es leider nicht mehr rückgängig zu machen. Nun mußte er alles dafür tun, nicht als Täter ermittelt zu werden. Nur gut, daß ihm kein Mensch auf seinem Spaziergang begegnet war.

Nach ein paar Gläsern Schnaps ging es ihm etwas besser, und er wurde ruhiger. Er überlegte, ob er noch etwas zur Vertuschung der

Tat tun könnte, aber es fiel ihm nichts ein. Am besten war es, zu behaupten, daß er am heutigen Nachmittag gar nicht im Wald gewesen war. Doch da fiel ihm mit Schrecken ein, daß ihn ja sein Freund, der Briefträger, bis zum Waldrand begleitet hatte. Der durfte nichts sagen. Gegen Abend lief er zu ihm hin und bat ihn, ihr Zusammentreffen zu verschweigen, da er sonst Ärger mit seiner neuen Freundin bekommen würde. Er sei eigentlich mit ihr verabredet gewesen, habe aber diesen Termin vergessen und sie versetzt. Jetzt wollte er als Entschuldigung angeben, daß er plötzlich noch einmal in seinen Betrieb gemußt hätte. Der Freund versprach ihm auch, von ihrer Begegnung nichts zu sagen.

Als er sich abends schlafen gelegt hatte, gingen ihm die Geschehnisse des Nachmittags durch den Kopf. Immer wieder sah er das tote, halb entkleidete Mädchen vor sich. Insbesondere der Gedanke an die nackten Brüste ging ihm nicht aus dem Sinn. Bei dieser Vorstellung wurde er wieder sexuell erregt. Diese Erregung steigerte sich immer mehr, bis er sich dann entschloß, in der Nacht noch einmal an den Tatort zu gehen und beim Anblick der nackten Brüste zu onanieren. Er zog sich also wieder an, nahm eine Taschenlampe mit und ging los. Als er nach der Taschenlampe suchte, kam ihm die gebogene Schere in die Finger, und er steckte sie ein, ohne zu wissen, wozu er sie gebrauchen wollte. So gab er zumindest bei seiner Vernehmung an.

Als er am Tatort angekommen war und im Schein der Taschenlampe die Leiche betrachtete, stellte er fest, daß noch alles unverändert war. Die Leiche lag noch so da, wie er sie am Nachmittag verlassen hatte. Auch das Fahrrad lag noch hinter dem Gebüsch. Er richtete nun den Schein seiner Taschenlampe auf die Brust des Mädchens und onanierte bis zum Samenerguß. Danach kam ihm der Gedanke, daß er ja die Brustwarzen abschneiden und mitnehmen könnte, um sich später noch einmal sexuell daran zu erregen. Eine Schere hatte er ja bei sich.

Diesen Gedanken setzte er in die Tat um. Er schnitt zunächst die linke Brustwarze ab. Es war gar nicht so einfach, wie er es sich gedacht hatte. Zum Abschneiden brauchte er beide Hände, deshalb mußte er die Taschenlampe zur Seite legen. Im Dunkeln war er jetzt nur auf seinen Tastsinn angewiesen. Er hob die Brustwarze etwas an und versuchte, ein möglichst großes Stück des umliegenden Gewebes mitzuerfassen. Nach einem Fehlversuch gelang ihm das dann auch.

Bei der rechten Brustwarze war es schwieriger, da sich der Körper in halbrechter Seitenlage befand und die Totenstarre schon eingetreten war. Er fand die Brustwarze zunächst nicht, und als er glaubte, die richtige Stelle zu haben und hier die Haut abschnitt, stellte er fest, daß er sich geirrt hatte. Nachdem er noch einen zweiten Versuch unternommen hatte und auch diesmal nicht die Brustwarze erwischt hatte, gab er auf und verließ den Tatort, ohne noch weitere Veränderungen vorzunehmen.

Wie er dann später bei der Hauptverhandlung sagte, war ihm in dem Moment, als die Kriminalpolizei bei ihm erschien und ihn zunächst nur befragen wollte, absolut klar, daß es nun aus sei und er als Mörder festgenommen werden würde. Immer wieder betonte er, daß er selbst nicht wisse, was über ihn gekommen sei. Niemals habe er mit dem Gedanken gespielt, eine Frau zu vergewaltigen. Er habe das auch gar nicht nötig, denn bisher habe er immer eine Freundin gehabt und nie Probleme mit seinem Sexualtrieb. Auch am Tag der Tat sei er sexuell nicht besonders erregt gewesen. In den Wald sei er gegangen, weil er bei dem schönen Wetter nicht im Haus sitzen wollte. Auch als er das Mädchen auf dem Fahrrad gesehen habe, habe er nur mit ihr reden wollen. Erst als sie abgestiegen sei und er dabei ihre Oberschenkel gesehen habe, sei er sexuell erregt worden. Er wisse nicht mehr, was über ihn gekommen sei. Immer wieder betonte er, daß er diese Tat bereue und sie ungeschehen machen möchte.

Er wurde wegen Mordes zu einer langjährigen Freiheitsstrafe verurteilt und nahm das Urteil sofort an.

Ein Triebtäter

Endlich öffneten sich für Heinz B. die Gefängnistore. Auf diesen Tag hatte er sechs Jahre gewartet. Wegen Raubes war er verurteilt worden. Obwohl er schon reichlich Knasterfahrung hatte, waren die sechs Jahre doch eine lange Zeit gewesen. Als er damals in der

Hauptverhandlung das Urteil hörte, kam es ihm gar nicht so schrecklich vor. Seine bisherigen Strafen wegen Körperverletzung und Diebstahl waren zwar kürzer gewesen, aber er hatte damit gerechnet, auch diesmal nicht die ganze Zeit absitzen zu müssen. Leider hatte es in der Haftanstalt immer wieder Schwierigkeiten mit dem Personal und auch mit den Mithäftlingen gegeben, so daß aus der erhofften vorzeitigen Entlassung nichts wurde. Er mußte seine sechs Jahre absitzen. Jetzt endlich war es soweit, er wurde entlassen.

Nachdem die Formalitäten erledigt waren und er seine Zivilsachen in Empfang genommen hatte, öffnete sich das Gefängnistor, und er schritt in die Freiheit. Als er draußen stand, atmete er erst einmal tief durch. Die Luft war hier ganz anders als drinnen. Dann sah er sich um, ob jemand von seiner Familie gekommen war, um ihn abzuholen.

Als er seinen Entlassungstermin erfuhr, hatte er sofort seine Eltern informiert. Deshalb hatte er gehofft, daß ihn jetzt jemand abholen würde. Es war aber niemand da. Sicher, seine Eltern hatten ihn nach der Verhandlung nicht mehr besucht und ihm geschrieben, daß sie nichts mehr von ihm wissen wollten. Aber das hatten sie bei seinen früheren Haftstrafen auch schon gemacht. Wenn er dann aber rauskam, war alles wieder gut. Und auch jetzt war er der festen Meinung, daß sich alles wieder einrenken würde.

Er wartete noch eine Weile, und als niemand kam, dachte er: »Dann eben nicht. Ich finde auch allein nach Hause.« Er ging zur Straßenbahnhaltestelle und fuhr mit der Bahn zu seinen Eltern. Nach einer halben Stunde stand er vor der Wohnungstür und klingelte. Er mußte eine Weile warten. Erst nach dem dritten Klingeln wurde die Tür geöffnet, und sein Vater sah heraus. Er hatte die Tür nur einen Spalt geöffnet und schlug sie sofort wieder zu, als er ihn sah. So ging das nicht. Heinz B. klingelte wieder, und als sich nichts tat, hielt er den Finger eine ganze Zeit auf dem Klingelknopf. Das Dauerklingeln schallte durchs Treppenhaus und die Nachbarin von gegenüber öffnete ihre Tür einen Spalt und sah nach dem Ruhestörer.

Endlich öffnete der Vater, hatte aber die Kette vorgelegt und brüllte ihn an: »Scher dich fort, ich habe keinen Sohn mehr. Für

Mutter und mich bist du gestorben.« Mit diesen Worten schlug er ihm die Türe vor der Nase zu. Wütend donnerte Heinz B. mit den Fäusten gegen die Tür. Aber als sich nichts tat, ging er wieder nach draußen. Mit dem Alten hatte er ja immer schon Probleme gehabt, aber daß auch die Mutter sich nicht blicken ließ, das bedauerte er doch. Mit ihr hatte er sich immer einigermaßen verstanden. Sie hatte auch meistens auf seiner Seite gestanden und zu vermitteln versucht, wenn er Krach mit seinem Vater hatte. Und diesmal ließ sie sich gar nicht sehen. Sicher hatte der Alte es ihr verboten.

›Na, dann eben nicht‹, dachte er. ›Ich komme auch allein zurecht. Zuerst muß ich mir ein Zimmer besorgen. In der Haftanstalt haben sie ja bei der Entlassung gesagt, daß ich mich an die Abteilung Inneres wenden soll, wenn ich Probleme habe. Die besorgen mir ein Zimmer und auch Arbeit. Dann gehe ich eben dahin.‹ Er fuhr in die Stadt und suchte die angegeben Stelle auf. Hier bekam er problemlos Unterstützung. Bei einer Witwe wurde ihm ein möbliertes Zimmer zugewiesen. Außerdem wurden ihm drei Arbeitsstellen benannt. Er sollte sie sich erst einmal ansehen und dann entscheiden. Das hatte aber Zeit bis morgen, jetzt wollte er sich zunächst das Zimmer ansehen.

Er fuhr zu der angegebenen Adresse. Eine alte Frau öffnete ihm und fragte, was er wolle. Als er ihr sagte, daß er vom Rathaus geschickt worden sei, um sich ein Zimmer anzusehen, das sie vermieten wollte, bat die alte Frau ihn in die Wohnung und zeigte ihm das Zimmer. Es war nicht sehr groß und etwas altmodisch eingerichtet, aber sonst gefiel es ihm recht gut.

»Das nehme ich, wann kann ich einziehen?«

»Sofort, wenn Sie wollen«, antwortete die alte Dame.

»Dann bleibe ich gleich hier. Meine Sachen kann ich ja später in das Zimmer bringen.«

Er war froh, daß die Zimmerwirtin ihn nicht fragte, wo er herkam. Sie machte einen recht mütterlichen Eindruck und bot ihm im Gespräch an, sich auch um sein Frühstück zu kümmern, natürlich gegen Bezahlung. Er war damit zufrieden, ging in sein Zimmer und legte sich hin, um Mittagsschlaf zu machen. Bis jetzt war ja alles ganz gut gelaufen. Morgen würde er sich die Arbeitsstellen ansehen.

Am nächsten Morgen brachte ihm seine Wirtin das Frühstück ins Zimmer. Er machte sich fertig und suchte die angegebenen Betriebe auf. Er entschied sich für eine Stelle und machte mit dem Chef aus, daß er am kommenden Montag beginnen würde. Dann ging er in die Stadt, um zu sehen, was sich in den Jahren seiner Haft alles verändert hatte.

Nachdem er seine Arbeit aufgenommen hatte, stellte er fest, daß sie ihm doch nicht so recht lag, sie war sehr anstrengend. Nach drei Wochen kündigte er und suchte sich etwas Neues. Aber das war auch nicht das Richtige, er gab auch diese Arbeit wieder auf, indem er einfach nicht mehr erschien. Eigentlich hatte er sich ja nach der langen Haft eine Erholung verdient. Er machte nichts mehr und lebte wieder von kleinen Diebstählen. Das ging eine ganze Weile gut, das faule Leben gefiel ihm. Morgens schlief er lange, dann ging er meist in seine Stammkneipe, wo er Bekannte traf und auch Diebesware an den Mann brachte. Und abends war er dann mit seinen Kumpeln unterwegs.

Am heutigen Abend war er schon recht früh nach Hause gekommen. Seit einigen Tagen verspürte er das heftige Verlangen, mit seiner Wirtin zu schlafen. Er hatte sich zu der 78jährigen Frau in die Küche gesetzt und sich mit ihr unterhalten. Nur wie er ihr sein Angebot unterbreiten sollte, wußte er nicht so recht. Er bat um etwas zu trinken. Die alte Dame gab ihm eine Tasse Tee, mit der er in seinem Zimmer verschwand. Nach kurzer Zeit kam er wieder in die Küche, um die leere Tasse zurückzubringen. Die alte Frau war dabei, sich für die Nacht zurechtzumachen und hatte schon das Nachthemd an. Als er sie so sah, stürzte er sich ohne große Worte auf sie und faßte sie an die Brust. Da die Frau sich wehrte, drückte er sie auf eine Bank und warf sie anschließend zu Boden. Weil sie laut um Hilfe rief, schlug er ihr einige Male mit der Faust gegen die Schläfe und die Augenpartie. Dann griff er ihr unter das Nachthemd an das Geschlechtsteil. Da die alte Frau nicht aufhörte zu schreien, hielt er ihr erst den Mund zu, und als das nichts half, würgte er sie solange, bis sie still war und ruhig am Boden liegenblieb. Anschließend ging der Täter in sein Zimmer, trank aus einer Flasche einen Schluck Wodka, zog sich bis auf die Unterhose aus und kehrte wieder in die Küche zurück. Dort lag die alte Frau immer noch leblos auf dem Boden, die Augen geöffnet. Da ihn die offenen Augen störten, deckte er sie mit Tüchern zu. Dann zog er sich nackt aus und führte den Geschlechtsverkehr bis zum Samenerguß durch. Dabei biß er sein Opfer in seiner sexuellen Erregung mehrfach durch das Nachthemd in die Brust.

Anschließend zog er sich wieder an, trank den restlichen Wodka aus der Flasche und machte sich auf den Weg in seine Stammkneipe. Die alte Frau ließ er in der Küche auf dem Boden liegen, nachdem er sich vergewissert hatte, daß sie tot war. In der Gaststätte trank er dann mit seinen Freunden weiter.

Als am nächsten Tag die Leiche gefunden wurde und man feststellte, daß sie erwürgt worden war, fiel der Verdacht natürlich sofort auf den Untermieter. Allerdings war zu diesem Zeitpunkt das Tatmotiv noch nicht bekannt. Kein Mensch dachte daran, daß die alte Frau vergewaltigt worden sein könnte. Zwar wurde bei der Vorgeschichte des Untermieters an Raubmord gedacht, aber es konnte nicht festgestellt werden, daß etwas in der Wohnung fehlte. Der Verdächtige bestritt energisch, mit dem Tod der alten Frau etwas zu tun zu haben. Er verwies auf sein Alibi in der Kneipe, wo er sich bis weit über Mitternacht aufgehalten hatte. Anschließend war er mit einem Freund in dessen Wohnung gegangen und hatte dort übernachtet. Das wurde von dem Freund auch bestätigt.

Die Staatsanwaltschaft ordnete eine gerichtliche Leichenöffnung an. Dabei wurden neben den Unterblutungen am Kopf auch die Würgemale am Hals und die Bißverletzungen an der linken Brust festgestellt. Diese Bißverletzungen lenkten den Verdacht auf ein Sexualverbrechen und führten dazu, daß trotz des Alters der Frau auf Sperma untersucht wurde. Der Befund war positiv. Die im Sperma ermittelte Blutgruppe stimmte mit der des Tatverdächtigen überein. Trotz dieser Befunde blieb der junge Mann bei seiner Behauptung, mit dem Tod der Frau nichts zu tun zu haben.

Da die Blutgruppenübereinstimmung allein noch kein Beweis für seine Täterschaft war, mußte nach weiteren Hinweisen gesucht werden. In diesem Zusammenhang spielte die Bißverletzung an der linken Brust eine wichtige Rolle. Ein Vergleich mit dem Gebiß des Verdächtigen ergab eine völlige Übereinstimmung, so daß wir klarstellen konnten, daß er mit Sicherheit der Verursacher dieser

Spur war. Als wir ihm diesen Beweis vorhielten, gab er sein Leugnen auf und gestand die Tat, die er dann in allen Einzelheiten schilderte.

Wie sich in der Hauptverhandlung ergab, war unter seinen vielen Vorstrafen auch eine Verurteilung wegen versuchter Vergewaltigung und Raubes, weil er auf der Straße eine junge Frau angegriffen hatte.

Der Täter wurde zu einer lebenslangen Freiheitsstrafe verurteilt.

Lustmord oder Leichenbeseitigung?

Die 17jährige Barbara M. war abends nicht nach Hause gekommen. Als sie nicht zum Abendessen erschien, machten sich die Eltern noch keine Sorgen. Es kam öfter vor, daß sie bei einer Freundin blieb und dort zum Essen eingeladen wurde. Aber als sie auch nach 23 Uhr, als die Eltern ins Bett gehen wollten, noch nicht gekommen war, überlegten sie doch, was wohl passiert sein könnte und wo sie geblieben war. Ohne zu sagen, wo sie hinging, war sie noch nie so lange weggeblieben. Der Vater machte sich auf den Weg und suchte zunächst die eine, dann die andere Freundin auf, aber die Tochter war bei keiner gewesen. Voller Sorge ging er wieder nach Hause zurück, in der Hoffnung, daß sie inzwischen heimgekehrt sei oder wenigstens etwas von sich hören lassen hatte. Aber weder das eine noch das andere war der Fall. Es wurde für die Eltern eine sehr unruhige Nacht.

Als das Mädchen auch am nächsten Morgen noch nicht heimgekommen war, erstattete der Vater auf dem zuständigen Polizeirevier eine Vermißtenanzeige. Aber auch die danach eingeleiteten Ermittlungen der Polizei waren ohne Erfolg. Zwar konnte durch Befragung von Zeugen in Erfahrung gebracht werden, wo sie sich am Nachmittag aufgehalten hatte. Zuletzt war sie auf der Straße mit einem jungen Mann aus der Nachbarschaft gesehen worden. Aber dann verlor sich ihre Spur. Der junge Mann sagte, daß sie sich nach einiger Zeit von ihm verabschiedet hätte und dann fortgegangen sei, wohin wisse er nicht.

Sehr überzeugend wirkte seine Aussage zwar nicht, aber daß sie falsch war, konnte ihm nicht nachgewiesen werden, zumal sich noch ein Zeuge meldete, der sie angeblich in der Nähe des Hafens gesehen haben wollte. Die Ermittlungen erstreckten sich zwar in alle Richtungen und wurden äußerst intensiv betrieben, aber sie führten zu keinem Ergebnis und mußten nach einiger Zeit abgebrochen werden. Aufgrund der Aussage, daß sie am Hafen gesehen worden war, wurde die gesamte Küste informiert und auslaufende Schiffe im Rahmen des Möglichen kontrolliert. Da aber alles ergebnislos blieb, wurde das Ermittlungsverfahren nach einiger Zeit vorläufig eingestellt.

Doch der junge Mann, mit dem das Mädchen zuletzt gesehen worden war, ging den Kriminalisten nicht aus dem Sinn. Er hatte sich bei seiner Zeugenaussage doch etwas zu auffällig verhalten. Aber die Verdachtsmomente reichten für weitergehende Maßnahmen nicht aus, man behielt ihn jedoch im Auge. Außerdem versuchte man, Näheres über seine Frau zu erfahren, zumal die Ehe nicht mehr ganz intakt zu sein schien. Es war bekannt, daß die Frau Männerbekanntschaften nicht abgeneigt war, und über eine solche Bekanntschaft kam man dann auch weiter. Wie der neue Liebhaber der Frau aussagte, hatte sie ihm gegenüber einmal die Bemerkung gemacht, daß sie schon etwas ganz Schreckliches erlebt habe. Durch geschickte Fragen gelang es ihm, Näheres über dieses Geschehen zu erfahren. Und so erzählte sie, daß sie vor einiger Zeit eines Abends von ihrer Arbeitsstelle sehr spät nach Hause gekommen war. Ihr Mann war wie auch an den meisten anderen Abenden schon lange vor ihr zu Hause. Als sie die Korridortür aufschloß, kam er aus der Küche gestürzt und begrüßte sie aufgeregt. »Ich muß dir was zeigen. Komm mal mit in die Küche, da kannst du Anatomie lernen.«

Neugierig folgte sie seiner Aufforderung und sah mit Entsetzen auf dem Küchentisch blutige Teile einer menschlichen Leiche. In einer Wanne daneben schienen ebenfalls Teile dieser Leiche zu liegen. Im ersten Moment zuckte sie erschrocken zurück, dann fragte sie: »Wer ist denn das? Wie kommt das alles in unsere Küche?«

Ihr Mann sagte ihr, daß es Barbara M. aus der Nachbarschaft sei. Er habe sie getötet, weil sie sich ihm aufgedrängt habe und sich zwischen ihn und seine Frau stellen wollte. Anschließend habe er sie aus gewissermaßen anatomischem Interesse heraus seziert. Bei dieser Erzählung hatte er dann in die Wanne gegriffen und etwas darin gesucht. Dann hielt er ein Organ in die Höhe und sagte: »Schau dir mal das Herz an. So sieht ein Menschenherz aus.« Anschließend holte er ein weiteres Teil hervor und erklärte ihr: »Das ist die Gebärmutter. Ich hätte gedacht, daß sie größer ist. Schau sie dir genau an, das kriegst du nicht alle Tage zu sehen.« Und so demonstrierte er ihr noch verschiedene andere Organe. Bei dem Anblick der Leichenteile wurde ihr schlecht, und sie mußte kurz hinausgehen.

Als sie wieder hereinkam, fragte sie ihren Mann: »Was soll denn nun mit diesen Teilen werden? Wir können sie doch nicht in der Wohnung behalten«, worauf er antwortete: »Ja, wenn wir ein eigenes Haus hätten, dann könnte ich sehr gut alles hier behalten. Aber so müssen wir sie wegschaffen, sonst fällt das auf. Am besten bringen wir sie aus der Stadt und vergraben sie irgendwo. Die erkennt sowieso keiner wieder. Wir müssen aber alles so verpacken, daß wir es gut transportieren können und daß es keiner sieht. Du mußt mir dabei helfen.«

Obwohl sie zunächst nicht wollte, weil ihr das Anfassen der blutigen Leichenteile unangenehm war, beteiligte sie sich dann doch. Im Haus konnte das alles ja nicht bleiben, da hatte ihr Mann ganz recht. Und so half sie beim Verpacken.

Die Leichenteile wurden in eine Wanne und einen Korb gelegt und mit Decken und Tüchern zugedeckt. Ihr Mann schlug vor, sie noch in derselben Nacht fortzubringen, wobei ihm seine Frau natürlich auch helfen sollte, denn allein konnte er die Behältnisse nicht transportieren. Er hatte vor, mit der Straßenbahn zur Endhaltestelle außerhalb der Stadt zu fahren und dann dort die Leichenteile zu vergraben, am besten in der Nähe des Friedhofes. »Jetzt in der Nacht ist es am besten, da ist die Bahn leer, und wir können die Wanne leichter mitnehmen. Am Tag ist das viel schwieriger und vor allem gefährlicher. Da fällt ein solcher Transport eher auf«, meinte er.

Und so wurde es dann auch gemacht. Sie fuhren mit der letzten Bahn bis zur Endhaltestelle. Es waren keine weiteren Fahrgäste im Wagen. Während die Frau anfangs noch sehr aufgeregt war, beruhigte sie sich allmählich, da alles glattging. Sie kamen ohne Probleme an der Endhaltestelle an und hoben ihre Gepäckstücke aus der Bahn. Dann mußten sie allerdings noch ein ganzes Stück laufen, bis sie an ein geeignetes Feld in Friedhofsnähe kamen, wo sie die Leichenteile vergraben konnten. Um nicht von der Straße aus gesehen zu werden, liefen sie ein ganzes Stück in das Feld hinein.

Nachdem alles vergraben worden war, nahmen sie die leeren Behältnisse und gingen zur Straßenbahn zurück. Hier mußten sie dann allerdings noch eine Weile warten, bis die erste Bahn wieder fuhr. In den frühen Morgenstunden waren sie endlich wieder zu Hause und legten sich schlafen.

Die nächsten Wochen und Monate ging das Ehepaar wie gewohnt seiner Arbeit nach. Die anfängliche Aufregung und auch Angst, daß etwas herauskommen könnte, legten sich allmählich. Die schon zur Zeit der Tat etwas brüchige Ehe ging noch weiter auseinander. Beide suchten sich neue Intimpartner. Und so kam es, daß über diese Kontakte auch die Ermittlungsbehören von den Vorgängen erfuhren. Da ihnen der junge Mann schon von Anfang an verdächtig schien, wurde er ebenso wie seine Ehefrau noch einmal vernommen. Zunächst blieben beide bei ihrer ersten Aussage, mit dem Verschwinden des jungen Mädchens nichts zu tun zu haben. Als aber der Frau die Geschichte, die sie ihrem Freund erzählt hatte, vorgehalten wurde, gab sie nach und nach zu, daß das, was sie da erzählt hatte, seine Richtigkeit hatte.

Der Tatverdächtige hingegen stritt auch nach der Aussage seiner Frau weiterhin alles ab, bis er dann unter der Last der inzwischen zusammengetragenen Beweise zusammenbrach und ein Geständnis ablegte, zumal bei einer Hausdurchsuchung an mehreren Stellen der Wohnung Blutspuren gefunden worden waren, die er nicht erklären konnte. Offensichtlich war versucht worden, diese Spuren zu beseitigen. Deshalb konnte zwar der Nachweis geführt werden, daß es sich mit größter Wahrscheinlichkeit um menschliches Blut handelte, aber für eine Blutgruppenbestimmung reichte es nicht. So konnte auch nicht ausgeschlossen werden, daß das Blut von einem Familienangehörigen stammte.

Der Mann gab schließlich die Stelle an, wo die Leiche vergraben worden war. Ein Nachgraben brachte dann auch die durch Fäulnis schon erheblich veränderten Leichenteile zu Tage. Sie wurden zur weiteren Untersuchung in das gerichtsmedizinische Institut gebracht.

Der junge Mann gab ab diesem Zeitpunkt den Mord unumwunden zu, doch wechselten die Motive, die er für die Tat angab. In den ersten Vernehmungen begründete er den Mord damit, daß er das Mädchen sehr geliebt habe und nicht wollte, daß ein anderer Mann sie bekomme. Zum anderen wollte er wegen der ewigen Streitereien mit seiner Frau, die sehr wohl bemerkt hatte, daß er ein erhebliches Interesse an diesem Mädchen zeigte, endlich Ruhe haben. Vor kurzem hatte er erfahren, daß das Mädchen demnächst heiraten wollte, und da wäre sie ja für ihn endgültig verloren gewesen. Er habe immer angenommen, daß sie von ihm nichts wissen wollte, da sie bei gelegentlichen Zusammentreffen mit ihm immer sehr zurückhaltend gewesen sei. Später gab er dann zu, daß die Streitigkeiten mit seiner Frau für den Entschluß, das Mädchen zu töten, bedeutungslos gewesen seien. Er hatte das nur gesagt, weil er den Grund für die Tötung auf seine Frau abschieben wollte. Zum anderen hatte er Angst gehabt, daß man ihn für einen Lustmörder halten könnte. »Damit meine ich, daß man es so auslegt, daß ich Barbara deswegen getötet habe, um zu sehen, wie ein Mensch stirbt.«

In weiteren Vernehmungen sagte er dann aus, daß er schon lange die Absicht gehabt hatte, mit dem Mädchen geschlechtlich zu verkehren. Das sei ebenfalls ein wesentlicher Grund für die Tötung gewesen. Am Tage der Tat hatte er bereits mittags den Entschluß gefaßt, sie zu töten. Er war sich im klaren, daß sie freiwillig nicht mit ihm schlafen würde: »Nicht, so lange sie bei Bewußtsein ist. Deshalb mußte ich sie in einen bewußtlosen Zustand versetzen. Da ich nicht wußte, wie Barbara über mich denkt, kam ich zu dem Entschluß, sie vorher zu töten.«

Die Tathandlung selbst schilderte er immer in der gleichen Weise. Er hatte das Mädchen auf der Straße getroffen und ihr gesagt, daß ihr Vater bei ihm zu Hause wäre. Sie hätten ein Geschäft miteinander abgeschlossen und wollten das noch begießen.

Sie sollte doch jetzt zu ihrem Vater kommen, weil er dann mit ihr gemeinsam heimgehen wollte, deshalb sollte er sie holen.

Das junge Mädchen kam dann auch mit in seine Wohnung. Er hatte ihr gesagt, daß ihr Vater in seinem Wohnzimmer sitze und auf sie warte. Als sie jetzt in dieses Zimmer treten wollte, mußte er befürchten, daß sie in dem Moment, wo sie den Schwindel bemerkte, sofort wieder seine Wohnung verlassen würde. Deshalb trat er hinter sie und schnitt ihr mit einem Messer den Hals durch. »Ich überraschte sie, als sie gerade die Tür aufmachen wollte, und versetzte ihr von hinten die Schnittwunde am Hals.«

Der Täter gab zu, daß er bei und vor allem nach der Tötung sehr stark sexuell erregt war. Als er das tote Mädchen auszog, kam es bei ihm spontan zum Samenerguß. Allerdings gab er auch an, daß ihn die klaffende Wunde am Hals davon abgehalten hätte, einen regelrechten Geschlechtsverkehr zu vollziehen. »Daraufhin nahm ich mir dann vor, die Leiche intensiv zu zerstückeln, um die einzelnen Organe zu sehen. Als zuletzt alle Eingeweide aus der Bauchhöhle heraus waren, griff ich lediglich in das Loch am Schambein und puhlte da mit dem Finger herum.« Und in einer späteren Vernehmung bekannte er: »Ich habe lediglich meinen Gefühlen freien Lauf gelassen, indem ich ihr in die Brust biß und ihr, nachdem ich sie ausgezogen hatte, am Geschlechtsteil spielte.«

Zeitweilig gab er vor, die Zerstückelung nur deshalb vorgenommen zu haben, um die Leiche besser transportieren zu können. Die inneren Organe habe er nur entfernt, um die Gliedmaßen in dem Rumpf unterbringen zu können.

Diese Aussage war jedoch sehr unglaubwürdig, denn die Art der Zerstückelung ging weit über das Maß hinaus, daß für ein solches Vorhaben erforderlich gewesen wäre. Außerdem wiesen die äußeren Geschlechtsteile deutliche Stich- und Schnittverletzungen auf, die nicht zu seinen Angaben paßten, sondern eindeutig auf einen sexuellen Hintergrund hinwiesen. Gegen die Behauptung, die Leiche zwecks besseren Transports und zum Verpacken der Extremitäten zerstückelt zu haben, sprach vor allem die Tatsache, daß nahezu die ganze Haut entfernt und damit der Rumpf als Behältnis für die Gliedmaßen eigentlich zerstört worden war.

Aus all diesen Befunden heraus muß man schon ableiten, daß bei der Tötung und späteren Zerstückelung eindeutig eine sexuelle Motivation ausschlaggebend war. Die ganze Tathandlung trug deutliche Züge eines echten Lustmordes. Auch der spontane Samenabgang beim Entkleiden beziehungsweise bei der Zerstückelung der Leiche sprach dafür.

Der Täter wurde zu einer lebenslänglichen Freiheitsstrafe verurteilt.

Auch eine sexuelle Motivation

Eines Tages wurden wir zu einem eigenartigen Leichenfund gerufen. In der Gepäckaufbewahrung eines größeren Bahnhofs war aufgefallen, daß aus einem dort abgegebenen Koffer eine blutige Flüssigkeit lief. Als daraufhin die Polizei geholt und der Koffer geöffnet wurde, fand sich darin die unbekleidete Leiche eines etwa zehn- bis elfjährigen Knaben, dessen Gliedmaßen abgetrennt worden waren. Die Untersuchung der Leiche ergab weiter, daß am Hals eine deutliche Strangmarke vorhanden war. Wie die spätere Sektion bestätigte, war der Junge erdrosselt worden.

Es zeigte sich weiter, daß die Abtrennung der Gliedmaßen nach dem Tode erfolgt war und offensichtlich dem besseren Transport der Leiche diente. Die Art und Weise der Zerstückelung sprach dafür, daß sie von einem medizinischen Laien vorgenommen wurde.

Doch wer war der Junge? Die Ermittlungen liefen auf Hochtouren. Da an dem Abend, als der Koffer abgegeben wurde, wenig Betrieb war, konnte sich einer der Angestellten noch daran erinnern, daß eine Frau den Koffer gebracht hatte. Er konnte auch eine einigermaßen brauchbare Beschreibung der Frau geben. Da die Aufbewahrungsfrist noch nicht abgelaufen war, bestand die Möglichkeit, daß der Koffer wieder abgeholt wurde. Darauf wurde nun gewartet. Und tatsächlich: was kaum einer angenommen hatte, geschah. Die Frau, die den Koffer abgegeben hatte, erschien wieder, um ihn zu holen. Dabei wurde sie festgenommen und zur Vernehmung gebracht.

Nach der Herkunft der Leiche befragt, verwickelte sie sich sofort in Widersprüche und war sehr aufgeregt. Zunächst behauptete sie, daß es gar nicht ihr Koffer wäre, der müßte verwechselt worden sein. Sie hätte einen ähnlichen Koffer gehabt. Nach einigem Hin und Her gestand sie dann aber, den Jungen getötet zu haben, und legte ein umfassendes Geständnis ab

Frau B. war eine sehr aktive und hilfsbereite Frau. Da sie allein lebte – sie war seit einiger Zeit geschieden –, hatte sie außer ihrer Arbeit als Sachbearbeiterin noch mehrere ehrenamtliche Funktionen übernommen. So kümmerte sie sich unter anderem im Rahmen der Volkssolidarität um ältere Leute, denen sie bei Besorgungen und vor allem bei Behördengängen mit Rat und Tat zur Seite stand. Von dieser Möglichkeit wurde gerne und häufig Gebrauch gemacht. Sie hatte deshalb eine Art Sprechstunde bei sich in der Wohnung eingerichtet, wo sie die älteren Leute zu bestimmten Zeiten empfing, sich ihre Sorgen und Probleme anhörte und sie beriet oder beim Ausfüllen von Formularen half.

So war es auch am heutigen Nachmittag. Gegen 17 Uhr war eine ältere Dame gekommen, weil sie Probleme mit ihrer Rente hatte. Sie war der Meinung, daß die Berechnung nicht richtig erfolgt sei und sie zu wenig bekäme. Daher bat sie Frau B. darum, sich doch einmal den Schriftwechsel mit der zuständigen Rentenstelle anzusehen. Diesem Wunsch kam Frau B. auch nach, sie las sich die Schreiben durch und besprach dann mit der alten Dame das weitere Vorgehen. Anschließend unterhielten sie sich noch über alles Mögliche. Ganz offensichtlich war die alte Dame froh, endlich einmal jemanden gefunden zu haben, bei dem sie sich richtig aussprechen konnte. Sie erzählte lang und breit über ihre persönlichen Probleme und wollte gar nicht wieder aufhören. Frau B. hörte sich alles geduldig an, gab hier und dort einen Rat und bot der alten Dame sogar noch eine Tasse Kaffee und ein paar Kekse an.

Plötzlich klingelte es an der Korridortür. Frau B. entschuldigte sich kurz und öffnete. Vor der Tür stand ihr geschiedener Ehemann und wollte sie besuchen. Trotz der Scheidung vertrugen sie sich noch ganz gut, sahen sich ab und zu und hatten sogar noch hin und wieder Geschlechtsverkehr miteinander. Auch heute wollte er sie besuchen und mit ihr verkehren. Da sie aber Besuch hatte, mußte sie ihn an der Tür abfertigen und bat ihn, doch später noch einmal wiederzukommen. Doch das wollte er nicht. Er meinte, daß er soviel Zeit heute nicht hätte. Wenn es jetzt nicht ginge, so wollte er in den nächsten Tagen noch einmal kommen. Und damit ging er wieder fort.

Frau B. war sehr ungehalten darüber, daß ihr geschiedener Mann nicht noch einmal wiederkommen wollte. Sie hatte ihn sowieso erst später erwartet und sich auf einen gemeinsamen Abend gefreut.

Die Schuld an dieser verpatzten Gelegenheit gab sie in Gedanken der alten Frau. Wenn die nicht solange geredet hätte und schon eher gegangen wäre, dann würde sie jetzt mit ihrem Mann zusammensitzen und anschließend mit ihm ins Bett gehen.

Sie ging zwar wieder ins Wohnzimmer und hörte sich auch noch weiter das Gerede der alten Dame an, aber sie war nicht mehr so recht bei der Sache. In Gedanken war sie immer wieder bei der verpaßten Gelegenheit, bei den für heute abzuschreibenden sexuellen Freuden. Ihr Gast jedoch redete weiter, bis er merkte, daß Frau B. gar nicht mehr bei der Sache war. »Sie hören mir ja gar nicht mehr zu. Das interessiert sie wohl nicht?« fragte die alte Dame, machte aber keine Anstalten zu gehen. Jetzt entwickelten sich bei Frau B. regelrechte Haßgefühle gegen die alte Frau, die durch ihr langes Bleiben und ihr dummes Gerede schuld daran war, daß ihr geschiedener Mann wieder gegangen war. Wer weiß, wann er wieder einmal Lust hatte, mit ihr zu schlafen. Ihr Zorn wurde so groß, daß sie beschloß, die alte Frau zu töten.

Unter einem Vorwand verließ sie das Zimmer und holte sich eine Wäscheleine. Dann trat sie hinter den Sessel der alten Dame und warf ihr die Leine um den Hals. Sie zog fest zu, bis sich die alte Frau nicht mehr rührte. Vor Zorn war sie in einem regelrechten Rauschzustand. Erst als sie merkte, daß die alte Frau tot war, wurde sie ruhiger.

Nachdem ihre Wut abgeklungen war, überlegte sie, wie sie die Leiche loswerden konnte. Hier im Wohnzimmer konnte sie ja nicht bleiben. Es konnte jeden Augenblick jemand kommen. So beschloß sie, die tote Frau zunächst einmal ins Badezimmer zu bringen und dieses abzuschließen. Mit einiger Mühe schleifte sie die Tote über den Flur ins Bad. Dort legte sie die Leiche in die Badewanne und deckte sie mit einem Bettlaken zu.

Sie war gerade mit dieser Arbeit fertig geworden, als es erneut klingelte. Vor der Tür stand ein etwa elfjähriger Junge, der Enkel der alten Frau. Er wollte die Oma abholen. Sie nahm den Jungen mit ins Zimmer und sagte ihm, daß die Oma noch einmal fortgegangen sei, sie käme aber bald wieder. In der Zwischenzeit könnte sie ja mit ihm spielen. Sie schlug ein Indianerspiel vor, womit der Junge auch einverstanden war. Im Rahmen dieses Spieles fesselte sie ihn an einen Stuhl und machte ihn damit wehrlos. Ihr war klar geworden, daß der Junge, der bei seiner Oma lebte, seine Umgebung über deren Verschwinden informieren und damit die Suche nach der alten Frau auslösen würde. Außerdem wußte er ja, daß die Oma bei ihr gewesen war, denn sonst hätte er sie nicht bei ihr abholen wollen. Er konnte sie also verraten. Das mußte sie auf jeden Fall verhindern. Der Junge mußte auch sterben. Als er gefesselt auf dem Stuhl saß, erdrosselte sie ihn wie seine Großmutter von hinten und brachte ihn dann ebenfalls ins Bad.

Am nächsten Tag entschloß sie sich dann, die Leichen zu zerstückeln, um sie aus dem Haus bringen zu können, denn ihr war klar, daß sie nicht die Kraft besaß, die alte Frau die Treppe hinabzutragen, um sie dann eventuell auf einen Handwagen zu laden. Sie hatte einmal gelesen, daß sich Blut auch nach dem Aufwischen noch nachweisen läßt. Um zu verhindern, daß der Boden verschmiert wurde, nahm sie die Zerstückelung daher in der Badewanne vor.

Sie begann zunächst mit der Kinderleiche und trennte mit einem Küchenmesser Arme und Beine ab. Nun paßte die Leiche in einen Koffer, den sie ohne weiteres transportieren konnte. Sie wollte nun zuerst den Koffer wegbringen, bevor sie sich an die Beseitigung der Erwachsenenleiche machte.

Den Koffer brachte sie zunächst zu der Gepäckaufbewahrung eines Bahnhofes. So richtig war sie sich noch nicht im Klaren, wo sie die Leichen endgültig verstecken würde. Aber zunächst sollten sie erst einmal aus dem Haus.

Nachdem sie die Kinderleiche weggeschafft hatte, machte sie sich an das Zerlegen der Frauenleiche. Hier mußte sie aber feststellen, daß das erhebliche Schwierigkeiten bereitete. Sie wurde sich klar darüber, daß sie so schnell mit der Zerstückelung und dem Fortbringen der Leichenteile nicht fertig würde. Also wollte sie am nächsten Tag gegen Abend erst einmal die Knabenleiche aus der Stadt bringen und im Wald vergraben. Beim Abholen des Koffers wurde sie dann festgenommen.

Nach ihrem Geständnis wurde dann auch die Frauenleiche in der Badewanne ihrer Wohnung gefunden. Sie ließ erkennen, daß der Versuch der Zerstückelung gemacht worden war, es der Täterin aber nicht gelungen war, die Gliedmaßen abzutrennen. Auch hier fanden sich deutliche Spuren des Erdrosselns, so wie es die Täterin auch angegeben hatte. Sie erklärte weiter, daß sie nach diesen Versuchen der Leichenbeseitigung eingesehen habe, daß sie es allein nicht schaffen würde. Deshalb habe sie sich jetzt auch zu dem Geständnis entschlossen.

Die Täterin wurde wegen zweifachen Mordes angeklagt und verurteilt.

Kapitel 8

Autoerotische Unfälle

Unter autoerotischen Handlungen versteht man Manipulationen am eigenen Körper, die der sexuellen Erregung und Befriedigung dienen, z. B. die Herbeiführung von Erhängungs- und Erstickungssituationen zur Erzielung eines Sauerstoffmangels im Gehirn, der offenbar eine sexuell erregende Wirkung hat. Hierzu gehört auch das Überstülpen eines Plastebeutels oder ähnlicher Gegenstände über den Kopf, um einen Sauerstoffmangel zu erzeugen.

Auch andere Hilfsmittel wie etwa das Schnüffeln von Narkotika oder Lösungsmitteln werden zur Steigerung der sexuellen Erregung bei der Selbstbefriedigung genutzt. Ein gewisses Risiko wird dabei durchaus in Kauf genommen.

Eine andere Art der autoerotischen Betätigung besteht darin, die eigenen Geschlechtsteile bzw. erogenen Zonen unmittelbar durch dosierten elektrischen Strom zu reizen. Zur Vermeidung von Schäden und insbesondere Todesfällen werden in den Ablauf der autoerotischen Betätigung bestimmte Sicherungsmaßnahmen eingebaut. So wird beispielsweise versucht, die Stromstärke zu regulieren oder Isolierungen vorzunehmen. Versagen jedoch diese meist primitiven Maßnahmen aus irgendeinem Grund, dann treten auch Todesfälle auf. Autoerotische Unfälle kommen in der gerichtsärztlichen Tätigkeit immer wieder vor. Es sind fast ausschließlich Männer, die ihnen zum Opfer fallen.

Sehr häufig ist die Auffindungssituation so eindeutig, daß keinerlei Zweifel an der autoerotischen Handlung aufkommen. In anderen Fällen kann aber durchaus der Verdacht auf einen Selbstmord oder gar ein Verbrechen bestehen. Erst eingehende Ermittlungen und die Erforschung der Persönlichkeit und der Lebensweise des Opfers bringen hier Klarheit.

Ein Akt mit Sophie

»Willst du wirklich nicht mitkommen, Karl?« fragte Frau X. aus dem Schlafzimmer. Sie war beim Kofferpacken, weil sie am Wochenende mit den Kindern zu ihrer Mutter fahren wollte. Die hatte sie schon lange eingeladen, weil sie auch die Enkel einmal wiedersehen wollte. Und jetzt begann ein verlängertes Wochenende, das Wetter war schön, und der Wetterbericht hatte auch für das ganze Wochenende keine Änderung angekündigt. So hatte sich Frau X. entschlossen, am Sonnabend zu fahren. Am Montag wollten sie wieder zurückkommen, weil die Kinder am Dienstag wieder in die Schule mußten. Ihren Mann jedoch konnte sie nicht zu der Reise bewegen. Er wollte allein zu Hause bleiben, weil er noch viel zu arbeiten hatte. Zwar verstand er sich mit der Schwiegermutter ganz gut und war auch sonst immer gern mitgefahren, nicht zuletzt weil sie einen wunderschönen großen Garten hatte, den er sehr liebte und in dem er sich auch immer betätigte, wenn er da war. Aber diesmal war er einfach nicht zu überreden, mitzufahren. Also fuhr sie mit den Kindern allein.

Sie schloß den Koffer und ging in das Kinderzimmer, wo die beiden Kinder ebenfalls mit Packen beschäftigt waren. Sie half den beiden noch, da klingelte auch schon das Taxi. Sie nahmen ihre Sachen und gingen zur Straße. Der Fahrer half beim Tragen der Koffer. Es war doch etwas mehr Gepäck geworden als ursprünglich geplant. Aber die Oma hatte vor drei Wochen Geburtstag gehabt und sollte noch beschenkt werden. Als alles im Kofferraum des Wagens verstaut war, verabschiedeten sich alle vom Vater und fuhren zum Bahnhof. Der Ehemann ging wieder ins Haus.

Das Wochenende bei der Großmutter verlief sehr schön und harmonisch. Am Sonntag machten sie einen großen Spaziergang. Alle bedauerten, daß so schnell schon wieder Montag war und man nach Hause fahren mußte. Aber der Vater und vor allem die Schule am nächsten Tag warteten.

Die Rückfahrt verlief ohne Besonderheiten. Am Bahnhof bekamen sie auch gleich ein Taxi, das sie schnell nach Hause brachte. Als sie vor ihrem Haus standen, sprangen die Kinder schnell aus dem Wagen und eilten zur Tür, um zu klingeln und dem Vater zu zeigen, daß die Familie wieder zurück war. Aber auf das Klingeln reagierte er nicht. Ob er gar nicht zu Hause war? Er wußte aber doch, daß sie um diese Zeit zurückkommen wollten. Die Kinder mußten warten, bis die Mutter kam und die Haustür aufschloß.

Im Haus war es absolut ruhig, vom Vater war zunächst nichts zu sehen und zu hören. Weder in der Küche noch im Schlafzimmer war er zu finden. Erst als die Mutter in sein Arbeitszimmer sah, bot sich ihr ein erschreckendes Bild. Völlig nackt lag ihr Mann in etwas gekrümmter Haltung auf dem Boden. Der Kopf lag mit dem Gesicht nach unten auf einem Kochtopf mittlerer Größe, Mund und Nase waren im Topf. Daneben lagen ein Zettel sowie die Reste einer Tafel Schokolade und, was ihr besonders auffällig war, einer ihrer Lippenstifte lag daneben. Weiter stand auf dem Boden eine Blechschachtel mit Stecknadeln. Im Zimmer fiel ihr ein eigenartiger Geruch auf, er erinnerte sie an ein Krankenhaus. Als sie sich zu ihrem Mann herunterbeugte, stellte sie fest, daß er tot war. Er war schon ganz kalt und völlig steif.

Als sie auf den Zettel sah, kam ihr ein Verdacht, und sie schloß schnell die Tür, um zu verhindern, daß die Kinder hereinkamen und ihren toten Vater in dieser eigenartigen Situation sahen. Dann verständigte sie eine Arzt und die Kriminalpolizei, die auch sofort kamen.

Sowohl für den Arzt als auch die Kriminalisten war diese Situation zunächst nicht so recht zu erklären. Handelte es sich etwa um einen Selbstmord? Aber warum hatte er sich die vielen Utensilien wie Lippenstift, Stecknadeln und Schokolade bereitgelegt? In dem Topf lag auf dem Boden Verbandswatte, die leicht nach Äther roch. Bei der genaueren Untersuchung des Fundortes fand sich unter dem Schreibtisch auch eine braune Flasche, auf deren Etikett »Äther« stand. Sie war leer. Neben der Leiche lag ein Zettel, auf dem handschriftlich ein Programm von 10 Punkten stand. Mit einer Heftklammer war das Paßbild einer Frau angeheftet. Wegen der unklaren Situation wurde eine gerichtliche Sektion angeordnet.

Als wir am nächsten Tag über die Situation unterrichtet wurden, war der Vorgang für mich klar. Es handelte sich eindeutig um einen autoerotischen Unfall. Ich vermutete, daß wahrscheinlich eine

Überdosis Äther zum Tode geführt hatte. Die Befunde an der Leiche ließen sich durch das 10-Punkte-Programm, das auf dem Zettel stand, ohne weiteres erklären. Als Überschrift stand auf dem Zettel »Ein Akt mit Sophie ganz nackt«. Und dann folgten 10 Punkte, die die einzelnen Handlungen beschrieben. Dazu gehörte neben den Punkten: »Scharf machen durch Essen von Schokolade« und »Schminken der Nille« auch der Punkt: »Nadelarbeit«. Am Schluß stand: »Einatmen von Äther« und daran angefügt: »Nach dem Wiederaufwachen Wiederholung des ganzen Programms». Dieser letzte Punkt war es, der zum Tode geführt hatte. Sophie war eine nahe Verwandte, für die der Tote immer schon ein großes Interesse gezeigt hatte.

Ganz offensichtlich sollte hier ein dosiertes Einatmen von Äther erfolgen. Aber entweder hatte der Verstorbene zuviel Äther in den Topf getan oder er hatte die Entfernung nicht eingehalten. Nach wenigen Atemzügen war er bewußtlos geworden und dann mit dem Kopf nicht, wie geplant, neben den Topf, sondern auf ihn gefallen. Bis zum Eintritt seines Todes atmete er nun reichlich Äther.

Diese Vermutung wurde dann durch die toxikologisch-chemische Untersuchung bestätigt. Es konnte eine tödliche Ätherkonzentration im Blut nachgewiesen werden. Bei der Sektion zeigte sich weiter, daß der Penis an seiner vorderen Partie mit dem Lippenstift rot gefärbt war. Ein weiterer auffälliger Befund war in der Gegend des Dammes zu sehen. Hier steckten, allerdings sehr oberflächlich, mehrere Stecknadeln in der Haut.

Der Verstorbene hatte die Reise seiner Familie offenbar deshalb nicht mitgemacht, weil er sich ungestört seiner sexuellen Neigung hingeben wollte. Zum Ablauf der ganzen Prozedur benötigte er reichlich Zeit und einen Ort, wo er ungestört war.

Wie seine Ehefrau im nachhinein angab, war er schon des öfteren allein zu Hause geblieben. Wenn sie wieder zurückkam, hatte sie in seinem Arbeitszimmer immer diesen eigenartigen Äthergeruch bemerkt, ihn aber nie richtig erklären können. Wenn sie ihren Mann danach gefragt hatte, war er immer etwas verlegen gewesen und hatte gemeint, das hinge mit seinen Versuchen zusammen, die er machte. Da sie merkte, daß er nicht darüber sprechen wollte, hatte sie auch nicht weiter gefragt.

War es Selbstmord?

Als Frau Z. morgens zur Arbeit ging, wunderte sie sich, daß ihr Mann keine Anstalten machte mitzukommen. Sie gingen doch sonst immer gemeinsam aus dem Haus, da beide zwar in verschiedenen Betrieben arbeiteten, aber zur gleichen Zeit anfangen mußten.

»Willst du nicht mitkommen?« fragte sie.

»Ich gehe heute Morgen etwas später. Ich muß zum Arzt und habe mir im Betrieb freigeben lassen. Heute mußt du allein gehen. Wir sehen uns dann am Nachmittag. Tschüs, bis dann«, rief er ihr zu und verschwand im Bad.

Sie verließ das Haus, wunderte sich aber, daß er ihr von seinem Arztbesuch gestern nichts gesagt hatte. Sie hatten sich doch gestern Abend über alles mögliche unterhalten, auch daß er seit einiger Zeit gelegentlich Atembeschwerden hatte. Aber von einem Arztbesuch hatte er nichts erwähnt. Seiner Schilderung nach waren die Beschwerden auch nicht so stark, daß unbedingt eine ärztliche Behandlung erforderlich gewesen wäre. Im Gegenteil, er hatte doch noch gesagt, daß er seine Beschwerden bei der nächsten Reihenuntersuchung dem Betriebsarzt vortragen wollte. Bis dahin hätte es durchaus noch Zeit. Und nun dieser plötzliche Arztbesuch. Na ja, sie hatte solche kurzfristigen Entscheidungen ihres Mannes schon öfter erlebt. Es war nicht das erste Mal, daß er ihr erst am Morgen mitteilte, daß er heute etwas vorhatte. Deshalb machte sie sich keine weiteren Gedanken und ging zu ihrer Arbeitsstelle, einem Handelsbetrieb, wo sie als Abteilungsleiterin tätig war.

Der Tag verlief ganz normal. Nach Dienstschluß hatte sie noch eine Besprechung, so daß sie etwas später nach Hause kam. Ihr Mann würde sicher schon da sein, wenn er pünktlich Schluß gemacht hatte. Wahrscheinlich hatte er schon Kaffee gekocht.

Sie hatte Glück und erwischte gerade noch die Straßenbahn, sonst hätte sie zwanzig Minuten warten müssen. Als sie daheim ankam, stellte sie fest, daß die Korridortür nicht abgeschlossen war. Ihr Mann mußte also schon da sein, wie sie es vermutet hatte. Sie zog ihren Mantel aus, hing ihn an die Flurgarderobe und wollte ins Wohnzimmer gehen. Doch die Tür ging nicht auf. Was war denn das? Abgeschlossen konnte die Tür doch gar nicht sein, weil schon lange kein Schlüssel mehr existierte. Warum ging sie dann nicht auf? Und warum hatte ihr Mann sich noch nicht gemeldet? Er mußte doch gehört haben, daß sie nach Hause gekommen war. Sonst steckte er immer den Kopf durch die Tür und begrüßte sie. Heute war alles ruhig.

Sie versuchte nochmals, die Tür zu öffnen, aber es ging nicht. Als sie ihren Mann rief, meldete sich keiner. Was war da nur los? Mit aller Gewalt stemmte sie sich noch einmal gegen die Tür. Da gab sie etwas nach und öffnete sich einen Spalt. Sie drückte noch einmal mit aller Gewalt dagegen und merkte, daß etwas innen vor der Tür lag und in das Zimmer geschoben wurde. Durch heftiges Drücken erreichte sie, daß die Tür soweit aufging, daß sie sich hindurchquetschen konnte.

Zu ihrem Entsetzen sah sie nun, daß ihr Mann innen völlig nackt vor der Tür lag. Sie griff sofort an sein linkes Handgelenk, um den Puls zu prüfen, konnte aber keinen Pulsschlag fühlen. Auch stellte sie fest, daß der Körper schon kalt war und der Arm sich nicht anheben ließ.

Was war nur passiert? Warum hatte ihr Mann nichts an? Als sie ihn am Morgen verlassen hatte, war er doch schon fertig angezogen gewesen. Während sie die Leiche genauer betrachtete, sah sie, daß ihr Mann um den Hals einen Bindfaden hatte, der abgerissen war. Das andere Ende dieses Bindfadens war an der Türklinke befestigt. Hatte er sich etwa erhängt? Aber solche Absichten hatte er doch noch nie gehabt. Er war immer ein lebenslustiger Mensch gewesen. Auch in letzter Zeit war er stets fröhlich und immer zu kleinen Späßen aufgelegt. Einen Selbstmord hielt sie für absolut ausgeschlossen.

Sie rief sofort einen Arzt an, der auch gleich kam und die Leichenschau durchführte. Da es sich um einen nicht natürlichen Tod handelte, informierte er die Polizei. Die Kriminalisten sahen die noch unveränderte Fundsituation und waren der Meinung, daß es sich um einen Selbstmord handeln könnte. Denn warum hatte sich der Verstorbene den Bindfaden als Schlinge um den Hals gelegt und dann an der Türklinke befestigt. Sie suchten in der Wohnung nach einem Abschiedsbrief, den sie aber nicht fanden. Zur weiteren Klärung wurde eine gerichtliche Leichenöffnung angeordnet und die Leiche in unser Institut gebracht.

Wir fanden eine völlig entkleidete Leiche vor, um deren Hals ein relativ dünner Papierbindfaden als laufende Schlinge gelegt war. Es hatte sich eine sehr deutliche Strangmarke ausgebildet, der Faden war tief in die Haut eingeschnitten. Das aus der Schlinge herauslaufende Ende des Stricks war etwa 23 cm lang und wies an seinem Ende Rißspuren auf. Der Strick war also gerissen und nicht abgeschnitten worden. Am Erhängungstod war kein Zweifel, doch warum hatte der Tote einen Papierbindfaden benutzt? Diese Fäden waren ein Behelf aus der Nachkriegszeit.

Bei der weiteren Untersuchung fand sich dann noch ein Befund, der unseren Verdacht auf einen autoerotischen Unfall bestätigte. An der Peniswurzel befand sich ein Gardinenring aus Plaste. Er war auf den Penis aufgeschoben worden und sollte wahrscheinlich die Errektionsdauer des Gliedes verlängern. Somit war das Geschehen klar, es hat sich in etwa wie folgt abgespielt:

Der Verstorbene war absichtlich zu Hause geblieben, um ungestört seiner autoerotischen Befriedigung nachgehen zu können. Den angeblichen Arzttermin gab es nicht. Zu der von ihm bevorzugten Form der Selbstbefriedigung gehörte die Erzeugung von Sauerstoffmangel, den er durch das Anlegen des vorgefundenen Bindfadens erzeugte. Die Schlinge aus dem Papierbindfaden zog sich durch das Körpergewicht zusammen und erzeugte eine Atemnot, die zum Sauerstoffmangel im Gehirn führte und dadurch die sexuelle Erregung bewirkte. Wenn dann das ganze Körpergewicht als Zugkraft wirkte, zerriß der Papierbindfaden und der Sauerstoffmangel wurde unterbrochen. Die begrenzte Festigkeit des Fadens war gewissermaßen das eingebaute Sicherungssystem, daß ein tödliches Ersticken verhindern sollte. Wahrscheinlich hatte das in der Vergangenheit auch geklappt, denn die Ehefrau sagte uns, daß ihr Mann schon seit längerer Zeit die immer seltener werdenden Papierbindfäden gesammelt hatte. Er sagte ihr, daß er sie für seine Experimente brauchte.

Des weiteren sagte uns die Frau, daß sie am Todestag im Bad einen aus der Wand gerissenen Nagel gefunden hätte. Diesen

Nagel hatte ihr Mann vor längerer Zeit in die Wand geschlagen, er hatte ihr aber nicht gesagt, wofür er ihn brauchte. Am Morgen des Todestages hat sie diesen Nagel noch unversehrt im Bad gesehen. Sie wußte es deshalb so genau, weil sie ein Handtuch daran gehängt hatte. Am Nachmittag lag dieser Nagel herausgebrochen am Boden.

Der Vorgang, der zum Tode geführt hatte und das ursprüngliche Sicherungssystem ausschaltete, stellte sich nun so dar: Den ersten Versuch der autoerotischen Selbstbefriedigung hatte der Tote wie schon des öfteren zuvor im Bad unternommen. Er hatte sich den Papierstrick um den Hals gelegt, an dem Nagel im Bad befestigt und sich dann in das Strangwerkzeug fallen lassen, indem er mit den Beinen einknickte. Die Schlinge zog sich zusammen, nur daß statt wie sonst der Papierfaden nicht riß, sondern diesmal der Nagel aus der Wand brach. Der Erstickungsvorgang war wahrscheinlich vorzeitig unterbrochen worden, ohne daß es zu der gewünschten sexuellen Erregung gekommen war. Der Körper fiel zu Boden.

Nun suchte der Tote nach einer anderen Möglichkeit, den Strick zu befestigen. Die schien er in der Türklinke des Wohnzimmers gefunden zu haben. Wie auch früher schon legte er sich den Papierbindfaden um den Hals und befestigte das andere Ende an der Türklinke. Dann knickte er in den Kniegelenken ein und ließ sich fallen. Da er bei der geringen Höhe aber mit dem Gesäß auf den Boden kam, war nicht mehr das gesamte Körpergewicht als Zugkraft wirksam. Die Schlinge zog sich zwar zu, der Bindfaden riß aber nicht. Abgerissen ist er wahrscheinlich erst, als die Frau mit erheblicher Gewalt die Türe aufdrückte und die Leiche verschob.

So trat der Tod ungewollt ein, weil das eingebaute Sicherungssystem versagt hatte, wie das bei tödlichen autoerotischen Unfällen eigentlich immer der Fall ist. Ein Selbstmord konnte mit hinreichender Sicherheit ausgeschlossen werden.

Eine eigenartige Stimulation

An einem Sonntagnachmittag saß ich im Institut und bereitete mich auf einen Vortrag vor, den ich auf einem internationalen

Kongreß halten sollte. Da die Kongreßsprache Englisch war, wollte ich ihn zur Probe auf ein Tonband sprechen, um dann eventuell meine Aussprache zu korrigieren. Und dazu brauchte ich natürlich Ruhe, viel Ruhe. Da war der Sonntag der geeignetste Tag. Nach dem Mittagessen war ich ins Institut gefahren, obwohl das Wetter schön war und eigentlich ein Familienausflug auf dem Programm stand. Aber nun ging der Vortrag vor, da ich durch andere Verpflichtungen in den letzten Tagen etwas in Verzug geraten war. Das Institut war leer, ich war der einzige, der an diesem Tag hier war. Die notwendige Ruhe für mein Vorhaben war also gegeben.

Ich saß an meinem Schreibtisch und hatte das Vortragsmanuskript vor mir liegen. Da klopfte es an der Tür und unsere Hausmeisterin steckte den Kopf zur Tür herein und sagte: »Herr Professor, da sind zwei Herren von der Kriminalpolizei, die möchten Sie unbedingt sprechen.«

Ich wunderte mich, denn es wußte ja keiner, daß ich im Institut war. Ich bat also die beiden Kriminalisten herein und erfuhr nun, daß sie bei mir zu Hause angerufen hatten und meine Frau ihnen gesagt hatte, wo sie mich erreichen könten.

Der Grund ihres Kommens war die Absicht, mich zu einer Leichenschau bzw. zur Besichtigung eines Leichenfundortes zu holen. Den diensthabenden Arzt hatten sie nicht erreichen können und deshalb bei mir angerufen. »Es wird Sie sicherlich interessieren, denn Sie haben sich ja schon seit längerem mit derartigen Fällen befaßt, Herr Professor.«

Ich ging also mit. Die Leiche war in einer nicht weit vom Institut entfernten Garage gefunden worden. Der Besitzer dieser Garage, ein 48jähriger Kraftfahrer, war am Sonntagmorgen ziemlich früh in seine Garage gegangen, um etwas an seinem Pkw zu reparieren. Zum Mittagessen wollte er pünktlich zu Hause sein, denn er wollte am Nachmittag mit der Familie zur Geburtstagsfeier seiner Schwägerin fahren. Sie wohnte in einem Ort in der Nähe. Man hatte verabredet, pünktlich um 12 Uhr zu Mittag zu essen.

Als ihr Mann zur verabredeten Zeit nicht kam, wartete die Frau noch etwas mit dem Essen. Nach einer halben Stunde vergeblichen Wartens schickte sie ihren Sohn los, um den Vater aus der

Garage zu holen, weil es nun höchste Zeit wurde. Der Junge lief los, kam aber nach kurzer Zeit schon wieder zurück: »Die Garage ist zu, der Vater ist nicht da.«

Das war der Frau dann doch zuviel, daß ihr Mann, statt nach Hause zu kommen, noch einmal weggegangen war. Sie zog sich schnell an und lief selbst zu der Garage. Tatsächlich, das Garagentor war geschlossen. Doch als sie daran rüttelte, stellte sie fest, daß die Flügeltür nur klemmte. Sie war zugezogen, aber nicht abgeschlossen. Was sie jetzt sah, jagte ihr einen gewaltigen Schrecken ein. Sie bemerkte, daß der Motor des Wagens noch lief. Ihr Mann saß auf dem Fahrersitz und war offensichtlich tot. Er hatte die Hose auf und sein Geschlechtsteil hing heraus. Die Garage war durch die Autoabgase stark verqualmt. Aber warum hatte er als erfahrener Mechaniker bei geschlossener Garagentür den Motor laufenlassen? Er wußte als Berufskraftfahrer doch, wie gefährlich das war. Auch sie hatte er immer davor gewarnt.

Sie lief zu einem Bekannten, der ganz in der Nähe wohnte, und bat ihn, einen Arzt zu verständigen. Als der Arzt erfuhr, daß der Tote in einer geschlossenen Garage gefunden worden war, benachrichtigte er sofort die Polizei, da der Verdacht auf einen nicht natürlichen Tod bestand.

Nach kurzer Zeit trafen Arzt und Polizei am Fundort ein. Der Arzt konnte nur noch den Tod feststellen. Die Kriminalisten fanden die Lage der Leiche so, wie es die Frau geschildert hatte. Der Tote saß auf dem Fahrersitz, die Hose war weit geöffnet, und das Geschlechtsteil war entblößt. Zu aller Verwunderung war um den Penis ein an seinem Ende blank gemachter Klingeldraht aus Kupfer geschlungen, dessen anderes Ende mit einer Zündkerze des Motors verbunden war. Als einer der Kriminalisten diesen Draht näher untersuchen wollte und ihn berührte, bekam er einen ziemlich heftigen elektrischen Schlag, was auch verständlich war, denn der Motor lief noch immer.

Wegen der eigenartigen Situation und der unklaren Todesursache wurde beschlossen, doch einen Gerichtsarzt zu holen. Und so kam ich dann an diesen Fundort.

Als ich den Garagenbesitzer in der beschrieben Art auf dem Fahrersitz sitzen sah, war mir sofort klar, daß es sich um einen autoerotischen Unfall handelte. Der Tote hatte sich offensichtlich mit dem an den Penis angelegten Draht sexuell reizen wollen und war dabei zu Tode gekommen. Es mußte nur festgestellt werden, was die eigentliche Todesursache war. In Frage kam entweder eine Kohlenmonoxidvergiftung durch die Autoabgase oder ein Elektrotod durch den Drahtkontakt zur Zündanlage. Zum anderen war auch ein akuter Herztod, ausgelöst durch die elektrischen Schläge, möglich. Doch das konnte nur die Sektion klären. Der inzwischen am Fundort eingetroffene Staatsanwalt ordnete sofort eine gerichtliche Leichenöffnung an.

Die am nächsten Tag durchgeführte Obduktion ergab dann eindeutig eine Kohlenmonoxidvergiftung als Todesursache. Die Konzentration im Blut hatte eine absolut tödliche Höhe. Es war zu vermuten, daß der Verstorbene den Draht um die Peniswurzel gelegt hatte in der Annahme, daß die ständigen elektrischen Schläge durch die Zündanlage eine sexuelle Erregung hervorrufen würden. Danach wollte er sicherlich den Motor wieder abstellen. Aber dazu ist es nicht mehr gekommen, weil er vorher bewußtlos geworden ist. Der Motor lief die ganze Zeit weiter. Durch die geschlossene Garagentür ist die Kohlenmonoxidkonzentration in dem relativ kleinen Raum ziemlich schnell gestiegen und hat letztlich den Tod des Kraftfahrers verursacht.

Kapitel 9

Gerichtsmedizinischer Einsatz bei Massenunfällen

Die DDR ist von ausgesprochenen Massenunfällen in den ersten Jahren ihrer Existenz weitgehend verschont geblieben.

Einer der ersten Unfälle mit einer größeren Zahl von Opfern war ein Schiffsunfall auf einem der Berliner Seen.

In Leipzig stießen am 15. Mai 1960 in der Nähe des Hauptbahnhofes zwei Züge zusammen. Bei dem Unfall starben 54 Personen noch am Unfallort, weitere später in den Krankenhäusern an den Folgen des Unglücks, über 200 Menschen wurden verletzt. Für die Mitarbeiter des gerichtsmedizinischen Instituts Leipzig war dies der erste Einsatz bei einem Massenunfall dieses Ausmaßes. Neben der Feststellung der Todesursache stand die Identifizierung der Toten im Vordergrund.

Noch im gleichen Jahr ereignete sich im Steinkohlenbergbau in Zwickau unter Tage eine Schlagwetterexplosion mit über 150 Toten. Auch hier wurde das Institut bei der Identifikation der Opfer mit eingesetzt.

Diese beiden Unfälle, die bereits vor meiner Tätigkeit in Leipzig passiert waren, gaben Anlaß, sich mit Fragen des gerichtsmedizinischen Einsatzes bei Massenunfällen zu beschäftigen. Es hatte sich gezeigt, daß für solche Fälle organisatorische Vorbereitungen getroffen werden mußten.

So mußte eine Alarmsystem ausgearbeitet werden, das garantierte, daß auch außerhalb der Dienstzeit ein schnellstmöglicher Einsatz von Gerichtsmedizinern möglich war. Auch die Ausrüstung der Einsatzkräfte mußte optimal vorbereitet werden, insbesondere was die Bekleidung betraf. Denn in der Mehrzahl der Fälle fand der Einsatz bei Massenunfällen ja unter sehr schlechten äußeren Bedingungen statt.

In Zusammenarbeit mit der Kriminalpolizei mußte das Problem des Transports sowohl der Mitarbeiter als auch des Materials geklärt werden.

Einer der schwersten Eisenbahnunfälle in der DDR war der Zusammenstoß eines Tankwagens mit einem Personenzug bei Langenweddingen im Jahre 1968. Hier wurde wegen der großen Zahl der Toten das erste Mal die Zusammenarbeit mehrerer gerichtsmedizinischer Institute praktiziert. Neben dem Magdeburger Institut, in dessen Einzugsbereich der Unfall passierte, waren die Institute Halle, Leipzig und Berlin an der Bergung und Untersuchung beteiligt.

Der nächste Eisenbahnunfall ereignete sich 1972 in der Nähe von Werdau auf der Strecke Aue – Berlin, als ein D-Zug mit dem Karola-Expreß frontal zusammenstieß. Hier zeigte sich ebenso wie bei dem Unfall in Langenweddingen, daß unsere Ausrüstung für derartige Massenunfälle völlig unzureichend war, angefangen bei der Arbeitsbekleidung bis zur instrumentellen und apparativen Ausstattung.

Neben Untersuchungen zur Identifikation der Opfer sind bei Massenunfällen aber auch Fragen zur Todesursache wichtig, vor allem beim Fahr- oder Flugpersonal, weil sie unter Umständen Hinweise auf Ursache und Ablauf des Unfalls geben können.

Da sich bei den ersten Einsätzen gezeigt hatte, daß eine erfolgreiche Untersuchung nur möglich ist, wenn die Arbeit des Gerichtsarztes bereits am Unfallort beginnt und er bei der Bergung der Opfer unmittelbar beteiligt ist, hatten wir im Institut eine Einsatzgruppe für derartige Katastrophenfälle gebildet und sie im Rahmen unserer Möglichkeiten mit entsprechender Kleidung und dem notwendigen Instrumentarium ausgestattet, damit sie auch unter schlechten äußeren Bedingungen erfolgreich arbeiten konnte. Zusammen mit der Polizei stellten wir einen Alarmplan auf und führten Einsatzübungen durch, um auch außerhalb der Dienstzeit möglichst schnell einsatzbereit zu sein. Diese Vorbereitungen haben sich bei späteren Einsätzen bewährt.

Nach den Einsätzen bei den Flugzeugunglücken in Königswusterhausen 1973 und Schkeuditz bei Leipzig 1975 wurde ich aufgefordert, im Rahmen einer zentralen Kommission eine gerichtsmedizinische Einsatzgruppe aufzustellen, die auch außerhalb der DDR bei Massenunfällen eingesetzt werden konnte. Grund für derartige Überlegungen waren die Bestimmungen der ICAO, der internationalen Organisation luftfahrttreibender Staaten, einer Unterorganisation der Vereinten Nationen, der die DDR zwar nicht angehörte, deren Prinzipien und Richtlinien sie aber in vollem Umfang anerkannte und die die Fluggesellschaft der DDR, die INTERFLUG, auch beachtete. Hierin war u. a. vorgesehen, daß der Eignerstaat eines an einem Unfall beteiligten Luftfahrzeugs dann die Bergung und Untersuchung übernimmt oder sich maßgeblich daran beteiligt, wenn der Staat, in dem sich der Unfall ereignet, dies wünscht, weil er sich selbst dazu nicht in der Lage sieht.

Die beiden Flugunfälle in relativ kurzem zeitlichen Abstand hatten gezeigt, wie schnell eine solche Situation eintreten konnte.

Natürlich war eine solche Aufgabe für mich sehr interessant, und ich sagte zu. Es dauerte allerdings einige Jahre, bis diese Kommission so aufgestellt und ausgerüstet war, wie wir es für notwendig hielten. Sie wurde bei allen Massenunfällen in der DDR und auch in einigen Fällen außerhalb der DDR eingesetzt.

Ausgerüstet war die Kommission für die damaligen Verhältnisse recht gut. Wir verfügten über eine transportable Sektionseinrichtung, einschließlich eines Röntgengerätes, und waren auch unter ungünstigen äußeren Bedingungen voll arbeitsfähig. Die ständige Einsatzfähigkeit wurde durch Übungen unter möglichst realistischen Bedingungen laufend überprüft und verbessert. Gelagert und gewartet wurde diese Ausrüstung auf dem Zentralflughafen der DDR in Berlin-Schönefeld. Für die Mitglieder der Kommission wurden gültige Reisepässe zentral bereitgehalten. Organisatorisch war die Kommission dem Ministerium für Verkehrswesen angegliedert.

Natürlich war die Gerichtsmedizin nur ein Teil dieser Kommission. Neben ihr waren noch Gruppen von Kriminalisten und Flugsachverständigen beteiligt, die ihre spezifischen Arbeitsgebiete hatten, während die Gerichtsmediziner für die Bergung und Untersuchung der Toten zuständig waren. Wichtig für uns war die gute Zusammenarbeit all dieser Spezialisten mit den gerichtsmedizinischen Sachverständigen. Vor allem bei Auslandseinsätzen spielte das eine ausschlaggebende Rolle.

Der Einsatz in Langenweddingen

Ich war nun fast sieben Jahre in Leipzig und fühlte mich hier sehr wohl. Die Arbeit im Institut war gut organisiert, und die Aufgaben nahmen laufend zu. 1963 hatten wir die erste größere Tagung mit internationaler Beteiligung in Leipzig durchgeführt und dadurch zahlreiche Kontakte zu ausländischen Partnern geknüpft. So waren eine Reihe von Kollegen aus der Bundesrepublik Deutschland, aus Großbritannien, aus Chile, der UdSSR, Polen, CSSR, Ungarn, Bulgarien und Rumänien zum fachlichen Austausch zu uns gekommen.

Im Institut selbst waren die meisten Wissenschaftler 1967 und 1968 mit der Herausgabe eines Buches über gerichtsmedizinische Untersuchungen bei Verkehrsunfällen beschäftigt gewesen. Das erste Halbjahr war über der vielen Arbeit schnell vergangen, und ich war froh, daß jetzt endlich die Urlaubszeit heran war. Wegen der Kinder waren wir auf die Zeit der Schulferien angewiesen, und die hatten gestern begonnen. Heute sollte die Fahrt in den Urlaub losgehen. Die Koffer waren gestern Abend schon gepackt worden und standen in der Diele bereit. Sie mußten nur noch in den Wagen getragen werden. Wir hatten gefrühstückt, und ich entschloß mich, schnell noch einmal ins Institut zu fahren, um einige Unterschriften zu leisten, zu denen ich gestern nicht mehr gekommen war, aber auch, um mich von meinen engsten Mitarbeitern zu verabschieden.

Ich hatte mich gerade an meinem Schreibtisch niedergelassen, als das Telefon klingelte und mir meine Sekretärin sagte: »Da will Sie jemand vom Innenministerium sprechen, von der Kriminalpolizei. Er sagt, es sei dringend. Ich verbinde Sie.«

Ich übernahm das Gespräch. Es war ein leitender Mitarbeiter der Hauptabteilung Kriminalpolizei am Apparat. Er teilte mir mit, daß wir sofort zu einem schweren Eisenbahnunfall mit einer größeren Zahl von Toten ausrücken müßten. Das örtlich zuständige Institut brauchte dringend Unterstützung. Ich erfuhr noch, daß sich das Unglück in der Nähe von Magdeburg auf dem kleinen Bahnhof Langenweddingen ereignet hatte. Die genaue Zahl der Toten konnte er mir nicht nennen, da die Bergung noch in vollem Gange war. Auch über den Unfallablauf konnte er nur wenige Angaben machen. Es sollte ein Tanklastzug mit Benzin mit einem Personenzug zusammengestoßen sein, wobei es zum Brand gekommen war.

Aus der Urlaub. Es war für mich selbstverständlich, daß ich mit zu der Unglücksstelle fuhr und unseren Einsatz leitete. Unsere Katastrophenausrüstung war zum damaligen Zeitpunkt noch recht unvollkommen, aber doch schon so groß, daß wir zu ihrem Transport einen Lkw benötigten. Der wurde also umgehend bei der örtlichen Polizeibehörde, die für solche Bereitstellungen im Katastrophenfall zuständig war, angefordert und auch sofort zugesagt. Da das Beladen des Fahrzeugs und die Fahrt der Mitarbeiter zum Unfallort einige Zeit in Anspruch nehmen würde, setzte ich mich mit einem Oberarzt in meinen eigenen Wagen und fuhr zur Unfallstelle voraus, um mir ein Bild von der Situation zu machen und unseren Einsatz eventuell organisatorisch vorzubereiten. Eile war geboten.

Wir kamen in die Gegend von Magdeburg, aber von einem Unfall war nichts zu bemerken. Ich hielt an einem kleinen Bahnhof an und erkundigte mich bei dem Bahnhofsvorsteher nach dem Ort, an dem sich am Morgen der Eisenbahnunfall ereignet hatte. Aber der Eisenbahner machte ein ganz erstauntes Gesicht. »Von einem Unfall weiß ich nichts. Hier in der Gegend hat sich nichts ereignet.« Wenigstens konnte er mir sagen, wie ich nach Langenweddingen kam. Der Bahnhof lag nur wenige Kilometer entfernt.

Vor Langenweddingen sahen wir schon das große Aufgebot an Hilfskräften von Polizei, Feuerwehr und Armee. Die Zufahrtsstraßen waren gesperrt, aber wir konnten uns ausweisen und wurden durchgelassen. Auf dem Bahnhof bot sich uns ein Bild des Grauens. Ein Personenzug stand auf den Gleisen im Bahnhof. Ein großer Teil der Reisezugwagen war völlig ausgebrannt. Rechts neben dem Bahnübergang stand das Wrack eines Tankwagens. Von einem dort befindlichen Stellwerksgebäude war im unteren Geschoß die Wand eingedrückt bzw. weggerissen. Über dem ganzen lag starker Brandgeruch.

Ich meldete mich beim Einsatzleiter als Vorhut der Leipziger Gerichtsmedizin und wurde über die Lage aufgeklärt. Am Vormittag war es an dem beschrankten Bahnübergang unmittelbar vor der Einfahrt in den Bahnhof Langenweddingen zu einem Zusammenstoß des planmäßigen Personenzuges mit einem Tanklastzug gekommen, weil die Bahnschranke nicht ordnungsgemäß geschlossen worden war. Nach Zeugenaussagen hatte der Schrankenwärter zwar die Schranke rechtzeitig heruntergelassen, sie aber dann in halber Höhe wieder hochgedreht, weil der eine Schrankenbaum sich in den Telefondrähten verfangen hatte und beim weiteren Herunterlassen die Drähte zerrissen hätte. Durch ein kurzes Hochdrehen hatte er versucht, die Spitze des Schrankenbaums aus den Drähten herauszubekommen, die sich wegen der anhaltenden Sommerhitze stark ausgedehnt hatten und deshalb weiter durchhingen als sonst. Der aus Richtung Magdeburg kommende Lkw hatte beim Herunterlassen der Schranken zunächst gebremst, der Fahrer hatte aber das nochmalige Hochdrehen der Schranken so gedeutet, daß ihn der Schrankenwärter noch durchlassen wollte. Er gab wieder Gas, um schnell noch den Übergang zu passieren. In diesem Moment wurde er von der heranfahrenden Lokomotive erfaßt, mitgerissen und zwischen Lokomotive und dem an der Strecke stehenden Stellwerksgebäude zerquetscht. Dabei wurde der Tank aufgerissen, Benzin trat aus, durch Funken kam es zur Explosion. Das Benzin ergoß sich über mehrere Eisenbahnwagen und setzte sie ebenso wie den Tankwagen in Brand. Der Lokführer hielt den Zug zwar sofort an, aber da brannten einige Wagen schon lichterloh.

Schon vor unserer Ankunft waren die Überlebenden geborgen und versorgt und die Verletzten in die umliegenden Krankenhäuser gebracht worden. Mit der Bergung der Toten war bereits begonnen worden, sie gestaltete sich aber wegen der großen Zahl der Opfer und der zum Teil hochgradigen Verbrennung der Waggons außerordentlich schwierig, so daß Helfer hochwillkommen waren. Die Magdeburger Kollegen waren schon im Institut mit der Untersuchung und Identifizierung der ersten Leichen voll beschäftigt.

Kurze Zeit später trafen auch meine Mitarbeiter und die des Hallenser Instituts für gerichtliche Medizin ein. Anschließend kamen auch noch zwei Kollegen des Berliner Instituts.

Es ging zunächst darum, die Toten aus den völlig zertrümmerten und ausgeglühten Wagen zu bergen, wobei das Auffinden und Erkennen der Leichen nicht immer einfach war, da die stark verkohlten Körper von einer Schutt- und Aschemasse bedeckt waren. Außerdem mußte in dieser Asche sehr sorgfältig nach irgendwelchen Gegenständen gesucht werden, die eventuell zu den Toten gehörten und zur Identifizierung beitragen konnten. Wegen der starken Zerstörung der Waggons war es gar nicht so einfach, sich darin zu bewegen. Die Hitze war so groß gewesen, daß sich Schmelzperlen sowohl am Fensterglas als auch am Leichtmetallgerippe gebildet hatten.

In dem Zug waren sehr viele Kinder gewesen, die wegen der beginnenden Schulferien für einige Wochen in ein Kinderferienlager fahren wollten. Für uns alle war es eine äußerst belastende Situation, nach den sterblichen Überresten dieser Kinder in der Asche zu suchen. Vor allem bedrückte es mich, wenn ich neben den kindlichen Leichen ihre Rucksäcke und Koffer fand, deren Inhalt zum Teil noch relativ gut erhalten war. Ich mußte mir immer wieder vorstellen, daß wenige Stunden zuvor eine Mutter diesen Rucksack mit Liebe gepackt hatte und sich freute, daß ihr Kind einige unbeschwerte Ferientage in einer angenehmen Umgebung verleben konnte. Diese schrecklichen Bilder habe ich heute noch vor Augen.

Die Suche in den Waggons mußte sehr sorgfältig vorgenommen werden, um trotz der hochgradigen Verbrennungen noch ein möglichst optimales Identifizierungsergebnis zu erzielen. Da es bei Eisenbahnfahrten keine Passagierlisten gibt wie im Flugzeug, war die genaue Zahl der Zuginsassen nicht bekannt. Es durften also keine Leichen übersehen werden. Gleich nach dem Unfall waren einige Personen brennend aus dem Zug gesprungen und voller Panik in das gegenüberliegende Feld gelaufen, wo sie dann zusammengebrochen sind. Auch sie mußten noch gefunden werden.

Die Bergungsarbeiten zogen sich bis zum Einbruch der Dunkelheit hin. Dann waren wir nach einer nochmaligen Kontrolle sicher, daß wir nichts übersehen hatten.

Die nun noch nötige und zum Teil langwierige Identifizierungsarbeit wurde von den Magdeburger Kollegen im Institut durchgeführt und dauerte noch Tage an. Wir konnten am späten Abend nach Hause fahren.

Eisenbahnunfall bei Schweinsburg

Der 30. Oktober 1972 begann als ein trüber Tag. In weiten Teilen Sachsens herrschte Nebel, der stellenweise ziemlich dicht war. Es war gut, daß wir keine Außensektionen hatten, denn bei so einem Wetter machte es keinen Spaß zu fahren. Aber im Institut gab es genug zu tun.

Ich war noch nicht lange im Dienst, da bekam ich einen Anruf von der Bezirksbehörde der Volkspolizei. Ein Offizier teilte mir mit, daß soeben die Meldung des Innenministeriums eingetroffen sei, daß wir zusammen mit der Kriminalpolizei sofort zu einem schweren Eisenbahnunfall in der Nähe von Werdau ausrücken sollten. Der Chef der Bezirksbehörde hatte angeordnet, daß umgehend ein Fahrzeug zum Institut geschickt werden sollte, um uns an den Unglücksort zu fahren. Ich informierte meine Mitarbeiter und stellte die Einsatzgruppe zusammen. Schon nach kurzer Zeit erschien ein Polizeifahrzeug. Wir verluden in aller Eile unser Gepäck und fuhren mit Sondersignal in Richtung Werdau. Etwas genaues über den Unfall wußte bis jetzt noch keiner. Der Fahrer unseres Wagens hatte nur erfahren, daß der Unfallort in unmittelbarer Nähe des Bahnhofes Schweinsburg lag.

Nach einer guten Stunde hatten wir diesen Ort erreicht. Laufend kamen uns Krankenwagen mit Blaulicht entgegen. Wir fuhren durch den Ort und sahen am Ortsausgang auf einer rechts der Straße liegenden Wiese viele Menschen und eine Menge Fahrzeuge. Dahinter war die Unfallstelle, man sah von der Straße aus die Trümmer der zusammengeprallten Züge.

Wir meldeten uns bei der Einsatzleitung und wurden sofort in die schon laufende Bergungsarbeit eingewiesen. Der Unfall war morgens gegen 7.30 Uhr passiert. Der D-Zug Aue – Berlin war bei dichtem Nebel frontal gegen den entgegenkommenden Expreßtriebwagen »Karola-Expreß« Leipzig – Karlovy Vary geprallt. Wie sich später herausstellte, hatte der Fahrer des Triebwagens infolge des starken Nebels im Bahnhof von Schweinsburg ein Haltesignal übersehen und war so auf die eingleisige Strecke gekommen, auf der sich der D-Zug dem Bahnhof Schweinsburg näherte. Im Bereich des Bahnhofes stießen die Züge frontal aufeinander. Die Wucht des Zusammenpralls war so groß, daß der erste Reisezugwagen des D-Zuges völlig zertrümmert wurde. Das Triebfahrzeug des D-Zugs, eine E-Lok, wurde auf das ebenfalls völlig zertrümmerte Vorderteil des Expresstriebwagens geschoben. Hilfskräfte der Feuerwehr und des Roten Kreuzes waren noch dabei, die Verwundeten zu bergen und in die umliegenden Krankenhäuser zu bringen. Der größte Teil der Verletzen war bei unserem Eintreffen bereits abtransportiert worden. Nachdem ich mir einen Überblick über die Unfallsituation verschafft hatte, setzte ich meine Mitarbeiter zur Bergung der Toten ein. Die Bergungsarbeiten waren mitunter äußerst schwierig, da die Körper in den Trümmern der Fahrzeuge so fest eingeklemmt waren, daß wir sie ohne technische Hilfsmittel nicht herausbekamen. Dies galt vor allem für den Lokführer des D-Zugs, der aus seiner Lok zunächst nicht befreit werden konnte, sondern in dieser Lage ärztlich versorgt werden mußte. Er ist dann verstorben und konnte erst gegen Abend unter großen Schwierigkeiten geborgen werden.

Alle Opfer hatten schwere Verletzungen durch stumpfe Gewalt erlitten. Sie waren bei dem Zusammenstoß herumgeschleudert oder von Trümmern getroffen und zum Teil eingequetscht worden. Viele starben an diesen Verletzungen.

Eine sofortige Feststellung der Identität war nur in den wenigsten Fällen möglich, da kaum einer der Toten ein Kleidungsstück mit Ausweispapieren, etwa eine Jacke, anhatte. Es mußte also nach Sachen in der Nähe des Toten gesucht und dann geprüft werden, ob sie zu ihm gehörten. In einigen Fällen bekamen wir so wenigstens einen Hinweis auf die mögliche Identität. Teilweise meldeten sich auch Verwandte der Opfer, die von dem Unfall gehört hatten und nun mitteilten, daß sich ihr Angehöriger im Zug befunden hatte. So waren wir dann am Abend so weit, daß wir die Identität des größten Teils der Toten geklärt hatten. Aber es fehlten noch zwei Personen, von denen bekannt war, daß sie im Zug gewesen waren. Das eine war ein Speisewagenkellner des Triebwagens und das andere der Sohn eines Polizeioffiziers. Letzterer meldete sich gegen Abend aus einem Nachbarort. Er war in seiner Panik dort hingelaufen. Nach dem Kellner suchten wir in der Nacht noch in den Trümmern des Triebwagens. Er war weder unter den Toten noch unter den Verletzten. Selbst die Zwischenräume des Triebwagens wurden auseinandergeschweißt, um auch an diesen Stellen nach eventuellen Opfern zu suchen. Aber der vermißte Kellner fand sich nicht. Am nächsten Morgen erfuhren wir, daß er sich in der Nacht aus Berlin gemeldet hatte. Auch er war in Panik zunächst weggelaufen und dann ohne zu überlegen in den nächstmöglichen Zug nach Berlin gestiegen und nach Hause gefahren, ohne daran zu denken, daß er am Unfallort vermißt wurde. Somit war auch dieser Fall geklärt.

Spät in der Nacht haben wir unsere Arbeit abgebrochen, weil wir sicher waren, daß sich keine weiteren Opfer mehr im Zug befanden. Allerdings wollten wir am nächsten Morgen bei Tageslicht noch einmal alles absuchen. Für die Nacht wurden wir provisorisch in einer nahe gelegenen Klinik untergebracht. Für die Patienten war es am nächsten Morgen eine große Überraschung, plötzlich wildfremde Männer in den bisher leeren Betten zu sehen. Bei der Nachsuche am nächsten Tag konnten keine weiteren Opfer gefunden werden.

Ich wurde dann noch gebeten, mir einige immer noch bewußtlose Patienten in verschiedenen Krankenhäusern anzusehen, weil deren Identität noch nicht klar war. Wir hatten einige Personalausweise zur Verfügung, die im Zug gefunden worden waren, von denen aber keiner sicher zugeordnet werden konnte. Wir gingen dann nach den Prinzipien des Ähnlichkeitsvergleichs bei erbbiologischen Untersuchungen vor und konnten auch noch diese Personen sicher identifizieren.

Bei diesem Einsatz haben wir sehr viel organisatorische Dinge gelernt. Wir waren zunächst so vorgegangen, daß wir mit Unterstützung von ein bis zwei Kriminalisten die Bergung der Leichen selbst vornahmen und ihren Auffindungsort sowie ihre Lage genau protokollierten. Dann wurden die Toten zu einer Sammelstelle gebracht. Dort nahmen wir eine genaue äußere Besichtigung vor, die ebenfalls im Protokoll festgehalten wurde. Es dauerte gar nicht lange, bis wir die Anweisung erhielten, unsere Protokolle an die Einsatzleitung zu übergeben. In der Annahme, sie später zurückzubekommen, haben wir das auch getan. Aber wir haben dann nie wieder etwas von diesen Protokollen, die ja eigentlich unsere Arbeit bei den späteren Obduktionen unterstützen sollten, gehört. Auf mein Ersuchen um Rückgabe stellte sich heraus, daß sie plötzlich nicht mehr auffindbar waren. Wahrscheinlich waren sie in einem wohlbehüteten Aktenordner verschwunden.

Das Flugzeugunglück in Leipzig – Schkeuditz Messeflug 1107

Als ich am 1. September 1975 morgens aus dem Fenster schaute, verhinderte dichter Nebel den Blick auf die Straße. Wir waren gegen Abend aus dem Urlaub zurückgekommen. Die Schulferien waren zu Ende, und die Kinder mußten heute wieder in die Schule. Außerdem hatte heute die Leipziger Herbstmesse begonnen.

Es war ein sehr schöner Segelsommer gewesen. Natürlich fiel der Abschied von der Ostsee schwer, vor allem bei dem sonnigen Wetter, wie wir es die letzten Tage gehabt hatten. Aber der schönste Urlaub geht einmal zu Ende. Und so hatten wir gestern die Rückreise angetreten, die problemlos verlief.

Die Kinder waren in die Schule gegangen, ich beendete noch in Ruhe mein Frühstück und fuhr dann ins Institut. Den ersten Arbeitstag nach einem längeren Urlaub wollte ich in Ruhe angehen.

Im Institut erwartete mich ein großer Berg Post, der sich in meiner Abwesenheit angehäuft hatte. Nach der Begrüßung meiner Mitarbeiter machte ich mich daran, die Post zu sichten. Ich war noch nicht allzu lange mit dieser Tätigkeit beschäftigt, als das Telefon klingelte. Ein leitender Offizier der Bezirksbehörde der Volkspolizei meldete sich und teilte mir mit, daß wir sofort zu einem Katastropheneinsatz zum Messeflughafen Schkeuditz ausrücken sollten. Auf meine Frage, wie groß die Gruppe sein sollte, konnte er nur sagen »Möglichst groß«.

Ich überlegte mir, ob es sich bei diesem Einsatz möglicherweise um eine Übung handeln könnte. Es war bisher üblich, einige Tage vor Beginn der Leipziger Herbstmesse eine Katastrophenübung durchzuführen. In diesem Jahr aber hatte noch keine stattgefunden. Andererseits wäre es ausgesprochen ungewöhnlich gewesen, eine solche Übung zu Messebeginn zu machen, wo ja auf dem Flughafen wesentlich mehr Betrieb war als sonst und vor allem sehr viele ausländische Besucher kamen. Es widersprach den Gepflogenheiten der DDR, solche Dinge vor den Augen von Fremden durchzuführen. Aber es konnte ja auch sein, daß der Einsatz mehr oder weniger theoretisch ablaufen sollte, um ganz allgemein die Einsatzbereitschaft zu überprüfen. Wie dem auch sei, wir machten uns auf jeden Fall fertig, denn in wenigen Minuten würden die Einsatzfahrzeuge kommen und uns mit unserem Gepäck abholen. Um beweglich zu sein, fuhr ich mit unserem Dienstwagen voraus, während die anderen Fahrzeuge nachkamen. Aber als wir uns auf der Autobahn dem Flughafen näherten, sah ich, daß es sich um einen Ernstfall handelte. Es fuhren Feuerwehrfahrzeuge und Einsatzwagen der Polizei in Richtung Flughafen. An einer kleinen Behelfsabfahrt, kurz vor der eigentlichen Abfahrt zum Flughafen, standen Polizisten, die das Gelände absperrten. Wir wiesen uns aus und konnten durchfahren. Am Straßenrand lagen Feuerwehrschläuche, auf einer Wiese sahen wir eine Rauchfahne. Viele Leute in Uniform und Zivil standen oder liefen auf der Wiese herum. Und dort, wo der Rauch herkam, lagen die Trümmer eines Flugzeugs.

Ich meldete mich bei der Einsatzleitung und ließ mich einweisen. Bei der Unglücksmaschine handelte es sich um eine TU 134 der Fluggesellschaft INTERFLUG, die zur Messe für den Flug von Stuttgart nach Leipzig eingesetzt worden war. Der Unfallort lag etwa 1 km östlich vor der Landebahn des Flughafens Leipzig – Schkeuditz, unmittelbar neben einer illegalen Müllkippe. Zwischen der Wiese und dem Hang zur Autobahn war das Gelände sehr uneben, und es fanden sich einige tiefere Löcher, in die alle möglichen Abfälle wie alte Küchenherde, Federmatrazen und dergleichen gekippt worden waren. Jetzt lagen auch noch einige aus dem Flugzeug herausgeschleuderte Sitze darin.

Die Maschine war in mehrere Teile zerbrochen, das Cockpit war vom Rumpf abgerissen und mit diesem nur noch durch einige sehr kräftige Kabelstränge verbunden. Der Rumpf lag auf der Seite und war weitgehend ausgebrannt. An den Kabelsträngen sah man, daß er sich um seine Längsachse gedreht hatte. Teilweise war das Leichtmetall der Außenhaut verbrannt bzw. geschmolzen. Das Heck war ebenfalls abgebrochen. In Höhe des Hecks lag ein Teil des Fahrwerks. Um ein Rad hatte sich Stacheldraht gewickelt, als der Zaun, der um ein Funkfeuer verlief, von dem Fahrwerk gestreift wurde. Vor diesem Wrack lagen Teile der Tragfläche. Über allem lag eine dicke Schicht des weißen Löschschaumes. Der Rumpf qualmte noch etwas.

Ich teilte die einzelnen Bergungsgruppen ein, die jeweils aus einem Gerichtsarzt, einem Sektionsgehilfen, einer Sekretärin und ein bis zwei Kriminalisten bestand. Wir machten uns in dem Rumpf auf die Suche nach den Opfern. Hierbei mußte sehr sorgfältig vorgegangen werden, da ja auch Gegenstände, die in der Nähe der Leiche lagen und der Identifizierung dienen konnten, gefunden und geborgen werden mußten. Außerdem war eine genaue Protokollierung der Lage erforderlich. Da die meisten Gegenstände stark verkohlt waren, war ihr Auffinden in der gleichfarbigen Asche gar nicht so leicht. Auch wenn von der Einsatzleitung immer wieder auf schnelle Bergung gedrängt wurde, mußten wir uns hierbei Zeit lassen, denn Fehler und Versäumnisse, die in dieser Phase begangen wurden, waren später nicht mehr gutzumachen. Wir ließen uns also nicht drängen.

Inzwischen erfuhr ich auch, wie es zu dem Unfall gekommen war. Die Maschine sollte Messegäste von Stuttgart nach Leipzig bringen. Da sich in Leipzig Probleme beim Bodenradar ergeben hatten und der Fehler erst beseitigt werden mußte, außerdem aber schlechtes Wetter mit nur geringer Sicht herrschte, sollte die schon in der Luft befindliche Maschine nach Berlin als Ausweichflughafen umgeleitet werden. Als zwischenzeitlich das Radargerät wieder zu funktionieren schien und auch die Sichtverhältnisse sich gebessert hatten, wurde die Maschine nun doch nach Leipzig geleitet. Bei Hermsdorf verließ sie die Luftstraße Prag – Berlin und flog Richtung Leipzig. In Schkeuditz war sie zu früh heruntergekommen. Dabei war sie mit einer Tragfläche gegen den Betonmast eines Funkfeuers gestoßen und hatte mit dem bereits ausgefahrenen Fahrgestell die Drahtumzäunung gestreift. Dann war sie etwa einen Kilometer vor der Start- und Landebahn auf dem Boden aufgeschlagen, auseinandergebrochen und noch ein Stück auf der Wiese entlanggerutscht. Dabei hatte sich die Zelle um ihre Längsachse gedreht und lag auf der Seite, so daß ein Öffnen der Einstiege nicht mehr möglich war. Eine Tragfläche war abgebrochen. Zwei Traktoristen, die auf dem Nachbarfeld arbeiteten und den Absturz beobachtet hatten, konnten noch einige Überlebende retten, bis die Maschine dann Feuer fing und hierdurch eine weitere Hilfeleistung unmöglich wurde. Wie durch ein Wunder hatten die drei Besatzungsmitglieder im Cockpit den Unfall überlebt. Sie lagen schwerverletzt im Krankenhaus. Wie wir nebenbei erfuhren, hatte auch der rechtzeitige Einsatz der Feuerwehr Probleme bereitet.

Während wir bis zum frühen Nachmittag weitgehend ungestört arbeiten konnten, wurden wir am späten Nachmittag immer wieder zur Eile gemahnt, da man die Unfallstelle beräumen wollte und auch bereits schwere Räumpanzer der Armee eingetroffen waren. Mit Einbruch der Dunkelheit beendeten wir unsere Tätigkeit an der Unfallstelle, da wir nach Vergleich mit der inzwischen vorliegenden Passagierliste ziemlich sicher waren, alle Leichen gefunden zu haben. Wir hatten 26 Leichen geborgen. Zwar hatten alle Verbrennungen, aber in unterschiedlichem Ausmaß. Die eigentliche Identifikationsarbeit einschließlich der angeordneten Obduktionen sollte dann noch am gleichen Abend bzw. in der Nacht im Institut stattfinden, wohin inzwischen alle Leichen gebracht worden waren.

Wir fuhren dann ins Institut, wo bereits alles für die relativ große Zahl von Obduktionen vorbereitet worden war. Das benachbarte pathologische Institut stellte uns zusätzlich seine Sektionsräume zur Verfügung. Und auch für die Kriminalisten, die die aufgefundenen Asservate zu bearbeiten hatten, wurde ein Raum bereitgestellt.

Bis gegen 4 Uhr morgens haben wir seziert. Zwischendurch kamen kurz nach Mitternacht Mitarbeiter des zentralen Einsatzstabes zu mir und baten um Mithilfe bei der Identifizierung der Überlebenden. Es war durch die Nachrichten bekannt geworden, daß einige Personen den Absturz überlebt hatten. Verständlicherweise wollten die Angehörigen der Opfer wissen, ob ihr Angehöriger unter den Überlebenden war. Die Identität der Verletzten war aber nicht in allen Fällen klar, da einige auch am Abend noch bewußtlos waren und keine Ausweispapiere bei sich trugen.

Um nun alle Möglichkeiten auszuschöpfen, setzte ich mich mit der Gruppe »Streugut« in Verbindung, die unter anderem auch eine Menge Koffer und Taschen geborgen hatte, und ließ mir die bei diesen Gepäckstücken gefundenen Pässe und sonstigen Ausweise mit Lichtbild geben. Mit diesen Papieren fuhren wir dann in das Krankenhaus »Sankt Georg«, wo die bewußtlosen Opfer lagen, und konnten an Hand der Pässe zwei Verletzte identifizieren, so daß die Angehörigen informiert werden konnten. Wie wichtig diese Auskunft für die Beteiligten war, erfuhren wir einige Zeit später durch einen sehr lieben Dankesbrief.

Als ich mich um 5 Uhr zu Hause ins Bett legte, um bis zur nächsten Besprechung in der Einsatzleitung wenigstens eine Stunde geschlafen zu haben, war die Aufregung des Tages noch nicht abgeklungen, und es war einfach unmöglich, einzuschlafen. All die schrecklichen Bilder des Tages gingen mir noch im Kopf herum. Ich stand dann wieder auf, nahm ein Bad und fuhr ins Institut.

Am Morgen ging unsere Arbeit nach einer kurzen Lagebesprechung mit der Einsatzleitung weiter. Ein Mitarbeiter des Innenministeriums kam am Vormittag und teilte mir mit, daß zwei Kommissare des Bundeskriminalamtes gekommen wären und Vergleichsmaterial für die Identifikation mitgebracht hätten. Sie ließen fragen, ob Bedenken bestehen würden, ihnen das Institut und unsere jetzigen Arbeitsmöglichkeiten zu zeigen. Natürlich bestanden keinerlei Einwände gegen einen solchen Besuch, im Gegenteil, wir hätten uns gefreut, mit Fachleuten aus dem Westen ins Gespräch zu kommen. Aber die beiden erschienen dann doch nicht. Wie man mir später erzählte, hatte man ihnen statt dessen Leipzig gezeigt.

Die Hauptarbeit an diesem und den folgenden Tagen bestand darin, das vorhandene Vergleichsmaterial mit unseren an den Leichen erhobenen Befunden zu vergleichen und gegebenenfalls entsprechend zuzuordnen. Computer besaßen wir damals noch nicht, so daß sich in unserem Kurssaal zwei Gruppen von Mitarbeitern gegenübersaßen. Die eine trug die Befunde an der Leiche vor und die andere suchte in dem vorhandenen Vergleichsmaterial nach Übereinstimmungen. Es war eine mühselige Arbeit, aber sie funktionierte.

Da wir im Institut nicht genügend Kühlräume für die doch relativ große Zahl von Leichen hatten, wurden die bereits identifizierten Opfer auf den Südfriedhof gebracht. Den Vorschlag, sie schon in ihre Heimatorte zu überführen, habe ich damals abgelehnt und vorgeschlagen, das erst dann in die Wege zu leiten, wenn die gesamte Identifikation abgeschlossen ist. Im nachhinein erwies sich diese Regelung als richtig, denn kurz vor Abschluß der Identifizierungsarbeit stellten wir in zwei Fällen doch nachträglich noch Fehler fest. In einem Fall war die Identifikation ziemlich schnell verlaufen, weil alles ganz klar zu sein schien. Ein männliches Opfer hielt eine Aktentasche fest in der Hand, obwohl sonst starke Verbrennungen vorhanden waren. Ich hatte an der Unfallstellen diese Situation selbst gesehen, und es bestand auch für mich kein Zweifel, daß Toter und Tasche zusammengehörten. In der Tasche war neben anderen Papieren eine größere Zahl von Visitenkarten, und alles sprach dafür, daß es die Karten des Toten waren. Erst bei der Identifikation eines anderen Opfers kamen uns erhebliche Zweifel, ob die Identität stimmte. Jetzt war es gut, daß wir die Untersuchungen des Toten noch einmal wiederholen und durch Zusatzuntersuchungen ergänzen konnten. Die zusätzlichen Untersuchungen bestätigten uns dann zweifelsfrei, daß wir uns bei der ersten Personenfeststellung geirrt hatten. Wir konnten also unseren Fehler noch rechtzeitig korrigieren.

Nach drei Tagen waren die Untersuchungen im wesentlichen abgeschlossen und die Opfer konnten in ihre Heimat überführt werden.

Die überlebenden Besatzungsmitglieder sowie der Fluglotse der Bodenstation wurden kurz nach dem Unglück festgenommen, da schon bald der Verdacht menschlichen Versagens als Ursache des Unglücks aufkam. Die weiteren Ermittlungen bestätigten diesen Verdacht. Ende des Jahres wurde Anklage erhoben und die Hauptverhandlung durchgeführt, an der auch ich teilnahm. Neben der etwas dürftigen technischen Ausrüstung der Bodenstation spielten eine Reihe von Fehlhandlungen sowohl der Besatzung als auch des Radarkontrolleurs eine Rolle, die in ihrer Gesamtheit zu der Katastrophe geführt hatten.

Für mich beeindruckend war die Tatsache, daß alle Angeklagten ganz offensichtlich unter dem von ihnen verursachten Unfall sehr stark litten und sich selbst anklagten. Sonst war ich bei Gerichtsverhandlungen gewöhnt, daß Angeklagte versuchten, ihre Handlungsweise zu entschuldigen oder in einem günstigen Licht erscheinen zu lassen. Hier war das Gegenteil der Fall. Man hatte den Eindruck, daß die Angeklagten um jeden Preis sühnen wollten. Es war dies einer der wenigen Fälle, wo man als Sachverständiger nicht nur Mitleid mit den Opfern, sondern auch mit den Tätern hatte.

Das Gericht sprach hohe Freiheitsstrafen aus, die aber schon bald zur Bewährung ausgesetzt wurden.

Eine Unfalluntersuchung im Ausland

Das Jahr 1979 war bisher relativ ruhig verlaufen. Unsere Katastrophenkommission hatte bereits konkrete Formen angenommen. Die personelle Zusammensetzung stand fest, die materielle Ausrüstung war vervollständigt worden. Da ja diese Kommission auch für Auslandseinsätze vorgesehen war, war es erforderlich, daß die Mitglieder den dafür notwendigen Impfschutz besaßen. Wir waren dabei, die notwendigen Impfungen im Zusammenhang mit der ebenfalls erforderlichen medizinischen Untersuchung auf Tropentauglichkeit durchzuführen. Wie einige andere hatte auch ich selbst bisher noch keine Zeit gefunden, die erforderlichen Impfungen einzuholen. Wenn ich bei den regelmäßig stattfindenen Besprechungen der Führungsgruppe auch über den jeweiligen Stand der gerichtsmedizinischen Bereitschaft berichten mußte, hatte ich vor allem den Punkt meiner eigenen Impfungen etwas großzügig behandelt, weil es mir peinlich war, als Leiter der Gerichtsmediziner in diesen Dingen nicht auf dem Laufenden zu sein. Jedesmal nahm ich mir vor, dieses Versäumnis umgehend nachzuholen. Und dabei blieb es dann auch.

Auf der letzten Tagung der Führungsgruppe war beschlossen worden, in nächster Zeit eine größere Übung abzuhalten, um die Einsatzbereitschaft der Kommission auch in der Praxis zu überprüfen. Es sollte eine möglichst authentische Übung sein, mit einem Flug zum geplanten Unfallort, um vor allem die Alarmierung und das Verladen unseres immerhin schon recht umfangreichen Gepäcks zu testen. Am Unfallort sollte die Bergung und Untersuchung der Opfer anhand entsprechender Puppen geübt werden, und auch unsere transportable Sektionseinrichtung einschließlich des Röntgengerätes sollte auf ihre Einsatzfähigkeit und Zweckmäßigkeit überprüft werden. Als für die Zwecke recht gut geeignet wurde der Flughafen Erfurt vorgeschlagen, da zum damaligen Zeitpunkt noch kein großer Flugverkehr dort herrschte. Der Flughafen wurde keineswegs an allen Wochentagen angeflogen, so daß wir an Tagen, wo Ruhe herrschte, unsere Übung durchführen konnten. Der genaue Termin wurde natürlich nicht bekanntgegeben. Schließlich sollte die Schnelligkeit der Einsatzbereitschaft getestet werden.

In der Nacht des 27. März 1979 klingelte kurz nach Mitternacht bei mir zu Hause das Telefon. Es dauerte eine Weile, bis ich wach wurde und dieses Läuten wahrnahm. Ich hatte mich erst kurz zuvor hingelegt und war gerade eingeschlafen, als ich durch das Telefon geweckt wurde. Noch ziemlich schlaftrunken nahm ich den Hörer ab.

Es meldete sich ein mir bekannter Offizier der Bezirksbehörde der Volkspolizei, der auch Mitglied der Führungsgruppe der Katastrophenkommission war, und teilte nach Nennung des vereinbarten Codewortes mit, daß ein Alarm der Expertenkommission ausgelöst worden war und sich der in Betracht kommende Personenkreis um 6 Uhr auf dem Flughafen Berlin-Schönefeld treffen würde. Über Einsatzort und Art des Einsatzes wurde nichts gesagt. Es wurde auch nur verlangt, daß ich zu diesem Treffen kam, eine Alarmierung unserer gesamten Mannschaft war nicht erforderlich.

Für mich war damit klar, daß es sich um die geplante Übung handelte, und dementsprechend bereitete ich mich auch vor. Meine Frau riet mir noch, ein paar warme Sachen mitzunehmen, da für Thüringen regnerisches und kaltes Wetter gemeldet worden war. So nahm ich dann auch einen etwas wärmeren Mantel und eine Pelzmütze mit. Einen Pullover packte ich sicherheitshalber auch noch ein.

Nach kurzer Zeit stand der Wagen, der mich nach Berlin-Schönefeld bringen sollte, vor der Tür, und die Fahrt ging los. Da auf der Strecke teilweise Nebel herrschte, konnten wir trotz Blaulicht und Sondersignal nicht so schnell wie gewünscht fahren, so daß ich zunächst Bedenken hatte, pünktlich anzukommen. Aber nach der Hälfte der Fahrstrecke besserte sich die Wettersituation, wir konnten zügig fahren und die durch den Nebel verlorene Zeit wieder einholen.

Es waren schon fast alle Mitglieder der Kommission versammelt. Die Berliner hatten es bei der relativ kurzen Anfahrt natürlich wesentlich leichter, pünktlich einzutreffen.

Als ich mich bei der Einsatzleitung meldete, erfuhr ich nun zu meiner großen Überraschung, daß es sich um einen echten Einsatz im Ausland handelte, und zwar in Angola. Dort war eine Maschine der INTERFLUG kurz nach dem Start auf dem Flughafen von Luanda abgestürzt. Alle Insassen waren tot. Neben der Besatzung sollten Angehörige der Befreiungsarmee Swapo an Bord gewesen sein. Wir sollten insbesondere die Besatzungsangehörigen identifizieren.

Da die Einsatzbekleidung und die allgemeine Ausrüstung am Flughafen gelagert waren, konnten sie sogleich ausgegeben werden. Aber da ich von diesem Einsatz nichts geahnt hatte, fehlte mir mein persönliches Arbeitszeug, angefangen bei den Sektionshandschuhen über Sektionsbesteck, Möglichkeiten zur Asservierung und dergleichen. In aller Eile versuchte ich nun, beim Medizinischen Dienst des Flughafens noch einige geeignete Instrumente und Arbeitsmaterialien zu organisieren, was mir auch einigermaßen gelang. Inzwischen waren die Reisepässe ausgegeben worden, und man teilte uns mit, daß wir auch unsere Impfpässe bereithalten sollten. Jetzt fiel mir mit Schrecken ein, daß meine Impfungen ja noch gar nicht komplett waren. Da wir nicht wußten, wie streng die Impfkontrollen in Angola waren, mußten in aller Eile die fehlenden, für die Einreise erforderlichen Impfungen nachgeholt werden. Der flugmedizinische Dienst verpaßte mir die nötigen Spritzen sowohl in den linken als auch in den rechten Oberarm. Ich hoffte nur, daß die Impfreaktion nicht so stark war, daß ich beim Arbeiten behindert war. Aber es ging alles gut. Endlich war alles bereit, und der Abflug konnte erfolgen. Mit einer IL 62 ging der Flug mit einer Zwischenlandung in Algier nach Luanda.

Es war bereits dunkel, als wir uns unserem Zielflughafen näherten. Wie beim Anflug eines unbekannten Flughafens üblich, starrte alles aus den Fenstern, um etwas von dem Flughafen zu erkennen und insbesondere die Landebefeuerung zu sehen. Wir sahen die erleuchtete Stadt unter uns und konnten auch die Lichter des Seehafens ausmachen und einige größere Schiffe erkennen, aber die Fughafenbefeuerung hatte keiner entdeckt. Die Maschine flog eine Runde, und wir glaubten, daß der Pilot auf die Landeerlaubnis wartete und nur eine Warteschleife flog. Aber auf die erste Schleife folgte eine zweite, wir sahen wieder die schon bekannten Lichter des Hafens und der Schiffe, aber nichts vom Flughafen.

Nach der dritten Schleife stellte sich in der Maschine eine gewissen Unruhe ein. Der Kommandant kam in die Kabine, um etwas mit dem Leiter unserer Kommission, dem Generaldirektor der INTERFLUG, zu besprechen. Inzwischen flog die Maschine ihre vierte Runde. Langsam wurde nun bekannt, was los war. Wie dem Kommandanten von der Bodenstation mitgeteilt worden war, war auf dem Flughafen seit geraumer Zeit die gesamte Landebahnbefeuerung ausgefallen. Dem Piloten wurde freigestellt, entweder auf eigenes Risiko ohne ordnungsgemäße Befeuerung zu landen oder einen Ausweichflughafen – wenn ich mich recht erinnere, sollte das Brazzaville oder Kinshasa sein – anzusteuern und am nächsten Tag bei Tageslicht nach Luanda zu fliegen.

Der Kommandant entschloß sich, trotz der Mängel auf dem Flughafen Luanda zu landen, was dann auch reibungslos klappte. Wir hatten nach einem langen Flug wieder festen Boden unter den Füßen. Die Einreiseformalitäten wurden sehr großzügig gehandhabt. Unseren Impfpaß, der mir so viel Sorge bereitet hatte, wollte keiner sehen. Wir wurden dann in die Botschaft der DDR gebracht, wo der größte Teil unserer Kommission sein Quartier bezog. Da es schon spät abends war, legten wir uns schlafen, um am nächsten Tag mit unseren Untersuchungen zu beginnen.

Als wir am nächsten Morgen aufstanden und nach dem Waschen kurz auf dem Balkon standen, hatten wir ein doch sehr beeindruckendes Erlebnis, das uns die Armut in diesem Land offenbarte. Auf der Straße erschien ein Einheimischer, der nur mit einem Sack als Lendenschurz bekleidet war. Er durchsuchte die Mülltonnen, die vor der Botschaft standen und entdeckte darin eine alte, löchrige Hose. Diese zog er heraus, sah kurz nach rechts und links, ob ihn auch keiner beobachtete, ließ seinen Sack fallen und zog die Hose an. Da sie leidlich paßte, vollführte er einen Freudentanz und verschwand. Diese Szene hatte uns alle sehr beeindruckt.

Nach dem Frühstück fuhren wir zum Unfallort, der etwa 300 Meter hinter dem Ende der Start- und Landebahn am Rande des Flughafens lag. Wir wurden vom Konsul der DDR mit einem Pkw gefahren, während unsere Ausrüstung mit einem Lkw der Botschaft hinterhergebracht wurde. Die Fahrt war nicht ganz einfach, denn die Straße bestand aus rotem Lehm, der durch vorangegangene Regenfälle aufgeweicht und dadurch ebenso rutschig war wie Glatteis. Es war ausgesprochen schwer, den Wagen auf der Straße zu halten. Als wir einmal ausstiegen, mußten wir uns am Fahrzeug festhalten, sonst wären wir weggerutscht.

Am Unfallort sahen wir die Trümmer der IL 18 liegen, doch konnten wir die Unfallstelle nicht betreten, da sie von der angolanischen Armee abgesperrt wurde. Ohne Genehmigung durch den kommandierenden Offizier war ein Betreten nicht möglich. Da half die Intervention des Konsuls ebensowenig wie unsere Erklärung, daß wir ja die Untersuchung durchführen sollten. Der zuständige Offizier war nicht da und mußte erst gesucht werden. Endlich wurde er gefunden, und wir konnten mit unserer Arbeit beginnen. Die Toten waren bereits am Vortag von einheimischen Kräften geborgen worden und befanden sich nicht mehr am Unfallort. Während sich einige Mitglieder unserer Kommission an die Untersuchung des Wracks machten, versuchten wir herauszubekommen, wo die Leichen hingebracht worden waren.

Nach einigem Herumfragen erfuhren wir, daß sie auf dem Militärfriedhof von Luanda in einer Kühlzelle untergebracht worden seien. Wir fuhren also dorthin und fanden auf dem Friedhof einen Sektionsraum, der offensichtlich noch aus der Zeit der portugiesischen Kolonialherrschaft stammte und in dem sich mehrere Kühlzellen befanden. Hier wurde uns von den anwesenden Soldaten bereitwillig alles gezeigt, doch konnten sie keine nähere Auskunft geben. Erst als ein Offizier und ein angolanischer Gerichtsarzt kamen, erfuhren wir nähere Einzelheiten.

Es schien uns zweckmäßig, die Untersuchung an Ort und Stelle durchzuführen und dann die Leichen in die aus der DDR mitgebrachten und für den grenzüberschreitenden Transport vorgeschriebenen Zinksärge zu legen.

Nachdem wir in die Kühlzellen gesehen hatten, in die alle bei dem Unfall getöteten Personen gebracht worden waren, schien uns die Identifizierung der Besatzungsmitglieder an Hand der Kleidung und auch der Hautfarbe ziemlich einfach zu sein. Die Toten waren mit dem Kopf voran in die Kühlzellen geschoben worden. Wir sahen also nur die Füße. Einige trugen Schuhe aus der DDR-Produktion, deshalb nahmen wir an, daß es sich bei ihnen um die Besatzungsmitglieder handeln mußte. Wie sich dann später herausstellte, war dem aber nicht so.

Zunächst hatten wir enorme Schwierigkeiten, die Leichen aus den Kühlzellen herauszubekommen. Es waren mehrere Kühlfächer, in die jeweils eine Leiche auf einer Trage eingeschoben werden konnte. Da aber insgesamt zu wenig dieser Kühlzellen vorhanden waren, hatten die angolanischen Soldaten jeweils zwei Leichen auf eine Trage gelegt und sie dann mit etwas Gewalt in die Fächer geschoben. Dabei hatten sich die Arme beim Durchschieben durch die Tür zwar zunächst an den Körper gelegt, aber dann im Inneren der Kühlzelle wieder abgespreizt. Da es sich um Tiefkühlzellen handelte, waren die Körper nun völlig durchgefroren und auf normalem Wege nicht herauszubekommen. Bis sie aufgetaut waren, konnten wir nicht warten, sondern mußten versuchen, sie durch Drehen und Wenden herauszubekommen, was nach mehreren Versuchen dann auch gelang.

Bei einigen Leichen hatten wir zunächst nur die Füße gesehen, und da sie, wie schon erwähnt, Schuhe aus der DDR-Produktion trugen, hatten wir sie für Angehörige der Besatzung gehalten, zumal in einem Fall die sichtbare Haut des Unterschenkels auch weiß war. Jetzt nach dem Herausziehen aus den Kühlzellen ergab sich jedoch, daß es sich um Schwarze handelte, um Soldaten der Swapo. Der Teil eines Unterschenkels war deshalb weiß, weil die dunkle Oberhaut infolge der schon vorhandenen Fäulnis abgestreift war, die Unterhaut war weiß. Es war allerdings nicht schwierig, die vier Besatzungsmitglieder herauszufinden, da sie außer an der Hautfarbe auch an ihren Uniformen zu erkennen waren. Schwieriger war die individuelle Identifizierung, denn uns standen nur die Krankengeschichten des flugmedizinischen Dienstes als Vergleichsmaterial zur Verfügung. Außerdem war eine Sektion an Ort und Stelle schon wegen des gefrorenen Zustandes der Leichen nicht möglich und auch nicht vorgesehen. Aber das Fehlende konnte ja zu Hause noch ergänzt werden. Somit war zunächst nur eine vorläufige Identifizierung möglich.

Als nächstes wurden die Leichen für den Transport vorbereitet und in die Zinksärge gelegt. Es war gut, daß wir diese Särge aus der DDR mitgebracht hatten, denn hier waren keine aufzutreiben. Aber es tauchte eine neue Schwierigkeit auf. Die Särge mußten zugelötet werden. An Lötzeug hatte natürlich niemand gedacht, und jetzt bestand das Problem darin, in der Kürze der Zeit jemanden zu finden, der dieses besaß und auch löten konnte. Der Konsul, der uns begleitete, suchte nach einer Lösung und fand dann jemanden in einer von der DDR betriebenen Autoreparaturwerkstatt, der mit einer Lötlampe und Lötzinn ankam, um die Särge vorschriftsmäßig zu verschließen. Allerdings besaß er nur zwei Stangen Lötzinn, die für das Zulöten von vier Särgen natürlich nicht ausreichten. Die Sargdeckel konnten deshalb nur punktförmig verlötet werden. Zur Sicherheit wurde um jeden Sarg noch ein Lederriemen geschlungen. Das entsprach in keiner Weise den Vorschriften, und wir waren nicht ganz sicher, ob der angolanische Zoll das tolerieren würde. Aber als die Särge am nächsten Tag verladen wurden, interessierte sich der Zoll überhaupt nicht für sie. Sie konnten problemlos in die Maschine für den Rückflug in die Heimat verladen werden. Von der Einsatzleitung wurde festgelegt, daß ich am nächsten Tag mit den vier Särgen nach Berlin zurückfliegen sollte, um die weiteren Untersuchungen zur Identifizierung im Berliner Gerichtsmedizinischen Institut durchzuführen.

Der Rückflug verlief problemlos. Da der Großteil der Mitglieder unserer Untersuchungskommission noch zur weiteren Untersuchung der Unfallursache in Luanda blieb, war die große Maschine nahezu leer. Wir hatten alle in der ersten Klasse Platz, und für beinahe jeden war eine eigene Stewardeß da.

Am Abend kamen wir auf dem Flughafen Berlin-Schönefeld an. Die Särge wurden ausgeladen und umgehend in das Institut für Gerichtliche Medizin der Humboldt-Universität in Berlin gebracht.

Mit der Sektion und den nachfolgenden Untersuchungen mußte jedoch noch eine Weile gewartet werden, da die Leichen, die sich im nicht klimatisierten Frachtraum befunden hatten, immer noch total durchgefroren waren. Die Berliner Kollegen, die die Obduktionen durchführten, mußten noch eine ganze Weile warten, bis sie die Identifizierung und die anderen noch erforderlichen Untersuchungen erfolgreich abschließen konnten.

Der Absturz einer russischen Verkehrsmaschine bei Berlin-Schönefeld

Der 12. Dezember 1986 war für mich zunächst ein ganz normaler Freitag. Da am Nachmittag die planmäßige Sitzung der Sächsischen Akademie der Wissenschaften stattfand, mußte ich mich mit meiner Arbeit im Institut etwas beeilen, um pünktlich zu erscheinen. Ausgerechnet heute hatte ich eine besonders große Zahl von Gutachten zur Unterschrift vorgelegt bekommen, aber davon mußten einige eben bis zum nächsten Tag liegenbleiben. Ich mußte sowieso am Samstag ins Institut kommen, da ich noch mehrere Sachen aufzuarbeiten hatte.

Die Sitzung verlief einigermaßen planmäßig, doch die Diskussion der Vorträge dehnte sich erheblich aus, so daß unsere Frauen, die bereits seit dem Nachmittag im Haus der Wissenschaftler, dem Clubhaus der Universität, saßen und auf unser Erscheinen warteten, um mit dem gemeinsamen Abendessen zu beginnen, langsam unruhig wurden. Sobald die Sitzung beendet war, eilte ich zum Parkplatz, wo mein Wagen stand und fuhr zu ihnen. Ich ging die Treppe zu den Gasträumen hoch, um die Frauen zu begrüßen, als mir der Gaststättenleiter entgegenkam und mir sagte, daß jemand auf mich wartete. Da kam mir auch schon ein Polizist entgegen. Er sagte mir, daß ich den Offizier vom Dienst der Bezirksbehörde anrufen sollte. Es sei sehr eilig.

Ich rief umgehend dort an. »Gott sei Dank, Herr Professor, daß sie endlich da sind. Wir haben sie schon überall gesucht. Es handelt sich um einen Flugzeugunfall. Sie müssen sofort mit Ihren Mitarbeitern ausrücken, und zwar nach Berlin-Schönefeld, dort ist eine Passagiermaschine abgestürzt. Unsere Leute sind schon alarmiert und versammeln sich. In einer Stunde soll es losgehen. Ich schicke umgehend einen Bus und den Lkw.«

Das war für mich eine große Überraschung. Aus dem gemeinsamen Abendessen und einem ruhigen Wochenende wurde nun nichts. Ich sagte schnell meiner Frau Bescheid und fuhr dann ins Institut, um unsere Einsatzgruppe zu verständigen. Natürlich waren am Freitagabend, es war ja schon gegen 19 Uhr, nicht alle Mitarbeiter zu Hause. Aber ich hatte Glück, sie konnten von ihren Angehörigen geholt werden und waren zur festgesetzten Einsatzzeit alle zur Stelle. Nach der Alarmierung fuhr ich schnell nach Hause, um mich umzuziehen.

Als ich wieder ins Institut kam, waren bereits die Fahrzeuge der Polizei dort und meine Mitarbeiter waren mit dem Einladen unseres Einsatzgepäcks beschäftigt. Im Bus saßen bereits die Kollegen der Kriminalpolizei, die mit zur Katastrophenkommission gehörten. Nach kurzer Zeit waren wir startbereit und die Fahrt ging mit Sondersignal zur Autobahn Richtung Berlin. Unterwegs fing es leicht an zu schneien. Je näher wir dem Berliner Ring kamen, desto stärker wurde der Schneefall, und es bildete sich eine geschlossene Schneedecke.

Kurz vor dem Schönefelder Kreuz wurden wir von einem Polizeiposten angehalten, der die Durchfahrt versperrte. Als ich mich auswies und sagte, um was es sich handelte, konnten wir weiterfahren. Durch die Absperrung war die Autobahn völlig leer. Am Schönefelder Kreuz bogen wir Richtung Berlin ab und sahen schon bald am Straßenrand sowie auf dem Mittelstreifen viele Einsatzfahrzeuge von Polizei und Armee stehen. Als wir uns dem Unglücksort näherten, nahm die Zahl der Fahrzeuge zu, es waren viele Personen auf der Straße, und rechts im Wald sahen wir einen großen Flammenschein, offenbar die Unglücksstelle.

Ich ließ die Wagen halten und meldete mich bei dem Einsatzleiter, einem General der Polizei, der in einer Art Befehlswagens saß. »Gut, daß Sie da sind. Wir können aber im Moment noch nicht viel machen, denn die Flammen müssen erst gelöscht werden. Zur Zeit kommt keiner an das Wrack. Die Feuerwehr ist noch damit beschäftigt, den Brand unter Kontrolle zu kriegen.«

»Dann werde ich mich erst einmal bei dem Leiter der Regierungskommission melden, dem Generalleutnant Henkes«, sagte ich. Henkes war neben seiner Funktion als Direktor der Fluggesellschaft INTERFLUG auch stellvertretender Verkehrsminister und als solche Leiter der Regierungskommission. Er saß im Gebäude der INTERFLUG. Ich begab mich zu ihm in sein Dienstzimmer und meldete unsere Einsatzbereitschaft. Dann ging ich wieder zu dem Einsatzleiter vor Ort, um weitere Einzelheiten mit ihm zu besprechen.

Hier erfuhr ich auch, was passiert war. Nach den bisherigen Erkenntnissen war eine Verkehrsmaschine der sowjetischen Fluggesellschaft AEROFLOT aus Budapest über Prag kommend beim Landeanflug zu früh heruntergegangen, hatte die Bäume eines Waldes unmittelbar vor dem Flughafen Berlin-Schönefeld gestreift und war dadurch abgestürzt. Das ganze Unheil war höchstwahrscheinlich auf einen Irrtum des Piloten zurückzuführen. Die Landebahn Nord des Flughafens, die normalerweise zur Landung genutzt wurde, war an diesem Abend wegen einer Überprüfung der Befeuerung gesperrt worden, und die anfliegenden Maschinen wurden angewiesen, auf der parallel dazu verlaufenden, aber in Längsrichtung nach Westen versetzten südlichen Bahn zu landen. Diese Anweisung war zwar klar durchgegeben und von dem Piloten der Unglücksmaschine auch bestätigt worden, wie andere Kommandanten der in der Luft befindlichen Luftfahrzeuge bestätigten. Aber der Pilot der Unglücksmaschine hatte sie nur insofern befolgt, als er auf die angegebene Landebahn zugeschwebt war, und dann im Sinkflug so früh herunterging, wie es für die nördliche Bahn erforderlich gewesen wäre. Dadurch ist er zu tief angeflogen. Als er durch einen Ruf des Navigators auf den Fehler aufmerksam gemacht wurde und ihn korrigieren wollte, war es schon zu spät, er hatte bereits die Baumgipfel berührt und stürzte ab. Ich erfuhr weiter, daß einige Insassen der Maschine den Absturz überlebt hatten und in die umliegenden Krankenhäuser gebracht worden waren. Weitere Rettungsversuche wurden aber durch die Explosion und den anschließenden Brand unmöglich gemacht.

Da sich die Löscharbeiten doch recht schwierig gestalteten und in die Länge zogen und da feststand, daß keine Überlebenden mehr in der Maschine waren, wurde beschlossen, daß unsere Gruppe erst am nächsten Morgen bei Tageslicht mit der Untersuchung und Bergung der Toten beginnen sollte. Wir wurden dann für die Nacht in einem Gästehaus der Polizei untergebrachten und fuhren beim Morgengrauen wieder zur Unfallstelle hinaus.

Hier waren die Löscharbeiten inzwischen beendet worden und wir konnten den Unfallort betreten. Die Autobahn war einseitig gesperrt worden, da eine länger andauernde Vollsperrung beider Seiten wegen des doch relativ großen Verkehrsaufkommens am Wochenende nicht möglich war. Auf dem Mittelstreifen verstellten Militär- und Polizeifahrzeuge jedoch den Blick auf die Unglücksstelle.

Wir luden unser Gepäck ab und besichtigten den Unfallort. Die Maschine hatte eine regelrechte Schneise in den Wald geschlagen. Am Boden lagen wahllos verstreut die Trümmer des Flugzeugs. Teile des Cockpits und der Kabine waren noch zu erkennen. In den Trümmern lag eine größere Zahl teilweise ziemlich zerfetzter Leichen. Die meisten von ihnen waren stark verbrannt bzw. verkohlt. Nur wenige Opfer, wie der Kommandant und der zweite Flugzeugführer, die noch auf ihren Sitzen im abgebrochenen Cockpit saßen, waren vom Feuer verschont geblieben.

Vom Einsatzleiter erfuhr ich, daß die Maschine am Vortag kurz nach 15 Uhr beim Landeanflug in etwa 20 m Höhe mit den Baumwipfeln kollidiert war. Sie war dann etwa 3 km vor der eigentlichen Landebahn auf den Boden geprallt. An Bord waren 73 Passagiere und 9 Besatzungsmitglieder. Allerdings war bei der ersten Durchsicht der Passagierlisten nur von 8 Besatzungsmitgliedern die Rede, das Vorhandensein eines neunten Mitgliedes wurde uns erst später bestätigt, als wir eine neunte Leiche in Uniform gefunden hatten. Natürlich war es für die Bergung und die Suche nach den Opfern wichtig zu wissen, wieviel Personen sich an Bord befunden hatten. Einige Passagiere waren durch die Kollision mit den Baumgipfeln und das dadurch bewirkte Aufreißen einer Seite der Kabine aus dem Flugzeug geschleudert worden und hatten den Absturz zunächst überlebt. Sie waren sofort in die umliegenden Krankenhäuser gebracht worden.

Da in relativer Nähe zum Unfallort ein großes und gut ausgestattetes gerichtsmedizinisches Institut lag, wurde festgelegt, daß die Obduktion und Identifizierung der Opfer dort durchgeführt werden sollte.

Wir bildeten mehrere Bergungsgruppen, denen jeweils ein bis zwei erfahrene Gerichtsärzte angehörten. Jeder Gruppe wurde ein entsprechender Bereich der Unfallstelle zum Absuchen und Bergen zugewiesen. Ich selbst machte mich an die Bergung der noch im Cockpit befindlichen Piloten. Der zweite Flugzeugführer saß noch angeschnallt auf seinem Sitz, während der Kommandant halb aus seinem Sitz herausgeschleudert war.

Um Hinweise auf den Unfallablauf und die mögliche Unfallursache zu erhalten, wurden zunächst die Mitglieder der Besatzung geborgen und zur weiteren Untersuchung ins Institut gebracht.

Wie schon erwähnt, war noch ein neuntes Besatzungsmitglied an Bord gewesen. Wir fanden seine Leiche im Cockpit. Für den Kommandanten war dieser Flug ein Testflug für die Verlängerung seiner Flugtauglichkeit, und deshalb war ein Inspekteur mitgeflogen. Möglicherweise hatte dieser Umstand dazu beigetragen, daß der Kommandant in dem Bestreben, einen perfekten Landeanflug durchzuführen, aufgeregt gewesen war und den Fehler machte, die falsche Landebahn anzufliegen.

Die Bergung der Toten gestaltete sich besonders schwierig, weil der Zerstörungsgrad ziemlich groß war. Da es sich, mit Ausnahme der Besatzung, fast ausschließlich um DDR-Bürger handelte, konnte für die Identifizierung ziemlich rasch Vergleichsmaterial aus den jeweiligen Wohnorten der Opfer beschafft werden. Andererseits waren relativ viele Jugendliche unter ihnen gewesen. Eine Oberschulklasse hatte eine Reise nach Budapest als Auszeichnung für ihre guten Leistungen erhalten und sich auf dem Rückflug befunden, als der Unfall geschah. Für diese Jugendlichen war es naturgemäß schwer, medizinisches Vergleichsmaterial, etwa zahnärztliche Befunde oder Röntgenbilder, zu bekommen. Die russischen Besatzungsmitglieder konnten hingegen sehr schnell identifiziert werden, weil wir für sie von russischer Seite umgehend Material erhielten.

Wie die endgültige Untersuchung nach der Auswertung des Flugdatenschreibers und des Kabinentonbandgerätes ergab, war der Unfall eindeutig auf einen Fehler des Piloten zurückzuführen. Technische Defekte an dem Luftfahrzeug konnten ausgeschlossen werden. Von Seiten des Flughafens waren sowohl die technischen als auch die meteorologischen Voraussetzungen in Ordnung. Die Anweisungen der Flugleitung waren klar und verständlich und sind vom Flugzeugführer auch als verstanden bestätigt worden.

Kapitel 10

Schluß

Nun, nach fast vierzigjähriger Tätigkeit in der gerichtlichen Medizin, ist der aktive Einsatz für mich beendet. Im September 1989 erfolgte aus Altersgründen meine Emeritierung.

Meine Arbeit in der Gerichtsmedizin war verbunden mit den unterschiedlichsten Aufgaben. Neben der täglichen Routine im Sektionssaal und in den verschiedenen Labors stand die Forschung im Vordergrund. In die Zeit meiner Tätigkeit fällt die enorme Entwicklung der forensischen Serologie, der gerichtlichen Blutgruppenkunde, die sowohl für die Vaterschaftsbegutachtung als auch für die Spurenkunde gewaltige Fortschritte brachte und die heute zu dem DNA-Nachweis, dem genetischen Fingerabdruck, geführt hat. An der Entwicklung dieser Systeme war die gerichtliche Medizin maßgeblich beteiligt. Das gleiche gilt auch für die Toxikologie, die Lehre von den Vergiftungen.

Eine weitere sehr wichtige Aufgabe war meine Arbeit als Hochschullehrer in der Ausbildung der Studenten und der Weiterbildung von Ärzten und Juristen.

Unser Bestreben war es, in der gesamten DDR eine flächendeckende gerichtsärztliche Versorgung auf möglichst hohem Niveau zu gewährleisten. Deshalb wurden neben den Universitätsinstituten in den Bezirken ohne Universität Bezirksinstitute aufgebaut. Zum Zeitpunkt meines Ausscheidens aus dem aktiven Dienst hatten wir in fast allen Bezirken der DDR ein gerichtsmedizinisches Institut. Die Zahl der Sektionen war im Vergleich zu heute wesentlich größer. Und wir hatten erreicht, bei Gesetzen, die unser Fach und unsere Tätigkeit betrafen, wie etwa die Anordnung über die ärztliche Leichenschau oder die Transplantationsgesetzgebung, mit angehört zu werden.

Natürlich war diese Entwicklung auch mit Schwierigkeiten verbunden und nicht frei von Rückschlägen. So mußten einige der Institutsdirektoren auch über längere Zeit mehrere Institute leiten, weil es Schwierigkeiten bei der Berufung gab. Prof. Prokop hat mehrere Jahre neben seinem Berliner Institut auch das Leipziger Institut geleitet und zeitweilig auch das Hallenser Institut betreut. Ich selbst habe mehrere Jahre neben der Leitung des Leipziger Instituts auch die Verantwortung für das Rostocker Institut übernommen, weil dieses erst wenige Jahre zuvor von mir aufgebaute Institut nach meinem Weggang nach Leipzig bereits nach nur zweijähriger Neubesetzung wieder verwaiste, so daß nicht nur ich, sondern auch meine Mitarbeiter die Zeit bis zur Neubesetzung dieses Institutes überbrücken mußten. Diese zusätzlichen Aufgaben waren ebenso wie meine Funktionen als Dekan der medizinischen Fakultät Leipzig, als Bereichsdirektor, als Vizepräsident der Internationalen Akademie für Gerichtliche und Soziale Medizin wie auch zum Schluß als Beratender Arzt für Gerichtliche Medizin beim Ministerium für Gesundheitswesen nur möglich, weil ich all die Jahre einen Stamm von hervorragenden Mitarbeitern gehabt habe, auf die ich mich in jeder Beziehung verlassen konnte.

Es war nicht immer leicht, den Anschluß an die internationale Entwicklung zu halten. Die Beschaffung von Geräten und Materialien für neue Untersuchungsverfahren war mitunter äußerst schwierig, vor allem, wenn sie importiert werden mußten. Viele Geräte mußten in Bastelarbeit selbst hergestellt werden. Ich erinnere mich noch gut, wie wir zu Beginn meiner Leipziger Tätigkeit unter großen Schwierigkeiten zusammen mit dem physikalischen Institut der Leipziger Universität unseren ersten Gaschromatographen, ein wichtiges Gerät für das toxikologisch-chemische Labor, gebaut haben. Oder wie die Mitarbeiter der Serologie in der DDR herumgereist sind, um nach einer für die Haptoglobinbestimmung geeigneten Kartoffelstärke als Ersatz für die aus dem Westen importierte Spezialstärke zu suchen. Bei der Beschaffung von Fachliteratur und Substanzen für spezielle Untersuchungsverfahren war nicht selten die Hilfe unserer westdeutschen Fachkollegen von ausschlaggebender Bedeutung. Wie oft konnte eine Untersuchungsmethode nur aufgebaut oder fortgesetzt werden, weil uns dringend benötigte Seren oder Chemikalien von unseren Fachkollegen in der Bundesrepublik zur Verfügung gestellt wurden. Das Niveau, daß wir im Laufe der Jahre erreicht haben, war nur möglich, weil wir trotz der politischen Schwierigkeiten und trotz des kalten Krieges immer ein ausgesprochen gutes Verhältnis zu den westdeutschen Gerichtsmedizinern hatten und weil die beiden Fachgesellschaften eng zusammengearbeitet haben.

Diese Schwierigkeiten existieren heute, nach der Vereinigung unseres Vaterlandes, nicht mehr. Wir, die Generation, die nach dem schrecklichen Krieg nur Trümmer und Chaos vorfand, sind stolz darauf, all diese Schwierigkeiten überwunden und gemeistert zu haben.

Ich werde oft gefragt, wie und warum ich Gerichtsarzt geworden bin. Sicherlich spielten bei mir die besondere Situation der Nachkriegszeit und die Notwendigkeit, eine Lücke schließen zu müssen, eine wesentliche Rolle. Es zeigt sich aber auch, daß man sich in einem Fach, das man ursprünglich nicht in die engere Wahl gezogen hat, weil man es zu wenig kannte, durchaus wohlfühlen kann, wenn man es näher kennenlernt und wenn man weiß, daß man gebraucht wird. Fehlt auch in der Rechtsmedizin die Arbeit am Patienten, so erfüllt doch der Gedanke, mit zur Rechtssicherheit im eigenen Land beizutragen, mit großer Befriedigung. Meine Entscheidung für die Gerichtliche Medizin habe ich nicht bereut, ich würde sie aus heutiger Sicht wieder treffen.